KB142070

또라이들의 전성시대 2

이 책을 소중한

_____님에게 선물합니다.

_____ 드림

다르게 생각하는 C급 인생들의 특급 성공 비법

또라이들의 전성시대2

기획 · 김태광

권동희 · 포민정 외 40인 지음

시너지북

성공하고 싶다면
또라이 정신으로 무장하라!

성공적인 삶을 살아가는 소수의 사람들은 이른바 '또라이' 정신으로 무장하고 있다. 대부분의 사람들에게 또라이라는 말은 안 좋은 소리로 들릴 것이다. 하지만 현 시대를 살아가는 데 또라이 정신으로 미친 꿈을 꾸지 않으면 결코 성공할 수 없다.

보통 사람들은 안정적이고 평범한 삶을 원한다. 그러나 인생은 단 한 번뿐이다. 우리에게 다음 생이란 없다. 한 번 태어난 이상 그 소명을 다해야 한다. 우리의 내면에는 엄청난 잠재력이 숨어 있다. 다만 그 잠재력을 아직 찾지 못했을 뿐이다. 당신은 충분히 멋진 삶의 주인공이 될 수 있다. 내면에 깊숙이 숨어 있는 진짜 '나'를 만나라. 그러면 또라이 정신으로 세상에 도전할 용기가 생길 것이다.

꿈을 이루기에 늦은 때란 없다. 지금 이 순간 당신이 가진 꿈이 마음을 두드린다면 그 꿈은 당신의 것이다. 매일매일 새롭게 태어나야 한다. 어제의 태양과 오늘의 태양은 분명히 다르다. 어제 힘들었다고 오늘이 힘들고 내일도 힘든 것은 절대 아니다. 새로운 것을 받아들이고 그것을 향해 두려움 없이 나아갈 때 삶은 비로소 변화한다.

이 책의 저자들은 남들이 가지 않는 길, 자신만의 길을 가고자 하는 사람들이다. 지금부터 그들의 또라이 정신이 담긴 생생한 이야기가 펼쳐질 것이다. 각자 다른 삶을 살고 있지만 원대한 꿈을 품고 살아가는 그들이 어떻게 성공의 정상을 향해 달려가는지 살펴보자.

두근두근 가슴 설레는 멋진 삶의 주인공으로 살아가자. 당신이 머뭇거리는 지금 이 순간도 시간은 냉정하게 흘러가고 있다. 선택은 당신의 몫이다. '미래'라는 선물 보따리를 풀었을 때 그 안에 채워질 보물을 지금 이 순간부터 찾아 떠나라. 인생은 지금 이 순간부터다.

2017년 10월

이채명

PROLOGUE · 4

01 세상의 중심에서 움직이는 특별한 삶을 살기 **권동희**   · 13

02 내 멋대로 사는 게 가장 행복한 또라이 되기 **포민정**   · 18

03 꿈과 열정으로 가득한 하루하루를 살기 **허윤숙**   · 25

04 사람들에게 꿈과 희망을 주는 1인 기업가 되기 **허로민**   · 32

05 새벽 기상으로 성공자의 삶을 살기 **김성기**   · 38

06 남의 눈치 보지 않고 소신대로 살기 **홍성민**   · 46

07 현실에 안주하지 않고 꿈을 현실로 만들기 **지승재**   · 52

CONTENTS | 차례

08 꿈을 향해 앞으로 돌진하기 **김경하** · 60

09 우리나라 중소기업을 세계적인 수준으로 키우기 **이용태** · 67

10 내 인생의 파라다이스 책 쓰기 **이미경** · 74

11 지식 창업에 도전해 성공하기 **최정훈** · 85

12 미친 꿈을 향해 새로운 도전하기 **이채명** · 91

13 세상에 없던 방식으로 행복한 성공 누리기 **손성호** · 97

14 잠들지 않는 열정으로 행동하기 **김서진** · 105

15 내 안의 잠재력 깨우기 **이하늘** · 112

16 또라이 정신으로 부의 추월차선으로 나아가기 **허동욱** · 120

17 끊임없이 공부하는 인생 살기 **안경옥** · 126

18 돈키호테의 시대에 살아남기 **김현정** · 132

19 선한 꿈 또라이로 인생 2막 살기 **고은정** · 138

20 어제와 같은 오늘 살지 않기 **정성원** · 144

21 대한민국 엄마들의 꿈을 찾아 주는 강의하기 **김영숙** · 155

22 한 해의 시작, 콘셉트 키워드 정하기 **이진아** · 161

23 적극적인 자세로 삶의 목표에 부딪치기 **조봉선** · 167

24 '일단 시작'으로 인생을 풍요롭게 만들기 **양현진** · 173

25 열정으로 기적을 낳는 삶 살기 **신상희** · 179

26 한 번뿐인 인생, 뜨겁게 살기 **송세실** · 187

27 70평대 아파트로 이사 가기 **김은숙** · 193

28 또라이 정신으로 투자 성공하기 **이동규** · 200

29 불가능을 현실로 만드는 또라이로 살아가기 **임원화** · 206

30 마이크 하나로 세상을 바꾸기 **김용일** · 213

31 나에게 확신을 갖고 밀고 나가기 **박경례** · 223

32 또라이 3대 원칙으로 성공으로 달려가기 **김홍석** · 230

33 선한 영향력을 행사하는 메신저 되기 **이철우** · 238

34 위기는 기회로, 아픔은 꿈으로 회복하기 **박지영** · 245

35 반복되는 삶을 거부하고 과감하게 결단하기 **이서형** · 254

36 식지 않는 열정으로 꿈을 이루기 **류한윤** · 260

37 행복한 욜로 라이프 메신저 되기 **임현수** · 267

38 타인의 장점을 내 것으로 흡수하기 **강남호** · 274

39 또라이 기질로 내 인생 바꾸기 **어성호** · 281

40 한 번뿐인 인생, 남들과는 다르게 살기 **박하람** · 287

41 잠을 잊은 열정적인 작가 되기 **이주연** · 294

42 실패를 두려워하지 말고 무조건 도전하기 **김주연** · 302

또라이들의
전성시대 2

1~10

권동희 포민정 허윤숙 허로민

김성기 홍성민 지승재 김경하

이용태 이미경

01

세상의 중심에서 움직이는
특별한 삶을 살기

권동희 〈위닝북스〉 출판사 대표, 〈한책협〉 회장, '드림자기계발연구소' 소장, 동기부여가, 책 쓰기 코치,
자기계발 작가

더 나은 인생을 꿈꾸는 사람들을 위해 전 국민 '1인 1책 쓰기 운동'을 펼치며, '꿈꾸기'를 어려워하는
사람들에게 꿈과 희망을 주기 위해 스스로 행동주의자가 되어 인생의 진로와 비전을 제시하고 있다. 또한
전국을 무대로 강연과 멘토링, 코칭을 통해 직장인과 학생들이 드림워커로 살도록 돕고 있다. 저서로는 《나는
워킹홀리데이로 인생의 모든 것을 배웠다》, 《10대를 위한 성공 수업》, 《당신은 드림워커입니까》, 《미친 꿈에
도전하라》 등이 있으며, 《당신은 드림워커입니까》는 고등학교 진로서평도서에 선정되었다.

• E-mail mattewj@naver.com   • Blog blog.naver.com/superqueen4

"너 혈액형이 뭐니?"

"저요? 또라이 외계인 에이비형입니다!"

"천재 아니면 바보인 혈액형이지."

나는 스스로 또라이를 자청하며 특별한 삶을 살기 원했다. 남
들이 보면 특이한 삶이지만, 내 기준에는 특별한 삶이다. 남들이
이상하게 보는 그 혈액형이 참 좋았다. 그렇게 나는 태어나면서부
터 특별한 피를 수혈받았다.

나는 초등학교 2학년 때까지 수줍음이 많고 툭하면 울음을

터뜨리는 아이였다. 이런 내가 너무 걱정된 나머지 엄마는 웅변학원에 나를 보내셨다. 이를 계기로 나의 성격은 많이 바뀌었다. 나서는 걸 좋아하게 되었고 주목받는 삶을 즐기게 된 것이다. 주목받는 삶을 즐긴다는 것은 자칫 거만하게 보일 수도 있지만, 이는 자신감과 당당함으로 이어져서 리더십이 있는 아이로 평가되었다.

또라이 정신으로 무장한 나의 삶은 급속도로 변화했다. 모든 일이 순조롭게 풀렸다. 아버지를 일찍 여의고 가장이 되었던 나는 취업이 잘된다는 상업고등학교에 진학했다. 그리고 바로 자격증 공부를 시작했다. 그렇게 컴퓨터 관련 자격증들을 취득하는 동시에 고등학교에 입학하게 되었다. 미리 공부한 덕분에 성적은 급속도로 향상되었다. 그러한 성취감이 나의 자존감까지 올려주었다.

또한 동아리에도 가입해 열정적으로 활동하며 선배들을 따르고 후배들을 이끌었다. 어디를 가든 나는 항상 주인공처럼 중심에 있었다. 또라이 정신은 자기 긍정감이 되어 무엇이든 할 수 있다는 자신감을 심어 주었다. 어떤 일을 해도 두려울 것이 없었다. 일단 하고 보았다. 이러한 습관 덕분에 취업도 빨리 할 수 있었고, 돌연 직장을 그만두고 무작정 해외로 떠날 수도 있었다. 이제 나는 그러한 경험들을 바탕으로 30대에 작가, 강연가, 코치가 되어 많은 사람들에게 도전 정신을 전수하고 있다.

20대 후반, 또라이 정신이 절정에 이르렀을 때는 하루에 잠을

3~4시간밖에 못 자도 행복했다. 나는 늘 웃고 있었다. 돌이켜보면 사실 너무 피곤해서 실없이 했던 행동들이 남들에게는 대단한 실행력으로 보였던 것 같다. 그렇게 살다 보니 주변에도 나와 비슷한 사람들이 모이기 시작했고, 우리의 열정들이 모여 이상한(?) 행동을 하기 시작했다. 직장생활을 하며 새벽에 영어 학원을 다닐 당시 새벽 시간의 소중함을 잘 아는 수강생들끼리 매일 새벽에 깨워 주기로 했다. 다들 영어를 잘하지는 못했지만 영어 인사로 잠을 깨워 주기로 했다. 우선 나부터 새벽 4시에 일어나서 한 명 한 명에게 전화를 걸었다.

"Good morning, Jane."

"It's time to wake up!"

"See you then."

새벽 5시가 넘어서야 모닝콜은 끝났다. 영어로 모닝콜을 하고 수업에 참여한 우리는 웃음 가득한 표정으로 수업에 임했다. 지금도 그때를 생각하면 웃음이 난다. 언제나 행동이 앞섰고, 열정에 충실했으며, 남들이 이상하게 보는 것을 즐겼다. 남들이 볼 때는 특이한 삶일지라도 우리에게는 특별한 삶이었으니까. 나 자신이 시키는 대로, 감정이 시키는 대로 살았기에 더욱더 나를 단련시키는 데 온전히 집중할 수 있었다. 나는 시간도 아껴가며 나를 성장시키는 데 온 힘을 쏟았다.

행동력은 성공자에게 필수 요건이다. 성공자들이 일궈 왔던 삶은 누구나 따라 할 수 있는 것은 아니지만, 그러한 정신은 배울 수 있다. 그 정신을 배우다 보면 행동이 앞서게 되고, 비슷한 사고방식을 가지게 된다. 그런 마음으로 하루하루를 살다 보면 세상의 중심에서 움직이는 나를 만날 수 있다. 그런 인생이야말로 우리가 살고 싶었던 후회 없는 삶일 것이다.

당신도 인생에 한번쯤은 미친 듯이 자신의 감정에 충실하고 행동하고 결과를 내는 또라이가 되어 보길 바란다. 그러면 아주 특별한 경험을 하게 될 것이다. 간절히 원하면 온 우주가 나를 중심으로 움직인다고 한다. 이런 울림과 다짐들이 지금의 나를 행복하게 만들고 성장하게 하고 노력하게 만든다.

나는 또라이 정신이 너무 좋다. 주변에는 나처럼 확신에 차고 자신감이 넘치는 사람들이 많다. 사람은 환경의 지배를 받는 동물이다. 지금 나아지는 삶을 살지 못한다면 당신의 미래도 나아지지 않는다. 당신의 환경을 바꾸고 그 환경에서 행복하자. 그것이 당신이 이 지구별에 온 목적이다.

나는 오늘도 초또라이처럼 당당하게 살 것이다. 살짝 미치면 사는 게 즐겁다. 오늘도 나는 외친다.

"나는 1,000억 현금을 가진 자산가다!"
"나는 오늘도 풍요롭다!"

"대한민국 최초의 자기계발센터가 건립된다!"

"나는 영향력 있는 동기부여가다!"

내 멋대로 사는 게
가장 행복한 또라이 되기

포민정· 〈한책협〉 코치, 1인 창업 코치, 마케팅 코치, 연애 코치, 자기계발 작가

열정덩어리 행동주의자다. 치과위생사로 일하다 1인 창업으로 자신의 경험과 지식을 나누는 메신저 산업에 눈을 뜨고 현재 1인 기업가를 꿈꾸는 작가들을 코칭해 주는 1인 창업 코치가 되어 강의하고 있다. 꿈꾸는 사람들을 돕는 동기부여가이자 네이버 카페 관리 및 매출을 올리는 포스팅 비법에 대해 코칭하는 마케팅 코치로도 활동하고 있다. 앞으로 더 많은 사람들이 책쓰기로 자신을 브랜딩하고 작가, 코치, 강연가로 나아가길 바라며 〈한책협〉에서 코치로 활동 중이다. 현재 연애 경험, 건강하게 연애하는 방법을 담은 개인저서를 준비하고 있다.

• E-mail vhalsrhkd@naver.com　　　　• C·P 010·2490·1603

"어떻게 너는 다 네 멋대로 하려고 하니?"

3년 동안 잘 다니던 직장에 꿈이 생겼다고 다음 주까지 일하고 그만두겠다고 말하자 부장님이 나에게 한 말이다. 누가 봐도 어떤 직장에서도 비상식적인 일일 것이다. 여럿이 함께 일하는 직장에서 내가 갑자기 나가면 일손이 부족해지고 다른 사람들이 그만큼 일을 더 해야 하니 말이다. 하지만 그때 나는 간절했었다. 나의 롤모델인 김태광 대표가 있는 〈한국 책쓰기 성공학 코칭협회(이하 한책협)〉에서 일할 수 있는 기회가 생겼기 때문이다. 나는 그

기회를 놓치고 후회하고 싶지 않았다. 그래서 생애 처음 사직서를 쓰고, 직장을 나왔다.

나는 직장을 나가면서 후회하지 않을까를 걱정하지 않았다. 변화를 두려워하면서 직장에 남아 있는다면 그것이 후회스러울 것 같았다. 현재 나는 〈한책협〉에서 김태광 대표를 도와 작가가 되고 싶어 하는 사람들에게 작가, 코치, 강연가, 1인 기업가가 되는 과정을 도와주고 있다. 책을 쓰고 1인 창업을 하고 싶어 하는 사람들에게 수익을 올리는 카페 포스팅 기법에 대해서도 강의를 해 주고 있다. 물론 직장생활을 할 때보다 배가 되는 수입을 번다. 그때 결단하고 행동하지 않았더라면 나는 지금 그 순간을 계속 후회하고 있을 것이다. 그리고 지금도 그때와 별반 다를 바 없는 삶을 살고 있을 것이다.

"너는 왜 이렇게 피곤하게 살아?"

"너 진짜 대단하다. 3~4년 뒤에 네가 어떤 모습일지 진짜 궁금해."

"너처럼 열심히 하는 후배는 처음이야. 너는 뭐가 되어도 될 거야."

나는 항상 결핍을 느끼며 더 나아지려고 고군분투했다. 주말이면 각종 세미나에 참석하며 자기계발을 하고, 회사에 일이 있으면 뭐든 나서서 열정적으로 일했다. 그런 나를 보고 주변 사람들이 하던 말이다. 나는 성공하고 싶고, 부를 누리며 특별하게 살고 싶었다. 그러다 보니 내가 속해 있는 직업에서 최고가 되고 싶었다. 그래서 어떻게 하면 역량을 더 강화할 수 있을지 계속 구상했다. 일에 있어서도 어떻게 하면 더 잘할 수 있을지 계속 생각했다. 남들과 다른 아이디어를 내고 새로운 일을 창조해 내기 일쑤였다. 그러니 주변 사람들이 봤을 때는 일을 만들어 내는 애, 피곤하게 사는 사람으로 보였을 것이다. 내가 하고 싶은 일을 원하는 만큼 하고 아이디어를 실행할 때 나는 가장 행복했다.

항상 스스로에 대해 결핍을 느끼며 내가 무엇을 더 할 수 있을지를 고민하다 책을 읽기 시작했다. 그때 본 책에 김태광 대표의 이야기가 나와 있었다. 책을 쓰는 방법을 다른 사람들에게 알려 주고 있다는 내용이었다. 그리고 성공하는 프로그램을 진행하고 있다고 적혀 있었다. 나는 홀린 듯 인터넷에서 '김태광'을 검색했다. 그리고 김태광 대표의 이메일 주소를 알아냈다. 나는 즉시 책에 나온, 성공하는 프로그램에 대해서 나도 알고 싶다고 이메일을 보냈다. 김태광 대표는 "한국 책쓰기 성공학 코칭협회로 초대합니다."라는 답장을 보내왔다.

나는 그렇게 처음으로 〈한책협〉과 책 쓰기에 대해 알게 되었다. 나는 늘 '죽기 전에 내 이름으로 된 책을 쓰고 싶다'라고 생각했었다. 그런데 책 쓰기를 가르쳐 주는 곳이 있다는 것이 신기했다. 나는 바로 〈한책협〉에서 진행하는 〈1일 특강〉을 신청했다. 〈1일 특강〉에 가기 전 김태광 대표의 책을 주문해서 읽었다. 책에는 작가의 어려웠던 과거 스토리부터 자수성가하기까지의 성공 스토리가 모두 담겨 있었다. 재미있기도 하고 공감이 가는 책을 읽으며 대단한 분이라는 생각이 들었다. 그리고 '나도 성공하고 싶다, 성공할 수 있어!'라는 동기부여를 받았다. 〈한책협〉의 〈1일 특강〉에 참여하며 나는 확신을 가졌고, 〈책 쓰기 과정〉에 등록했다.

〈한책협〉을 알게 되고 나서 내 인생에 큰 변화가 찾아왔다. 김태광 대표가 추천해 준 책들을 읽으며 부에 대한 생각이 많이 달라졌다. 책을 읽기 전 나는 돈을 많이 벌고 싶으면서도 돈보다 소중한 것이 많다고 말했다. 그러면서 부자들을 질투하고, 돈을 저주했다. 그게 돈이 들어오는 걸 막는 장애물이었다는 걸 몰랐다. 돈을 정말 벌고 싶다면 돈을 좋아하고 돈이 나를 자유롭게 해 준다는 것을 인정해야 한다는 것을 알게 되었다. 돈과 성공에 대한 생각이 바뀐 것이다.

〈책 쓰기 과정〉에서 책 쓰기뿐만 아니라 성공학에 대해 배웠다. 그러면서 나는 가난했던 사고에서 부자의 사고를 갖출 수 있었다. 시간을 활용하는 방법도 많이 달라졌다. 나는 주말 저녁이면 친구들과 술 약속을 잡고 밤새워 술을 먹으며 노는 걸 좋아했다. 시간은 남아도는 것이라고 생각했다. 그러곤 돈을 절약할 수 있는 방법을 선택하곤 했다. 같은 물건을 사도 더 싼 물건을 사겠다며 몇 날 며칠을 인터넷을 검색했다. 그랬던 내가 이제는 친구들과 술을 먹던 시간에 카페에서 책을 읽고, 돈보다는 시간을 아끼는 방향을 선택하게 되었다. 돈은 다시 벌 수 있지만 시간은 되돌릴 수 없는 것이라는 걸 알게 된 것이다.

하루 일과도 출근시간에 맞춰 일어나서 출근하고 퇴근하면 TV를 보거나 친구를 만나고 다음 날 출근을 준비하는 패턴에서 벗어났다. 대신 출근 전 책을 읽으며 나의 미래를 상상하고 퇴근 후에도 책을 읽거나 원고를 쓰는 하루를 살게 되었다. 주변 사람들도 완전히 바뀌었다. 이전에는 현실을 불평불만 하고 직장 상사를 욕하며 부정적인 말을 많이 하는 사람들에게 둘러싸여 있었다. 하지만 이젠 자신의 꿈을 이야기하고, 책 쓰기로 1인 창업을 준비하며 꿈을 이루어 가는 사람들로 채워졌다.

그렇게 스물다섯 살에 〈한책협〉을 알게 되면서 조금씩 변화한 나는 스물일곱 살인 지금 드라마틱한 변화를 이루어 냈다. 나는 스물여섯 살에 직장에 과감하게 사표를 던지고 나왔다. 그러곤 김태광 대표에게 배운 카페 관리 노하우와 경험을 바탕으로 〈한책협〉에서 세무, 경영 관리와 많은 일을 총괄하고 있다. 또한 작가에서 1인 기업가로 나아가려 준비하는 사람들에게 수익을 창출하는 포스팅 비법에 대해 강의해 준다. 이제 막 카페를 개설하고 1인 기업가로 나아가려는 사람들의 카페를 점검해 준다. 게시글 올리는 방법과 운영 방법도 알려 주며 카페를 관리해 주고 있다.

2년 전 나는 '하고 싶은 일을 원하는 시간에 원하는 만큼 좋아하는 사람들과 일하는 것'을 꿈꾸었다. '그렇게 살면 얼마나 행복할까? 어떤 느낌일까?' 하고 생각했었다. 여자들이 많은 곳에서 일하면서 나는 항상 여자들의 타깃이 되곤 했다.

나는 워낙 털털하고 혼자만의 철학도 있고, 혼자 다니는 것도 좋아한다. 그러다 보니 도서관에 가도 친구들과 몰려간다거나 친구가 간다고 따라 나오지 않았다. 그러기보다는 10분 뒤에 가더라도 볼 만큼 보고 간다는 주의였다. 또한 언니들에게 잘하는 성격이 아니다 보니 여자들이 많은 치위생학과에서 선배들에게 늘 거슬리는 존재였다.

괜히 아이디어를 내어서 일을 만드니 직장 선배들에게도 눈엣가시 같은 존재였을 것이다. 신입이 그렇게 설쳐대니 선배들은 자신들이 비교된다는 생각에 작작 좀 하라는 눈치를 주기도 했었다. 나는 생각해 낸 아이디어를 건의해서 실행하고 시키는 일 외에 창의적으로 일을 만들어서 하는 것을 좋아한다. 그렇기에 주어진 일만 하는 사람들 틈에서 섞이지 못하는 물과 기름 같았다. 그래서 내 꿈이 하고 싶은 일을 내가 좋아하는 사람들과 원하는 만큼 마음껏 하는 것이었는지도 모른다.

나는 지금 내가 원하던 대로 딱 그렇게 살고 있다. 〈한책협〉에서 함께 응원하며 서로의 꿈을 지지해 주고, 아이디어를 현실화하며 창의적으로 일하고 있는 것이다. 하고 싶은 일을 원하는 시간에 원하는 만큼, 사랑하는 사람들과 함께할 수 있다는 건 정말 행복하고 감사한 일이다.

세상을 바꿀 수 있다고 생각하는 또라이들이 정말 세상을 바꾸고 있다. 그냥 시키는 일만 대충 하는 사람들은 또라이들이 만들어 낸 환경에 지배만 당하게 될 것이다. '환경 때문에, 주변 사람 때문에, 돈이 없어서, 시간이 없어서, 공부를 못해서, 특별하지 않아서'처럼 스스로 안 되는 이유를 찾는다면 끝도 없이 변명만 늘어놓게 될 것이다. 나는 내가 원하는 꿈과 목표를 향해 목숨을 걸고 행동하는 행동파 또라이로, 상상을 현실로 만드는 또라이로 살아가는 것이 좋다. 과거 나에게 "어떻게 너는 다 네 멋대로 하려고 하니?"라고 일침을 가했던 직장 선배에게 나는 이렇게 답해 주고 싶다.

"원래 인생은 자기 멋대로 사는 거야!"

03

꿈과 열정으로 가득한
하루하루를 살기

허윤숙 전직 초등학교 교사, 건축기사, 인테리어 디자이너, 해외 사업가, 전시기획가, 인생 탐험가

인생의 목표는 선하고 능력 있는 사람이 인정받는 사회를 만드는 것으로, 많은 사람들을 강연과 책으로 만나기 위해 준비 중이다. 현재 그동안 쌓아 온 경험을 책으로 풀어내는 작가의 길을 걷고 있다. 저서로는 《버킷리스트12》, 《인생을 바꾸는 감사일기의 힘》 등이 있다.

• E-mail hys0956@gmail.com   • Blog blog.naver.com/0011cin

"어머님, 오늘 학교 좀 오셔야겠어요."

중학교 3학년 아들이 다니는 학교에서 또 전화가 왔다. 순간 가슴이 철렁 내려앉았다. '한동안 조용하더니 드디어 올 것이 왔구나. 이번에는 또 무슨 일일까?' 불안한 마음으로 한달음에 학교로 달려갔다. 무안하게도 내가 앉자마자 교사들이 내 주위에 뺑 둘러앉아 심문하듯이 말을 꺼내기 시작했다. 처음엔 우리 아들이 큰 잘못을 저지른 줄 알았다. 그런데 알고 보니 수업시간에 무기력하고 친구를 자주 놀리며, 장난감 칼을 가져오고, 머리를 단정

하게 안 자르고, 신발주머니를 자주 잃어버리고, 청소당번도 잊어버리는 등의 아주 사소한 것들이었다.

나는 기가 막혔다. '욕을 하거나 왕따를 시켰거나, 담배를 피웠거나 패싸움을 하거나 누구를 때린 것도 아니고, 초등학생들에게도 늘 일어나는 일을 가지고 중학교에서 떠들썩하다니' 나는 그제야 아들이 이해되기 시작했다. 그전까지만 해도 아들을 대역죄인 대하듯 했는데 말이다. 이 학교는 신발주머니 없는 것만 걸려도 깜지를 쓴단다. 그래서 자기 것이 없어지면 훔치는 아이들이 많다고 한다. 지나친 규율을 싫어하는 우리 아들은 온몸으로 이에 반항하고 있었던 것이다.

'그 아들에 그 엄마'인 나는 그날 제대로 진상 짓을 보여 주었다. "나 같아도 숨이 막혀서 못 살겠어요. 어떻게 민감한 사춘기 아이들을 그렇게 몰아세우시나요?" 하면서 말이다. 머리를 조아릴 줄 알았던 내가 오히려 화를 내니 다들 기가 막혀 했다.

결국 그날 아들과 나는 세트로 또라이가 되었다. 나는 다음 날 아들을 집에서 쉬게 했다. 그리고 그 학교의 문제점을 말하면서 그만 다니라고 했다. 차라리 검정고시를 보라고 말이다. 그러자 아들은 사건이 커질 것이 두려웠던지, 그런대로 다닐 만하다고 했다. 아들이 불쌍했다. 오래전 서태지가 중퇴한 중학교도 혹시 이런 분위기가 아니었을까 하는 생각이 들었다.

요즘 아이들은 숨 쉴 곳이 없다. 유치원 때부터 이것저것 배우고, 초등학생, 중학생이 되면 늦게까지 학원 등으로 공부를 하러 다닌다. 대체 어디서 숨을 쉬란 말인가? 이건 마치 첫 소절부터 고음으로 시작해서 숨을 한 번도 안 쉬고 노래를 부르는 것과 똑같다.

지금까지 나는 우리 아이들에게 공부를 강요한 적이 없다. 무조건 하고 싶은 걸 하라고 한다. 엄마의 말에 충실하게도 우리 아이들은 각자 원하는 길로 가고 있다. 딸은 매일 휴대전화로 웹툰을 보거나 가요만 듣더니, 이제는 작곡가가 되기 위한 준비를 하고 있다. 아들은 매일 컴퓨터 게임만 하고, 심지어 아프리카 TV에서 게임 BJ까지 하더니 미술학원에 보내 달란다. 우리나라 게임 그래픽 수준을 업그레이드시키겠다면서 말이다.

이렇게 말하면 다 그럴싸해 보이지만, 실제로 우리 집에 와서 보면 다들 기절할 것이다. 우리 아이들은 책상에 앉아 공부하는 적이 없다. 딸은 늘 악기를 연주하거나 노래를 듣고, 아들은 매일 게임만 한다. 대한민국에서 그런 모습을 봐 줄 부모는 없을 것이다. 그런데 나는 자연스럽게 지원해 준다. 아들이 원하는 게임 CD는 무조건 사 주고, 딸이 원하는 악기는 다 배우게 해 준다. 무슨 일이든 자신이 좋아하는 일을 해야 행복하다고 믿기 때문이다.

좋아하는 일이 직업으로 연결되기 위해서는 전문적인 공부와 투자가 필요하다. 그 결과로 자신만의 차별화된 무기가 생기는 것이다. 그러기 위해서는 많은 시간을 투자해야 한다. 나는 우리 아이들이 아무리 휴대전화를 끼고 살아도, 하루 종일 컴퓨터 게임만 해도 전문성을 키우는 중이라고 생각한다.

이제 '평생 직장'이 아닌 '평생 직업'의 시대다. 자신만의 차별화된 무엇이 없다면 웬만한 일자리는 로봇에게 빼앗길 것이다. 나는 젊은 시절, 우리 아이들 못지않게 남들과 다른 길로 샜었다. 그때 나는 과연 무엇을 원했던 것일까? 아마 풍부한 경험을 통해 인생을 탐구하고, 그로 인한 나만의 차별화된 능력을 원했던 것 같다.

오래전 일을 떠올려 본다. 나는 교대를 졸업했지만, 숨 막히는 학교 분위기에 질려 1년여 만에 교사를 그만두었다. 그 당시만 해도 교사는 평생 직장이란 개념이 강해서 모두들 이해하지 못하는 분위기였다. 그 뒤의 내 인생행로는 마치 아이들이 진흙탕 물만 골라서 첨벙첨벙 뛰어다니는 꼴과 같았다. 친구들이 모두 교사가 되어 착실히 저축을 해 나갈 때, 나는 이것저것 배우고 일하다가, 또 다른 것에 관심을 갖곤 했다. 보다 많은 사람을 만나고, 많은 경험을 하고 싶어서였다.

젊은 시절의 내가 원한 건 '경험 부자'였다. 그러다 보니 돈에는 관심이 없어서 경제적으로 힘들 때가 많았다. 그런데 나의 열정은 가난도 마다하지 않았다.

나의 좌충우돌 과거를 돌이켜 보면 이렇다. 나는 초등학교 교사를 그만두고, 실내 건축사와 건축기사 자격증을 땄다. 그리고 험한 현장만 골라서 건축설계와 감리 일을 했다. 그러다가 남편과 회사를 차리고 상해에 가서 사업을 했다. 그러나 국제 금융위기로 인해 한국에 들어와 다시 교사를 하게 되었다. 그런데 임용고시를 치르지 않으면 기간제 교사밖에 할 수 없었다. 그래서 틈틈이 임용고시를 준비했지만 만만치가 않았다.

뒤늦은 나이에 임용고시를 준비하던 어느 날, 어떤 가수의 노래에 빠지게 되었다. 세상 모든 걸 담고 있는 목소리였다. 그리고 그 뒤로 그 가수 팬 카페에 가입해 열심히 포스팅을 했다. 어떨 때는 하루 종일 매달리기도 했다. 당장 밥이 되는 임용고시는 뒤로 미루고서 말이다. 나이도 아들뻘 되는 가수다.

어느 순간부터 다들 내 글을 읽으면 재미있고 위로가 된다고 했다. 나는 그때부터 사람들이 어떤 부분에서 공감하는지 분석했다. 그래서 가장 선호하는 문체와 내용을 공부하기 시작했다. 그러자 내 글을 좋아하는 사람들이 점점 늘어났다. 심지어 개그 작가인 줄 알았다고 하기도 하고, 시나리오 작가 내지는 드라마 작가인 줄 알았다고 하기도 했다. 그리고 어떤 사람은 내 글은 꼭 돈을 주고 봐야 할 것 같다고 했다.

그때 나는 깨달았다. 내가 가장 좋아하는 일은 글을 쓰는 것이라고 말이다. 그 멋지고 젊은 가수가 내 감성을 일깨워 주었다. 나는 사람들에게 위로와 공감을 주는 글을 쓰면서 행복을 느꼈다. 그동안 살아오면서 풍부한 인생 경험을 한 것이 글을 쓰는 데 도움이 되었다. 새롭게 발견한 나의 장점이었다.

나는 그때만 해도 막연히 '글쓰기'만 생각했었다. 그러나 '글을 써서 대체 어떻게 남에게 보일 것인가?' 생각하고 여기저기 알아 보다가 〈책 쓰기 과정〉 강의가 있다는 것을 알았다. 불과 1년 전 의 일이다. 그리고 올해 그 강의에 등록해 현재 공저와 개인저서 를 준비하고 있다.

이러한 과정을 겪으면서 깨달은 것이 있다. 남들은 내가 진흙 탕만 골라서 걸어간다고 했지만, 알고 보니 꽃길이었다고 말이다. 적어도 작가에게는 시련이 보약이다. 힘들고 다양한 경험을 했을 때 얻게 되는 통찰력 때문이다. 심지어 한 여자 수강생은 자신은 너무 편하게 살아와서 책에 쓸 사례가 없다면서 울상이었다.

얼마 전까지만 해도 나는 나의 열정이 부담스러웠다. 정확히 말해, 나의 열정을 쳐다보는 시선이 부담스러웠다. 그런데 요즘은 행복하다. 〈한책협〉에 들어와서 나와 비슷한 사람들이 많다는 것 을 알게 되었기 때문이다. 여기서는 아무도 다른 사람의 꿈에 대 해 허황되다 말하지 않고 서로 격려해 준다. 그래서 다들 꿈을 현 실로 만든다.

나는 52세가 되어서야 비로소 내 정체성을 찾았다. 나는 '또 라이'였던 것이다. 나이가 들수록 점점 더 많은 꿈을 꾸는 게 어

디 정상인가? 하지만 정상이 아니라서 다행이다. 내 또래의 정상
적인 여자들은 대부분 무기력한 갱년기를 보내고 있다. 나는 요즘
꿈을 꾸기에도, 또 그 꿈을 실현시켜 나가기에도 하루가 부족하
다. 그리고 나를 이렇게 만드는 '또라이 기질'이 고맙다. 나는 죽을
때까지 '우울한 정상인'보다 '행복한 또라이'로 살고 싶다.

04

사람들에게 꿈과 희망을 주는
1인 기업가 되기

허로민 **10년 차 농협 직원, 대박가게 코치, 동기부여가, 자기계발 작가**

10년 차 농협 직원으로 수많은 자영업 고객들을 상대하면서 그들의 가게 경영 노하우에 대해 보고 듣고 느낀 점 등을 담은 개인저서를 집필 중이다. 대박 나는 가게 경영에 대한 노하우를 전수하는 대박가게 코치로도 활동 중이다. 현재 인생에서 얻음 경험과 깨달음을 바탕으로 선한 영향력을 행사하는 동기부여가로 활동하고 있다. 저서로는《보물지도10》이 있다.

• E-mail qtootp@naver.com   • Blog qtootp.blog.me

내가 고등학교 때 선배 한 명이 한국 대학에 진학하는 대신 호주로 유학을 갔다는 소식을 들었다. 그때부터 호주에 대한 막연한 동경이 생겼다. 가정 형편이 좋지 않아 외국으로 유학을 간다는 것은 나에겐 상상조차 할 수 없던 일이었다. 그런데 어느 날 친구가 많은 돈을 들이지 않고서도 호주에 워킹홀리데이를 갈 수 있다는 정보를 알려 줬다. 워킹홀리데이는 우리나라와 협정을 체결한 나라에서 일하면서 여행을 다닐 수 있도록 하는 제도였다. 그때부터 나는 성인이 되면 호주로 워킹홀리데이를 가야겠다고 생각했다.

대학에 입학하고 1년 동안은 처음 맛보는 자유를 만끽했다. 학점은 뒤로한 채 친구들과 놀러 다니기 바빴다. 그러던 중 대학교 1학년 겨울방학 때 일본에 있는 친구 집으로 여행을 가게 되었다. 그 친구는 항공사에 취업하고 싶다는 목표를 가지고 대학 공부와 외국어 공부를 열심히 하고 있었다. 그 모습을 보며 막연하게 호주를 가겠다는 생각 외에는 별다른 희망 없이 학교만 다니고 있는 나 자신이 한심하게 느껴졌다. 계속 이렇게 지내서는 안 되겠다는 생각에 정신이 번쩍 들었다.

여행을 끝내고 한국으로 돌아와서 나도 무언가 결실을 이루어야겠다고 생각했다. 그래서 공무원 시험을 준비하기 위해 휴학을 했지만, 두 번의 시험은 실패로 끝났다. 덕분에 인생에서는 내가 원하는 결과가 쉽게 주어지지 않는다는 교훈을 얻었다.

대학은 졸업해야겠다는 생각에 다시 학교로 돌아갔다. 학교에서 학생들을 대상으로 일자리를 제공하며 아르바이트비를 주는 근로장학생을 하게 되었다. 도서관 사서의 조수 일이었다. 힘든 일 없이 사무실에 앉아서 전화만 받으면 되었다. 학교 공부를 하는 데도 지장이 없는 더없이 좋은 일자리였다.

도서관 근로장학생으로 일하며 책을 많이 접하게 되었다. 그때 자기계발서를 많이 읽었다. 그것이 밑거름이 되어서 나는 더 이상

스무 살 때처럼 노는 것만 좋아하는 내가 아닌, 꿈을 위해서 노력하는 내가 되어 갔다.

호주로 가기 위해서는 영어 실력이 필수 조건이었지만, 영어학원을 다닐 수 있는 형편이 안 되었다. 그래서 나는 1년 동안 새벽 6시에 일어나 라디오의 영어교육 방송을 들으면서 영어공부를 했다. 하루도 거르지 않고 1년 동안 공부를 하니 영어에 어느 정도 자신감이 생겼다. 영어공부를 할수록 호주에 가고 싶다는 생각이 더 간절해졌다. 그리고 잠이 많은 내가 새벽에 일어나서 꾸준히 공부한다는 것이 신기하게 느껴졌다. 지금까지 꾸준하게 열정적으로 해 왔던 일이 없었기 때문이었다.

근로장학생을 하면서 용돈을 조금씩 모아 100만 원을 저축했다. 근로장학생으로 일하면서 받는 40만 원으로 차비와 점심 값 등을 하고 남는 돈을 저축한 것이기에 100만 원은 나에게 큰돈이었다. 그런데 그 돈은 호주를 가기에는 턱없이 부족한 경비였다. 부모님은 여자 혼자 외국으로 간다는 것이 걱정되어서 반대하시던 상황인지라 돈을 보태 달라고 말씀드리지 못했다. 나의 고민을 할아버지께 말씀드리자 할아버지는 선뜻 100만 원의 돈을 보태주셨다. 지금은 돌아가셨지만 늘 반듯하신 모습이 자랑스러웠던 할아버지다.

그렇게 해서 나는 3년 동안 꿈꾸어 왔던 호주 워킹홀리데이를 떠나게 되었다. 공항에 도착한 순간 공기조차 우리나라와는 색다르게 느껴졌다. 드디어 호주에 왔다는 사실을 만끽하며 기뻐했던 기억이 난다.

이미 호주에 워킹홀리데이로 와 있던 친한 친구가 내가 머물게 될 집을 구하는 것을 도와주었다. 덕분에 처음부터 쉽게 적응할 수 있었다. 나는 호주 워킹홀리데이를 통해 여행뿐만 아니라 경험도 많이 하고 싶었다. 온통 외국인들이 다니는 거리를 걷고 있다는 것이 신기했다. 영어로 쓰인 수많은 간판들을 보면서 그제야 호주에 왔다는 것이 실감 났다.

내가 이루고자 하는 일을 한순간도 잊지 않고, 목표에 도달하기 위해 노력한다면 결국은 이루어진다는 사실을 그때 처음 깨달았다. 스스로의 힘으로 노력해서 호주에 도착하니 성취감을 맛볼 수 있었다. 무엇보다 나 자신이 너무 자랑스럽게 느껴졌다.

호주에 도착해서 당장 생활비를 벌어야 했기에 일자리를 구했다. 영어가 유창하지 않은 한국인이 많은 시급을 받을 수 있는 일자리는 청소뿐이었다. 그래서 나는 피자 가게 청소 일을 택했다. 가게가 문을 닫는 밤 10시부터 다음 날 아침 8시 전까지 청소를 끝내 놓으면 되는 일이었다. 나는 다른 나라에서 밤거리를 다니는 것이 무서워서 새벽에 일하는 것을 선택했다. 아침 7시부터는 다시 스시 가게에 일하러 가야 했기 때문에 새벽 4시에 일어나서 피자 가게 청소 일을 했다.

그때는 그 나라에서 어떻게든 살아야 한다는 생각과 돈을 모아서 여행을 다녀야 한다는 생각밖에 없었다. 그래서 하루에 두 가지의 일을 하는 것이 전혀 힘들다고 생각하지 않았다. 지금 다시 그 일을 하라고 하면 아마 못할 것이다. 그때만큼의 절박함이 없어서일 것이다.

호주에서 힘들게 일하면서 한 가지 깨달은 점은 '그동안 부모님의 보호 아래 어려움 없이 편하게 살아왔구나'라는 것이었다. 부모님께 감사한 마음이 저절로 들었다. 타지에서 외롭다고 느낄 때나, 일을 마치고 집으로 돌아갈 때 그리고 여행하는 내내 나는 부모님께 감사하는 마음을 한시도 잊은 적이 없다. 그때부터 한국으로 돌아가면 부모님께 효도하는 착한 딸이 되겠다고 다짐했다.

나는 사람들에게 꿈과 희망을 심어 주는 1인 기업가로 크게 성공해서 부모님을 기쁘게 해 드려야겠다고 다짐한다. 사람들 중에는 스무 살 때의 나처럼 인생의 목표를 세우지 않고 허송세월하고 있는 사람들이 많을 것이다. 그들 중 대부분은 목표를 가져야 하는 이유와 그 목표를 어떻게 이뤄 나가야 하는지를 모를 것이다.

나는 그런 이들에게 인생을 멋지게 살 수 있도록 희망을 주는 동기부여가가 되려고 하다. 인생의 나락에서 나의 희망적인 말 한 마디나, 내가 내미는 손을 잡아 바닥을 치고 힘차게 다시 일어설 수 있도록 도와주는 사람이 되고 싶다. 그리고 그들이 가려고 하는 인생의 방향에서 길을 잃지 않도록 내비게이션 역할을 해 주려고 한다. 그들이 목적지까지 흔들림 없이 도착할 수 있도록 용기를 주고, 중도에 포기하지 않게 동기부여를 해 주는 내 모습을 그려 본다.

05

새벽 기상으로
성공자의 삶을 살기

김성기 '한국영업세일즈협회' 대표, 영업 세일즈 코치, 영업판매왕, 동기부여가, 강연가, 자기계발 작가

20년간 실전 영업으로 지하철 노점상에서 시작해 LG자판기, 삼성에스원, 대명리조트, 이랜드, 한화호텔
&리조트에서 영업팀장을 지냈다. 한화 공채 면접관으로 활동했고, 신입 영업사원과 억대 연봉을 꿈꾸는
영업인을 대상으로 교육을 진행하고 있다. 또한 직장인과 영업사원 일대일 컨설팅도 하고 있다. 판매왕의 영업
비법을 담은 개인저서를 출간할 예정이다.

• E-mail kimsgi1@naver.com   • Cafe www.hysa.co.kr
• C·P 010·6268·8455

"딱딱딱딱~~위잉~~다다다다다~"

지금 시각 아침 7시. 나는 압구정 한복판에서 눈을 감고 서 있
다. 사람들이 이상한 눈길로 나를 보며 스쳐 지나간다. 하지만 나
는 아랑곳하지 않고 아주 미세한 소리라도 듣기 위해 초집중한다.
잠깐! 뭔가 들린다.

나는 다음 구역의 빌딩으로 뛰어간다. 몇 층인지는 정확히 모
르지만 비상계단을 타고 소리가 들리는 곳으로 뛰어 올라간다. 바
로 여기다!

내가 삼성에스원 강남본부에서 세콤 영업을 할 때였다. 그 당시 경비 업체 중에서 1등을 하는 곳이었다. 1등을 하는 곳에서 영업을 해야 최고가 될 수 있다는 생각에 들어가게 되었다. 세콤 영업은 그야말로 가가호호 방문해서 방문상담을 해야 하는 일이다. 물론 콜센터로도 문의가 오지만 나 같은 신입에게는 일을 배당해 주지 않는다. 영업사원으로 입사하면서 나는 목표를 세웠다.

'1년 안에 반드시 전국 1등을 하겠다!'

신입사원으로서는 당찬 목표였다. 그렇지만 난 의심하지 않았다. 난 결국 해낼 것이니까. 그런데 현실은 기대와는 너무나 달랐다. 영업은 무척 어려웠다. 그 당시 무인경비시스템을 쓰려는 사람들은 대부분 고위층이나 연예인 그리고 부자들이었다. 그렇다 보니 가가호호 방문해도 주인을 만나기가 어려웠다. 이래선 안 되겠구나, 싶어 다시 전략을 짰다. 개인 집들은 문턱이 너무 높으니 상가 또는 사무실, 병·의원 위주로 접근해 보기로 했다.

본격적으로 강남 일대 빌딩 숲을 돌아다녔다. 역삼역에서 압구정역까지 하루에도 몇 번씩 왔다 갔다 하면서 발품을 팔았다. 다리는 아프고 의욕은 점점 떨어졌다. 하루 종일 돌아다녀도 계약 한 건 성사시키지 못했다. 무작정 들어가면 이미 설치되어 있거나 잡상인 취급하며 문전박대하는 일이 부지기수였다. 점점 의욕도 떨어지고 포기하고 싶은 생각이 들었다. '이래서는 한 건도

못 하겠구나. 에라, 모르겠다! 집에 가서 잠이나 자야겠다'

하지만 꿈자리도 뒤숭숭하고 일찍 잠을 잤더니 새벽에 눈이 떠졌다. 이왕 일찍 일어난 거 그냥 사무실에나 가야겠다고 생각하고 차를 몰고 나왔다. 이른 새벽이었지만 강남 테헤란로는 고급 중형차들로 메워져 있었다.

내 사무실은 역삼동 르네상스 호텔 사거리에 있었다. 근처 골목에 차를 세우니 아침 7시가 다 되었다. 커피 한잔하려고 편의점을 향해 걷고 있는데 내 귀에 어떤 작은 소리가 들렸다.

"딱딱딱딱~ 위잉~~다다다다다~~"

이건 무슨 소리지? 나는 그 소리가 나는 곳으로 발걸음을 옮겼다. 어느 빌딩 3층에서 나는 소리였다. 무심코 3층에 올라갔더니 인테리어가 한창이었다. 뭔가 좋은 기운이 느껴졌다. 그리고 그곳을 둘러보는데 하얀 설계도면이 보였다. 작업이 한창이라 내게 신경을 쓰지 않는 것 같았다. 그 당시 휴대전화에는 사진기 기능이 없어서 급히 종이와 볼펜을 꺼내서 설계 도면을 그렸다. 도면을 그린 이유는 이곳에 경비시스템을 어떻게 설치하고 어떻게 방범을 해야 하는지 그리고 비용이 얼마나 드는지 계산해야 하기 때문이었다.

난 대충 설계도를 그려서 사무실로 향했다. 서툰 솜씨지만 캐드로 방범시스템을 그려 출력하고 비용을 산출했다. 한 시간 만에 모든 준비를 마치고 바로 인테리어 공사 현장으로 달려갔다.

마침 그곳 대표로 보이는 여사장님을 만났다. 그리고 내 명함을 주고 인사를 했는데 관심이 없어 보였다.

"사장님 잠깐만요! 꼭 보여 드릴 것이 있습니다!"

역시나 사장님은 귀찮아하는 눈빛으로 나를 응시했다. 그래서 난 사무실에서 만들어 온 도면을 보여 주고 방범 위치를 설명드렸다. 그랬더니 사장님은 깜짝 놀라는 것이었다. 아직 인테리어도 안 끝났는데 어쩜 이렇게 세세하게 잘 만들어 왔냐고 감탄하는 것이었다. 그러면서 신뢰가 간다고 나를 칭찬하고 그 자리에서 바로 계약을 해 주었다.

무인경비시스템을 설치하려면 매립공사를 하는 것이 가장 좋다. 그래서 인테리어가 끝나는 곳보다 인테리어를 시작하는 곳이 서로 작업하기가 좋다. 그 후로 나는 동료들이 출근하기 전에 강남 일대의 빌딩숲으로 나와서 가만히 귀를 열고 집중하기 시작했다. 그러면 미세하게 작은 소리들이 들려왔고 그곳을 방문해서 설계도면을 그린 후 사무실로 왔다. 동료나 선배들이 출근하기 전에 나는 이미 2~3개의 도면을 갖고 캐드작업을 했고 바로바로 계약에 성공했다. 그러면서 인테리어 업자들을 잘 알게 되었다. 그러자 가는 곳마다 그들이 다른 업체를 소개해 주기 시작했다.

두 달째부터 내 실적은 선두권으로 진입하기 시작했다. 기존 직원들은 거래처도 많고 소개 건도 많아서 늦게 시작한 내게는 많이 불리했다. 하지만 남들보다 일찍 일어나 새벽을 누비는 나에게 점점 따라잡히기 시작했다. 결정적인 일은 강남역 근처에 점프밀라노라는 대형쇼핑몰이 들어설 때 일어났다.

수많은 영업직원들이 터파기 작업을 시작할 때부터 도전했는데 아무도 그곳의 계약을 따내지 못했다. 왜냐하면 그곳은 사설경비를 자체적으로 쓰려고 계획하고 있었기 때문이었다. 사람들은 그런 정보를 듣고는 포기하기 시작했다. 그런데 나는 괜한 오기가 생겼다. 사설 경호업체가 경비를 책임지더라도 틈이 생기게 마련이다. 그렇게 생각하며 수시로 근처를 배회했고 드디어 관리소장님을 만나게 되었다.

명함을 드리고 인사를 했더니 이런 명함 수십 개도 더 받았다고 했다. 하지만 여기서 포기할 내가 아니었다. 박카스 한 박스를 사 들고 다시 갔다. 그래도 혹시 모르니 쇼핑몰 시공업체 사무실을 집요하게 물어보았다. 결국 관리소장님은 길 건너에 있는 사무실을 알려 줬다. 난 바로 그 사무실을 찾아가 담당 실장을 만났다. 그리고 경비 관련 계획을 강력히 건의했다. 처음에는 담당 실장도 관리소장과 같은 말을 했다. "이곳은 24시간 경비가 순찰을 하며 보안을 담당할 예정입니다."라고.

난 여기서 포기하지 않고 무인경비의 필요성과 안전성을 열정을 다해서 설명했다. 담당 실장은 내 설명을 한참 듣고 있더니 고개를 갸우뚱거렸다. 그러면서 일단 보안시스템을 만들어 와 보라며 10층 도면을 주었다. 난 쾌재를 부르며 내일까지 만들어 오겠다고 했다. 물론 계약을 한다는 보장은 없었지만 다른 영업직원보다 한 걸음 더 전진했다는 뿌듯함을 느낄 수 있었다.

나는 밤을 꼬박 새워서 10층의 보안도면을 설계했다. 그리고 다음 날 도면을 갖고 담당자를 만나서 10층짜리 빌딩 계약을 따냈다. 회사에서는 그 난공불락을 어떻게 뚫었느냐면서 대단하다고 칭찬을 해 주었다. 선배 영업사원들은 저마다 자신이 먼저 갔었다면서 불만의 눈초리로 나를 바라보았다.

그런데 더 중요한 것은 지하 1층이 귀금속 매장으로 꽉 채워진다는 것이었다. 대략 30~40개의 귀금속 업체가 들어설 예정이었다. 난 쾌재를 불렀다. 그야말로 고구마 줄기였다. 빌딩 담당 실장에게서 지하 귀금속 매장 독점권 허가를 따냈다. 그리고 입주자 연락처를 받아 내어 일일이 전화 상담을 하곤 계약까지 모두 성공시켰다. 이러한 경험을 통해 영업은 키맨을 만나는 것이 가장 중요하고 끊임없는 도전과 열정을 갖는 것이 중요하다는 것을 깨달았다.

나는 그달에 1년을 목표로 했던 계획을 6개월로 앞당겼고 전국 1등을 하면서 상장도 받았다. 그달에 받은 수당이 1,680만 원 정도 되었다. 작은 중소기업의 연봉에 달하는 금액이었다. 엄청난 성과를 빠른 기간에 이뤄 낸 것이다.

세콤 영업을 하면서 깨달은 것은 남들보다 조금 더 일찍 일어나서 뛰면 내가 원하는 목표를 더 빨리 이룰 수 있다는 것이었다. 그 이후 조금 더 큰 영업의 장으로 직장을 옮겼을 때도 나는 사무실에 제일 먼저 불을 켜면서 들어가는 직원이었다.

세콤을 관두고 옮긴 곳은 대명리조트였다. 그곳에서 콘도 영업을 할 때 최단기간 최연소 팀장을 했다. 영업 성적도 우수해서 2년 만에 억대 연봉을 받는 직원으로 자리를 잡았다. 그 후 대기업인 한화호텔&리조트에서 스카우트 제의가 들어왔지만 여러 번 거절했다. 왜냐하면 난 이미 억대 연봉을 받고 있는 데다, 가만있어도 소개가 많이 들어와 굳이 옮길 필요가 없었기 때문이다. 그런데 한화 상무님께서 직접 함께하고 싶다고 해서 결국 그곳의 팀장으로 자리를 옮기게 되었다. 그곳에서도 난 역시 제일 먼저 사무실에 출근해서 불을 켜고 하루 일과를 시작하는 직원이었다. 지방대 출신인 내가 국내 10대 그룹의 팀장 자리에 오를 수 있었던 것은 우연이 아니라 나의 피나는 노력 덕분이었다.

인생에서 다른 사람들과 경쟁하면서 이길 수 있는 방법은 여러 가지가 있다. 그중 가장 쉽게 빨리 경쟁에서 이기는 방법은 철저하게 자기관리를 하고 열정을 바치는 것이다. 나는 누구보다도 아침잠이 많고 쉬는 날에도 잠자는 것을 좋아했다. 그러던 내가 직장생활을 하면서 매일 새벽 5시에 기상해서 6시면 사무실에 도착했다. 단 한 번도 지각을 해 본 적이 없다.

한화에 있을 때 이런 일도 있었다. 출입카드를 깜박하고 안 가져온 한 임원분이 나에게 전화해서 "김 팀장, 문 좀 열어 줘!"라고 한 것이다. 그때 시간이 오전 6시 10분쯤이었다. 그분은 내가 어디에 있는지 물어보지도 않았다. 이 시간에 사무실에 나와 있는 사람은 나밖에 없다는 것을 임원들은 모두 알고 있었기 때문이다. 그래서 그랬는지 고과에서 좋은 평가를 받았고 법인1팀장을 거쳐 전국총괄 영업팀장 자리까지 올라갈 수 있었다.

월트 디즈니사의 회장인 로버트 아이거를 비롯해 수많은 경영인들이 최적의 기상시간이라고 말하는 시각은 오전 4시 30분이다. 우리의 뇌는 기상 후 2시간 30분에서 4시간 사이에 가장 활발하고 선명하게 활동한다. 그러므로 일찍 일어나 하루의 목표와 계획을 세우고 점검하는 습관을 들이는 것이야말로 성공을 위한 가장 기본적인 단계라고 할 수 있다.

나는 지금도 매일 4시 30분에 일어나서 하루를 시작한다.

06

남의 눈치 보지 않고 소신대로 살기

홍성민 **직장인, 자기계발 작가**

2년 차 직장인으로 목표 없는 삶에 회의감을 느끼던 중 책을 읽고 쓰며 행복을 느끼는 자신을 발견했다. 사람들이 삶에 회의감을 느끼지 않도록 행복을 찾아 주는 행복전도사를 꿈꾼다.

• E-mail ghdtjd0919@naver.com

"너 진짜 특이해!"

이날이 언제였는지는 기억나지 않는다. 확실한 것은 내가 이날 처음으로 누군가에게 특이하다는 말을 들었다는 것이다. 그때는 "네가 더 특이하다!"라고 받아쳤다. 하지만 그 후로 백번도 넘게 같은 말을 듣다 보니 나는 '내가 정말 특이한가?'라는 의구심을 가지게 되었다. 하지만 아무리 생각해도 내가 왜 이런 소리를 들어야 하는 건지 납득이 가지 않았다.

내가 남들과 다른 점이 있다면 심오한 것을 좋아하고 혼자서 생각을 많이 한다는 것 정도였다. 처음에는 모두가 나처럼 심오하고 생각을 많이 하는 줄 알았다. 하지만 많은 사람들이 "생각 좀 그만하고 단순하게 살아! 너랑 얘기하다 보니 나도 복잡해진다!" 라며 내게 변화를 요구했다. 그때서야 나는 내가 남들과 다름을 인지했던 것 같다. 하지만 타고난 성격을 바꾸는 것이 쉽지는 않았다.

집단생활을 시작하는 초등학생 때부터 나는 어떤 무리에도 속하지 못했다. 친구들에게 나는 '이상한 녀석'으로 통했기 때문이다. 대부분의 아이들은 내가 말을 하면 무슨 생각으로 그런 말을 했는지는 궁금해하지도 않았다. 그러곤 겉으로 내뱉는 단편적인 말만으로 나를 특이하다고 판단했다. 나 또한 나를 멋대로 판단하는 아이들에게 내 생각을 드러내지 않았다. 생각이 다른 아이들과 억지로 무리를 형성할 필요는 없다고 생각했던 것 같다.

나는 어릴 때부터 혼자서 많은 시간을 보냈다. 내게는 혼자서 생각할 것이 왜 그리도 많았는지 모르겠다. '나는 아직도 내가 무엇을 좋아하는지도 모르겠다. 학교를 다니는 것이 최선인가? 무슨 일을 하며 살아야 할까?'라는 생각을 했다. 그런데 아무리 생각해도 명확한 답을 구할 수 없었다. 사회에서 통용되는 답은 열심히 공부해서 좋은 직장에 가라는 것이지만 이것이 내 길이라는 확신이 들지 않았다. 문제는 고민이 너무 많다 보니 어른들도 나를 귀찮아했다는 것이다. 마음이 여리고 감수성이 풍부했던 나는 사람들이 나를 귀찮아할 때마다 상처를 받곤 했다.

나는 특이하다는 소리를 듣는 것이 싫었다. 사람들과 공감이 가는 이야기를 하며 동질감을 느끼고 싶었는데 "쟤는 뭔가 달라. 이상해."라는 말을 들으면 소외감만 느껴졌기 때문이다. 나는 소외감에서 벗어나기 위해 눈에 띄는 행동을 하지 않으려 애썼다. 그러다 보니 자연스럽게 남의 눈치를 보는 것이 습관이 되었다. 이 습관은 내 인생을 변화시킬 정도로 큰 영향력을 행사하게 되었다.

남들 눈에 띄지 않는 방법은 생각보다 간단했다. 내 생각을 숨기고 다른 사람들이 듣고 싶어 하는 말만 해 주면 되었다. 다행히 내게도 공감능력은 있었기 때문에 상대방이 듣고 싶어 하는 말이 무엇인지 정도는 판단할 수 있었다. 또한 상대의 기분에 맞춰 주는 대화를 할 수 있었다. 그렇게 나는 평범한 사람이 되기 위해 연기를 했고 평범한 사람처럼 보일 수 있었다. 하지만 나는 내 모습을 잃어 갔고 점점 상대에게 맞춰 주기만 하는 사람이 되었다.

그렇게 나는 오랜 시간을 남들에게 맞춰 주며 살아왔다. 내 생각을 억제하고 일반적이라 생각되는 상식에 나를 끼워 맞춘 것이다. 일반적인 틀에 나를 끼워 맞추면 특이하다는 소리를 들을 일도 없고 소외감을 느낄 일도 없었다. 나는 상처받지 않기 위해 이런 삶을 택했지만 마음 한편에서는 나의 본능이 여전히 꿈틀거리고 있었다.

'너 이대로 사는 것이 맞다고 생각해? 스스로가 괴롭지는 않니?'

나는 체질에 맞지도 않는 모범생을 연기하며 살아왔다. 공부를 하면서도 때려치우고 싶은 충동, 심지어는 괴로움에 자살충동까지 느꼈지만 끝까지 버텨 왔다. 하지만 사람들이 생각하는 모범적인 길을 순탄하게 걸어왔는데도 여전히 나는 행복하지가 않았다. 남들은 내게 일이 잘 풀려서 행복하겠다고 듣기 좋은 말들을 했다. 하지만 나 스스로는 인생의 의미를 찾지 못했던 것이다. 불만족스러운 삶이 계속되다 보니 결국 나는 다시 혼자만의 생각에 빠져들게 되었다.

'나는 아직도 뭘 해야 할지 모르겠다. 이대로 사는 것이 맞는 걸까?'

사람들의 시선이 두려워서 본래의 나를 버렸는데 방황의 끝에 다다르자 본래의 내가 다시 모습을 드러냈다.

'그래! 이건 내가 원하던 삶이 아니야. 그동안 느꼈던 막막했던 감정은 내게 맞지 않는 나를 연기하려고 해서 생긴 것이 아닐까?'

일은 잘 풀려만 가는데 마음은 답답해져만 가는 부조화가 어디서 오는 건지 나는 알지 못했다. 하지만 이제 생각해 보니 나부터가 나를 믿지 못하고 흔들려 왔다. 그러니 마음이 불안정한 것은 당연한 일이었다. 이제는 남들과 다른 나를 인정하고 나를 드러내야겠다고 생각했다. 사람들과 다르다는 이유로 또라이 소리를 듣는다면 이제는 피하지 않고 기꺼이 또라이가 되자고 결심했다. 나의 행복을 위해서 내린 결정이었다.

시련은 사람을 성장시키는 양분과도 같다고 했다. 나는 나 자신을 버린 채 끌려다니는 삶을 한 번 살아 봤다. 그리고 이 경험을 통해 '인생에서 가장 중요한 것은 나 자신이다'라는 진리를 알게 되었다. 선장 없는 배가 표류하듯 오랜 시간 방황의 시간을 거치고 나니 내가 생각하고 느끼는 바가 가장 중요하다는 것을 알게 된 것이다. 내 가치를 알게 된 후 내게는 확실한 철학이 생겼다.

첫 번째, 이 세상에서 가장 중요한 것은 내 생각이다.

두 번째, 남에게 피해를 주지 않는 선에서, 내 생각을 고수한다.

내가 그토록 듣기 싫어했던 '특이하다'는 말. 이것은 어찌 보면 다수와 소수를 구분하는 이분법적인 표현일 수도 있겠다는 생각이 들었다. 거기서 나는 다수가 아닌 소수에 속했을 뿐이다. 생각이 틀린 것이 아니라 남들과 달랐을 뿐이었다. 문제는 강인하지 못했던 내 마음가짐이었다. 남들이 특이하다는 말을 하더라도 휘둘리지 않고 내가 나를 믿고 바라보면 되는 문제였다.

살다 보면 나의 개성을 존중해 주지 않는 사람들도 있게 마련이다. 영적인 깨달음을 얻지 않는 이상 그런 사람들에게 전혀 휘둘리지 않는 것은 불가능한 일일 수도 있다. 그런 뜻에서 이 글의 제목인 '남의 눈치 보지 않고 소신대로 살기'는 앞으로 내가 휘둘릴 때마다 마음가짐을 바로잡을 수 있도록 선포하는 일종의 다짐으로 작용할 것이다.

이 책의 제목을 처음 봤을 때는 '이 책을 써도 될까?'라며 망설이기도 했다. 나를 또라이라고 인정하고 싶지는 않았기 때문이다. 하지만 계속해서 남의 눈치만 보며 방황하고 싶지는 않았다. 이제 더 이상 내면의 본능을 거부하며 숨지 않을 것이다. 그동안은 내가 남들과 다름을 인정하지 못하고 불필요한 가슴앓이를 해 왔다. 하지만 이제는 다른 사람의 말에 휘둘리지 않고 소신대로 살며 내 행복을 쟁취할 것이다.

07

현실에 안주하지 않고
꿈을 현실로 만들기

지승재　'약선당 한의원' 원장, 'brain감성육아연구소' 소장, 뇌과학 육아 강사, 2017 서울교육멘토, 육아상담 코치, 청소년 동기부여가

한의사로 일하면서 4차 산업혁명을 맞아 올바른 육아는 어떤 것인지 고민했다. 뇌과학과 15년간의 임상 노하우를 바탕으로 최적의 육아법을 집필, 강연, 코칭, 컨설팅을 하고 있다. 청소년 특강을 통해 열정 동기부여가로 활동하고 있으며, 육아 학교 'brainphilo academy'를 설립해 세계적인 부모 교육 기관으로 키우고자 한다. 저서로는 《보물지도10》이 있다.

• E-mail wlehfud76@hanmail.net
• Cafe www.brainphilo.com
• C·P 010·8792·1075
• Blog blog.naver.com/fantasy96
• Kakaotalk wlehfud76

　　고등학교 3년 그리고 재수생활까지의 4년이 지긋지긋했었다. 이를 달래려고 그랬을까? 나는 대학에 합격하고 나서 하고 싶었던 것들을 다이어리에 빼곡히 적어 놓았다. 가 보고 싶은 곳, 사고 싶었던 물건, 보고 싶었던 공연 등 지금 생각해 보면 풋풋한 대학 생활을 꿈꾸고 있었던 듯하다.

　　그런데 1996년 한의대에 입학한 후 나는 정상적인 학교생활을 하지 못했다. '한약 분쟁'이 사회적 이슈가 되면서 전국의 모든 한의대생들이 수업을 거부했기 때문이었다. 입학과 동시에 집회에

참석하느라 수업을 전혀 들을 수 없었다. 집회 일정 사이사이에 선배들의 한의학 강좌를 듣는 것으로 만족해야 했다.

학교에서 선배들이 잘 가르쳐 주긴 했지만 아쉬움이 많이 남았다. 게다가 한의학 용어는 모두 한자로 되어 있다. 한자의 특성상 내포된 의미가 다양해서 공부하면 할수록 더욱 어렵게 느껴졌다. 답답한 마음에 깨달음을 주실 훌륭한 스승이 있었으면 좋겠다고 생각했다.

그런 생각 때문이었는지 안면이 있는 선배들을 만날 때마다 "어떻게 공부해야 하나요?", "누구한테 배워야 하나요?"라고 묻기 시작했다. 이때부터 실력이 있는 한의사가 어디에 있다고 하면 거리를 생각하지 않고 찾아다녔다. 서울과 지방 곳곳을 왕복하는 배움의 여정이 시작되었다.

학교를 졸업하고 2002년에 공중보건의로 일했다. 강원도 양구군 해안면이라는 곳인데, '제4땅굴'이 있는 마을이다. 북한과 인접한 지역이라 그 마을로 들어가려면 두 번의 검문을 받아야 하는 오지 중의 오지다. 그곳을 선택한 이유는 1년 후에 원하는 근무처로 옮겨 주는 조건이 부여된 곳이었기 때문이었다. 자기계발을 하려면 교통이 좋은 곳으로 가야 하기에 1년을 꾹 참아 보기로 했다.

그곳을 운행하는 버스는 하루에 세 번뿐으로 교통이 정말 불편했다. 그렇다고 1년 동안 그곳에서 가만히 있을 수는 없었다.

300만 원을 주고 중고차 '에스페로'를 구입했다. 그리고 주말에 마음껏 강의를 들을 수 있도록 미리미리 신청을 해 두었다. 대전으로 가서 강의를 듣고 다시 원주로 이동해서 강의를 듣다가 양구로 돌아온 적도 있다. 그날 하루 이동 거리가 600킬로미터 정도 되었다.

위와 같은 날이 반복되어 한 달 평균 이동 거리는 약 4,000킬로미터 정도 되었다. 이런 생활이 3년 동안 계속되었다. 당시 휘발유 가격이 리터당 900원대여서 기름 값으로만 40~50만 원을 지출했다. 물론 자동차로 운전을 하고 다닌 거리만이다. 기차나 버스로 이동한 거리는 제외한 것이니 총 이동 거리를 생각해 보면 어떻게 다녔나 싶다.

그때만큼은 배움에 목말라 있어서 피곤을 느끼다가도 강의가 시작되면 잠이 확 달아나곤 했다. 여러 곳에 강의를 들으러 다닌 덕분에 한의학을 바라보는 관점이 넓어지고 인맥도 점차 넓힐 수 있었다. 사람의 몸을 잘 이해하고 싶다는 열망에 더 힘을 낼 수 있었던 것 같다.

결혼을 하게 되면서 주말 강의 여행은 중단되었다. 첫째 딸 현지가 태어나서 아이를 돌보는 데 집중해야 했기 때문이다. 또한 아이를 어떻게 키울지에 대해 고민해야 했다. 스물일곱 살 때부터 교육법과 학습법 등에 관한 책을 관심 있게 보기 시작했던 터라

육아가 크게 어렵지 않을 것이라 생각했는데 완전히 오산이었다.

육아서의 조언들을 내 딸에게 적용할 수 없는 경우도 많았다. 먹지도 않고 잠도 안 자면서 계속 우는 아이를 안고 응급실에 가야 하나 고민하기도 했다. 무작정 떼를 쓰고 소리를 지르는 아이에게 배려 깊은 사랑을 주기엔 내 마음이 그리 넓지 않았다.

보다 근본적인 접근법을 찾아야 했다. 아이의 모든 행동과 상태를 좀 더 면밀하게 분석하는 방법을 찾기 시작했다. 한참 동안 고민하다가 '뇌과학'이라는 학문을 공부해야겠다고 결론 내렸다. 인터넷을 검색해서 '박문호의 자연과학 세상(이하 박자세)'이라는 단체를 찾았다. 그리고 그곳에서 뇌과학과 천체물리학, 광물학, 지구과학, 생물학 등에 대해 공부하게 되었다.

그런데 그곳에서 공부하는 내용이 심상치 않았다. 세계적인 교과서와 그 분야 최고의 논문을 가지고 수업이 진행되었는데, 첫날은 멍하게 칠판만 바라보다 왔다. 듣도 보도 못한 물리학 기호와 수식에 적응하느라 힘들었다. 여기에 강의를 하는 박문호 박사의 경상도 사투리는 학문의 난이도를 더욱 높여 주었다. 강의를 듣고 나오면서 오랫동안 공부해 온 분에게 물어봤다. "어떻게 하면 저 강의를 이해할 수 있나요?"라고 말이다. 그분은 "칠판에 쓰인 그대로 외우세요."라고 대답해 주셨다. 강의 내용을 너무 알고 싶은 마음에 모두 외우기로 결심했다.

그런데 문제가 생겼다. 손이 많이 가는 세 살짜리 딸과 아내를 두고 강의를 들으러 다니기가 너무 미안한 것이었다. 강의에만 5시간, 이동에 2시간, 혹시 수업 후 뒤풀이 식사를 가면 2시간이 추가되었다. 그래서 아내의 이해를 구했다. 내 친구들을 포함해 동료와 선후배들과의 어떤 모임에도 가지 않을 테니 여기만 보내 달라고 말이다. 정말 고맙게도 아내가 승낙해 주었다. 그 결과 1년 동안 무사히 강의를 듣게 되었다. 다시 바쁜 일요일이 시작된 것이다.

어떤 일에 푹 빠져 있을 때는 주변 환경을 바꾸는 것이 중요하다. 사실 아내는 내가 과학을 공부하는 것을 싫어했다. 일주일 내내 육아에 지쳐 있는데 일요일마저 남편이 도와주지 않는다면 어떤 아내가 좋아하겠는가? 지금 생각하면 나는 참 간 큰 남편이었다. 하지만 너무나도 그 공부를 계속하고 싶었기에 아내를 내 편으로 만드는 작전을 펼쳤다.

과학 강의는 내 시야를 확 틔우는 계기가 되었다. 그래서 한의학의 사상체질과 뇌과학을 접목시켜 임상에 응용할 수 있었다. 과학적인 시각뿐만 아니라 세상을 바라보는 눈인 인문학적인 소양도 함께 성장함을 느낄 수 있었다. 그러다 한창 인문서적에 심취해 있던 아내가 생각났다. 아내를 설득하기 시작했다. 같이 공부하러 가자고 말이다. 아내는 처음에는 완강히 거부했다. 법학을 전공한 아내는 "뚱딴지같은 소리 한다."며 손사래를 쳤다. 육아에 대한 부담 때문인 것 같아서 처가와 본가에 딸 현지를 맡아 주실 것을 간곡히 부탁드렸다. 그렇게 2015년부터 1년 동안 함께 강의를 듣게 되었다.

'박자세'의 시험 형식은 수업 전에 지난주에 공부했던 내용을 모두 A4용지에 적어서 제출하는 것이다. 물론 하고 싶은 사람만 참여하는 암기테스트다. 우리 '미친' 부부는 모든 암기테스트에 참가했다. 평일 저녁에는 복습을 하고 토요일에 딸을 재워 놓고 밤을 새워서 그 주에 공부한 것을 외웠다. 대학생 부부가 된 것 같았다. 첫 강의를 듣고 "토할 것 같았다."라고 말했던 아내도 점차 과학과 친해졌다. 큰 결심을 해 주었던 아내가 고마울 따름이다.

어떤 분야든지 필요한 지식과 기술을 배울 때는 충분한 시간이 필요하다. 그래야 숙달되고 전문성을 가질 수 있기 때문이다. 하루 3시간씩 10년을 꾸준히 하면 전문가가 된다는 '만 시간의 법칙'이 있다. 한 동작을 여러 번 반복하게 되면 신경의 전기 누전을 막는 물질이 생겨 결과적으로 동작이 빨라진다. 김연아의 트리플악셀 기술은 수백, 수천 번의 반복 동작으로 완성된 것이다. 빠른 회전이 수직으로 뛰어오르는 상황과 절묘하게 맞아 단순한 몸동작이 예술의 경지로 승화된 것이다.

나 역시 과학을 공부할 때 계속 반복해서 익혔다. 외웠다는 생각이 들 때 숙달될 수 있도록 더 써 보았다. 이 과정을 통해 깨달은 것은 암기를 하면 내용이 더 잘 이해된다는 것이다. 또한 새로운 아이디어를 생각해 내려면 암기가 선행되어야 한다는 것이다. 뇌과학의 내용을 외웠더니 아이를 어떻게 키우면 되겠구나 하는 아이디어가 떠올랐다. 아울러 많은 육아서에서 하고 있는 이야기의 이면 원리가 이해되었다. 암기는 꾸준함과 성실함을 필요로 하고 창조력의 원동력이 된다.

나는 이제 41세가 되었다. 어떤 유혹에도 넘어가지 않는 40대가 아니라 어떤 유혹에도 넘어가서는 안 되는 나이가 된 것이다. 남편, 아빠, 원장 등의 역할을 잘 해내려면 '나' 자신이 가장 중요하다. 열정을 가지고 생활할 때 가족들에게, 그리고 내 치료를 받으러 오는 환자들에게 희망과 사랑을 줄 수 있다. 한의사의 꿈을 이루기 위해 바쳤던 그 열정을 살려서 이어 가고 싶다. 살아 있다는 뜨거움을 계속 느끼고 싶기 때문이다. 그러기 위해선 새로운 목표가 필요하다.

새로운 목표는 육아를 하는 많은 부모들에게 뇌과학적 육아법을 가르치는 코치가 되는 것이다. 뇌과학을 육아에 접목해 작가, 강연가, 코치, 메신저로서의 삶을 살아가고 싶다. 이를 위해 훌륭한 스승을 찾고, 좋은 자료를 만나기 위해 노력할 것이다. 그리고 꿈을 위해 내 주변을 바꾸어 나갈 것이다. 또한 필요한 지식과 기술이 숙련되도록 정성을 쏟을 것이다. 나는 현실에 안주하지 않는다. 새로운 나의 미래를 머릿속에서 상상하고 있기 때문이다. 상상을 현실로 만들 것이다. 열정을 품고 새로운 꿈을 향해 또 한 번 질주하련다.

08

꿈을 향해 앞으로 돌진하기

김경하 **동기부여가, 희망 멘토, 자기계발 작가**

결혼 후 경력단절이 되었지만 자신이 원하는 삶을 위해 일상의 안주에서 벗어났다. 이후 초등학교 방과 후 수업과 유치원 수업을 진행하며 당당한 삶을 지향해 왔다. 더 큰 꿈을 위해 하던 일을 그만두면서 시련이 찾아 왔지만 이를 잘 이겨내고, 현재는 동기부여가, 희망 멘토, 작가의 삶을 준비 중이다. 인생의 시련으로 힘들어하는 사람들에게 희망과 용기를 줄 수 있는 시련 극복에 관련한 개인저서를 집필 중이다.

내 안의 꿈은 내 인생의 나침반과 같다. 인생에 폭풍우가 몰아쳐도 꿈의 방향키를 잡고 있는 나는 절대 방향을 잃지 않는다. 나는 언제나 마음속에 하고 싶은 것, 원하는 것들을 간직한다. 그러면서 '꼭 이룰 것이다'라는 마음으로 나를 똑바로 세운다.

결혼 전에 나는 '결혼해서 내 친구들 중에서 최고로 잘 살 거야'라고 생각했다. 왜 그런 생각이 들었는지 모르겠다. 나를 너무 사랑하는 데서 비롯된 나의 욕심이었을까? 마음속의 그런 다짐

때문인지 나는 내가 하고 싶은 것은 대부분 누리며 살았다. 남편 덕분에 사회에서 어느 정도 대우도 받으면서 주변 친구들의 부러움을 샀다.

결혼 후 다니던 직장을 그만두고 오로지 육아와 가정을 꾸려 나가는 데만 올인했다. 나의 꿈에 대한 생각조차 하기 힘든 시기였다. 그때는 가정에 최선을 다해야 한다고 생각했기에 주변을 돌아볼 생각조차 하지 않았다. 특히 아이들이 연년생이라 마음에 여유가 더 없었다. 결혼 전에는 꾸미는 걸 좋아해 나름 외모에 신경 쓰면서 다녔다. 하지만 결혼 후 아이들을 키우며 어느 순간 나 자신은 없어져 버렸다.

어느 날 시내에 볼일이 있어 나갔다. 예전 같으면 잠깐의 외출에도 외모에 신경 썼을 나다. 그런데 전혀 꾸미지 않은 아주 편안한 모습으로 주위를 의식하지 않고 시내를 활보했다. 그 모습을 친구의 친구가 본 모양이었다. 친구로부터 전화가 왔다.

"경하야, 내 친구가 너를 시내에서 봤는데 너 아닌 줄 알았다더라."

전화기 너머 친구는 결혼 전과 어떻게 그렇게 다르게 변할 수 있느냐는 자기 친구의 이야기를 전했다. 그러면서 너 정말 그렇게 변했냐고 물었다. 잠깐 나 자신을 돌아봤다. 일상에 지쳐 있는, 생기 없는 내 모습이 눈에 들어왔다. 하지만 아이들 키우는 게 우선이었기에 그 말을 뒤로하고 다시 육아에 전념했다.

세월이 흘러 아이들이 유치원에 갈 즈음 반복되는 일상에 회의가 들었다. 결혼 후 처음으로 나에게 소망이 생겼다. 초등학교 방과 후 선생님이 되면 얼마나 좋을까? 당시는 초등학교에 방과 후 수업이 처음 시행되던 시기였다. 하지만 나는 아무 능력도 없는 평범한 가정주부였다.

나의 처지를 확인하고선 무미건조한 일상을 벗어날 다른 방법을 찾았다. 오전에 헬스장으로 갔다. 그런데 그곳에서 소망한 일이 이루어지게 되었다. 헬스장에서 진행하는 수업 중 벨리댄스가 나의 눈길을 사로잡은 것이다. 고급과정을 배우고 싶다는 마음에 벨리댄스 지부로 찾아갔다. 200만 원이 넘는 돈을 들여 강사 반에 등록했다. 내성적이고 낯가림이 심한 내게 어디서 그런 용기가 생겼는지 모르겠다. 이후 벨리댄스로 인해 나는 소망하던 초등학교 방과 후 선생님이 되었다. 그리고 유치원 수업까지 진행하며 가정주부에서 완전히 다른 모습으로 탈바꿈했다.

나는 내 일이 정말 즐거웠다. 주변에서는 어떻게 그렇게 완전히 다른 모습으로 변할 수 있느냐고 했다. 그리고 지인들은 운동도 하며, 몸 관리도 하며, 돈도 벌며, 시간 여유도 누리며, 선생님 대우도 받으니 너무 좋겠다며 부러워했다.

나는 내가 소망했던 일이 우연한 기회와 함께 이루어지는 것이 너무 놀라웠다. 삶에 감사하며 더욱 내 일에 최선을 다해야겠다고 생각했다. 나의 부재가 느껴지지 않도록 아이들에게도 더 열심히 관심을 기울였다. 남편에게도 "일하더니 집안일은 엉망이네."라는 소리를 듣지 않으려고 전업주부일 때보다 배로 열심히 노력했다.

남편은 내가 직업을 갖는 것을 탐탁지 않아 했다. 남편은 일하는 나보다 현모양처인 나를 원했기 때문이다. 그렇기 때문에 나는 더 열심히 가정과 내 일을 챙겼다. 이런 노력 덕분인지 남편은 차츰차츰 나를 인정하기 시작했다.

일로 인해 나는 나의 시간을 관리하게 되었다. 오전에 식구들이 일어남과 동시에 아침 준비와 집안 정리를 했다. 오롯이 나만의 여유 시간을 가지기 위해서였다. 오전 9시까지는 모든 집안일을 다 하자는 나만의 규칙을 만들었다. 아침에 눈뜸과 동시에 누가 시킨 것도 아닌데 나는 오전에 할 일의 순번을 정해 바쁘게 움직였다. 9시가 되면 라디오를 켜고 음악을 들었다. 커피 한 잔과 함께 책을 읽고, 하루의 계획을 짜고, 나만의 사색의 시간을 가졌다. 오전에 제일 기다려지는 시간이었다.

오전에 나만의 여유를 즐겨서인지 오후의 방과 후 수업을 기분 좋게 진행할 수 있었다. 그렇게 시간이 흘러 수업을 한 지 6년이 되던 해 또 다른 꿈이 가슴속에서 피어올랐다. 여기서 우물 안 개구리처럼 살고 싶지 않다는 마음이었다. 그 마음과 함께 크게 성공하고 싶다는 마음이 나를 그 자리에 머물러 있지 않게 했다. 결국 하던 일을 그만두었다. 주변 친구들은 시간 여유도 있고 몸 관리도 하며 돈도 버는 그런 일을 왜 그만두느냐며 말렸다. 하지만 성공하고 싶다는 마음이 나를 그 자리에 머물지 않게 했다.

방과 후 교사를 그만둔 후 그동안 하지 못한 취미생활의 여유를 누리고 싶었다. 대학교 평생교육원 강좌 중 시 문예반수업을 들었다. 그 강좌를 들으며 글을 쓰고 싶다는 내면의 욕망을 더 크게 느꼈던 듯하다. 그리고 늘 배우고 싶었던 기타도 배웠다.

취미생활을 어느 정도 하며 마음의 여유를 찾게 되었다. 그 후 나는 내가 성공할 수 있는 일을 찾기로 했다. 내가 좋아하는 옷과 관련된 학원을 다녔지만 그 일로는 크게 성공할 수 없음을 알았다. 내 마음속에서는 성공하고 싶다는 생각이 더욱 커지고 있었지만 성공할 수 있는 일을 찾기는 쉽지 않았다.

세월은 너무 빨리 흘렀다. 한 것도 없이 몇 년이란 세월이 지나가 버렸다. 나는 내가 성공할 수 있는 일을 찾지 못했다. 그러던 어느 날 도서관에서 읽은 책 한 권이 나를 또 다른 길로 인도했다. 그 당시 혼자만의 힘든 일을 겪고 있던 터라 저자의 시련이 너무와 닿았던 것이다. 이후 우연한 기회에 그 책의 작가님을 〈한책협〉의 〈1일 특강〉에서 뵙기로 약속했다. 그렇게 오래전 가슴속에 품었던 일을 할 수 있는 기회가 찾아왔다.

바로 책을 쓰는 일이었다. 왠지 가슴이 뛰었다. 이 일이야말로 내가 바라던 성공의 문으로 들어가는 길이 아닐까란 생각이 들었다. 이 일을 하려고 이제껏 모든 일들이 나에게 일어난 것 같다는 생각이 들었다. 또 다른 꿈의 문으로 나는 들어섰다. 내가 바라던 성공, 이 일이 나를 그곳으로 데려다줄 수 있다는 확신이 생겼다.

주변의 친한 언니는 그런 나를 보며 걱정하는 눈빛으로 "경하야, 책은 아무나 쓰는 게 아니야. 좀 더 잘 생각해 봐. 널 진심으로 생각해서 하는 말이야."라고 했다. 하지만 나는 그 말을 무시했다. 나의 꿈은 오로지 나의 꿈이지 다른 사람의 꿈이 아니다. 다른 사람으로 인해 나의 꿈을 포기한다는 것은 너무 어이없는 일이다. 꿈꾸고 소망하면 이루어진다는 것을 오래전 방과 후 수업 선생님이 되면서 더 확신한 바 있다.

혹 주변에서 나를 보고 허황된 꿈을 꾼다고 할 수도 있을 것이다. 하지만 나는 나의 꿈을 믿는다. 현실의 잣대로 내 꿈의 기준을 잡지 않는다. 나는 내 꿈을 향해 돌진할 것이다. 누가 뭐래도 내 꿈을 믿으며 포기하지 않고 이루겠다는 각오로 앞을 향해 나아갈 것이다. 그러면 반드시 꿈을 이룰 수 있을 것이다. 나는 책 쓰기를 나의 평생 친구로 삼아 그로 인해 주위에 좋은 영향력을 끼치는 사람이 될 것이다. 그리고 그 친구를 통해 멋지게 성공할 것이다.

나의 꿈은 나의 길을 제대로 안내해 주는 좋은 길잡이다. 꿈은 나에게 힘든 상황도 극복하게 해 준다. 그리고 내가 바로 설 수 있도록 해 준다. 나는 꿈을 향해 앞으로, 앞으로 돌진할 것이다. 꿈을 향해 앞으로 돌진!

09

우리나라 중소기업을
세계적인 수준으로 키우기

이용태 '직장성공연구소' 대표, 품질정보시스템 전문가, 자기계발 작가, 동기부여가, 강사

SK하이닉스에서 29년간 품질정보시스템을 구축하고 운영했다. 글로벌 IT고객과 일하고 직장생활에서 얻은 경험을 후배들에게 나누고 싶어 개인저서 《회사는 이런 사람을 원한다》를 출간했다. 그 외에도 《버킷리스트11》, 《꼭 이루고 싶은 나의 꿈 나의 인생》, 《나는 책쓰기로 당당하게 사는 법을 배웠다》, 《인생을 바꾸는 감사일기의 힘》 등이 있다.

• E-mail ytlee0311@naver.com   • Blog blog.naver.com/ytlee0311
• Cafe cafe.naver.com/rkfcl123456   • C·P 010·4741·7760

H 사에 근무하던 때의 일이다. 지금으로부터 꼭 10년 전인 2007년. 그 당시 나는 수입검사 업무를 새로 맡았는데, 협력업체의 품질문제로 골치를 썩고 있었다. 회사의 모든 사람들은 내가 원자재 품질문제를 해결해 주기를 간절히 원했다. 출근하면 하루가 멀다 하고 원자재로 인한 공정사고가 발생했다. 얼마나 답답했으면 경영진에서도 원자재 품질문제를 회사의 주요 개선 프로젝트로 정했다. 상사와 나는 이 품질문제를 해결하기 위해 동분서주했다.

어느 날 상사가 내게 "직접 협력업체를 방문해 현장을 점검하고 싶다."라고 했다. 즉시 협력업체에 방문 일정을 통보했다. 사실 경영진은 중역회의가 많기 때문에 현장에 나갈 시간이 별로 없다. 하지만 원자재 품질문제가 큰 이슈로 대두되었기에 관심을 가질 수밖에 없었다. 나는 상사와 함께 업체를 방문해 현장점검을 했다. 그는 오랫동안의 풍부한 직장 경험을 가지고 있었다. 현장을 점검하던 중 그는 내게 "이 부장은 퇴직 후 꿈이 무엇인가요?"라고 질문했다. 나는 갑작스러운 질문에 아무 답변도 할 수 없었다.

지금까지 나는 회사의 품질문제를 해결하는 데 미쳐 살고 있었다. 미래에 대한 꿈을 구체적으로 그려 본 적이 없었다. 그때부터 나는 미래에 대한 꿈을 세우는 일을 고민하기 시작했다. 인생의 목표를 세우기 위해 자기계발 관련 책을 사서 읽었다. 수년 동안 자기계발 책을 읽었더니 어느 순간 내가 궁금해하던 사항을 깨닫게 되었다. 꿈을 성취하는 비결은 내가 좋아하는 것 그리고 내가 잘하는 것을 선택하는 것이었다.

나는 내가 좋아하고 잘하는 것이 무엇인지 찾아야 했다. 그때부터 다시 자아성찰을 시작했다. 그렇게 10년이란 세월이 훌쩍 지나갔다. 퇴직을 얼마 앞둔 어느 날이었다. 수년 동안 자아성찰을 거듭한 끝에 나는 내가 그토록 고민했던, 내가 좋아하고 잘할 수 있는 꿈을 발견했다. 그것은 바로 대학 때부터 마음속에 담아 두었던 잘사는 대한민국 만들기 프로젝트였다.

H 사에 입사한 이래 지금까지 열심히 일하게 된 동기도 부품 국산화에 대한 강한 열망 때문이었다. 지나온 세월을 되돌아보니 신입사원으로 입사해 많은 어려움을 겪었다. 현장사원들의 고충과 품질문제를 해결하기 위해 수십 년의 시간을 쏟아부었다. 그렇게 노력한 결과 회사는 이제 세계적인 회사가 되었다.

그런데 협력업체의 품질점검을 하면서 한 가지 아쉬움이 내 마음속에 자리 잡았다. 그것은 너무나 열악한 우리나라 중소기업의 현실이었다. 나의 신입사원 시절이 떠올랐다. 그런 모습을 보면서 나는 우리나라 중소기업 발전을 위해 기여하고 싶었다. 내가 가진 경험과 지혜로 그들에게 도움을 주고 싶었다.

어느새 시간은 흘러 직장생활도 마감할 시간이 다가왔다. 퇴직 후 그동안 같이 근무했던 직원들은 모두 각자의 꿈에 따라 제2의 인생을 개척했다. 재취업을 하는 사람, 부동산에 투자하는 사람, 창업하는 사람 등 목표가 모두 달랐다.

나 또한 그동안 꿈꾸어 왔던 것을 실현하기 위해 1인 창업을 선언했다. 1인 창업을 위해서는 준비할 게 정말 많았다. 새로운 목표에의 도전에는 수많은 고통과 시련이 기다리고 있었다. 하지만 나는 내가 가진 꿈을 위해 그런 두려움을 극복할 수 있는 용기와 신념을 가지고 있었다. 나는 나침반 하나만을 들고 험한 파도를 헤치며 목표를 향해 바다 한가운데로 나아가고 있다. 나의 목표는 대한민국 중소기업 제품의 품질을 세계적인 수준으로 키우는 것이다.

　1인 창업을 선포하고 새로운 도전이 시작되었다. 남들과 다른 삶을 살고 싶었다. 내가 원했던 꿈을 이루고 싶었다. 회사를 퇴직하는 순간 나를 찾는 사람이 아무도 없었다. 그런 경험은 퇴직해 본 사람만이 겪을 수 있다. 그렇게 친했던 동료들도 더 이상 가까이 할 수 없었다. 하루아침에 바뀐 일상에 울적한 마음이 들기도 했다. 갑작스럽게 변한 환경을 극복하기 위한 시간이 필요했다.

　꿈을 실현하기 위해서는 오랜 회사생활로 나빠진 건강을 다시 회복하는 것이 급선무였다. 금주와 운동을 꾸준히 실천했더니 6개월 만에 건강을 회복했다. 그때 다이어트에서 운동보다 더 중요한 것은 음식이라는 것을 처음으로 깨달았다.

　그런 일들을 겪으며 내가 꿈꾸었던 목표를 성취하기 위해 다시 공부를 시작했다. 1인 창업을 하기 위해서는 배워야 할 것이 많았다. 가장 먼저 한 일은 책 쓰기였다. 내가 그동안 회사에서 경험했던 것들을 기록으로 남기는 일이었다. 〈한책협〉의 〈책 쓰기 과정〉을 통해 그동안 회사생활에서 겪었던 일들을 《회사는 이런 사람을 원한다》라는 책에 담을 수 있었다. 우리나라 중소기업 발전을 위한 꿈을 실천하는 가운데, 어느 순간 나는 자기계발 작가가 되어 있었다. 신기한 일이었다.

책을 써내자 자존감도 높아졌다. 주변에서 나를 바라보는 시선도 달라졌다. 물론 〈책 쓰기 과정〉은 쉽지 않았다. 책 쓰는 비법도 배워야 했고 뜨거운 열정도 필요했다. 책을 쓰면서 자신뿐만 아니라 주변분들의 많은 도움을 받아야 했다. 참으로 세상일은 혼자가 아닌 여러 사람들의 도움으로 만들어진다는 것을 다시 한 번 깨달았다. 책을 통해 직장에서 어려움을 겪고 있는 사람들에게 '나는 할 수 있다'라는 신념과 용기를 주고 싶었다. 내 책을 읽어 본 독자 중에는 자신의 블로그에 "스스로의 미래를 위해 자기계발을 해야겠다."라는 글을 올리는 사람도 있다. 내가 꿈꾸었던 일들이 세상에 펼쳐지는 모습을 보며 많은 보람을 느낀다.

책을 펴낸 후에는 대중들에게 다가서기 위해 말하는 법을 배워야 했다. 책을 말로 표현하는 것은 또 다른 일이었다. 자신의 생각을 말로 잘 표현하는 것이 중요했다. 어느 날 책을 펴낸 후 말하는 것을 배우고 싶다는 생각이 들었다. 우연의 일치인지 김주연 코치가 운영하는 〈유튜브 마케팅〉 과정을 신청하게 되었다. 그녀는 아나운서이며 쇼 호스트 강사이기도 했다. 새로운 것을 배우려면 전문가를 통해 배워야 빨리 체득할 수 있다. 나는 지금 그녀를 통해 말하기와 발표하는 방법을 배우고 있다.

말하는 것이 정말 어렵다는 것을 새삼 느낀다. 다른 사람들과 말할 때는 느끼지 못하지만 혼자서 말하면 갑자기 머리가 텅 빈

느낌이었다. 말을 잘하고 싶다는 마음은 굴뚝같았지만 뜻대로 되지는 않았다. 그녀는 내게 문제점이 무엇인지 구체적으로 설명해 주었다. 바로 말하기 연습이었다. 말을 잘하기 위해서는 많이 듣고 말하는 연습이 필요했다. 평창올림픽 개최권을 따내기 위해 무려 1,000번이 넘는 발표연습을 했다고 들었다. 발표를 잘하는 올바른 방법으로는 수많은 연습이 중요했다. 그 후 매일 말하는 연습을 하고 있다.

어느 날 그녀는 내게 "대학에서 진행하는 특강을 하실 수 있나요?"라고 물었다. 취업을 앞둔 대학 졸업생들을 위한 강의였다. 내가 그동안 경험했던, 직장생활을 잘하는 법을 전수해 줄 수 있는 기회였다. 그 일은 내가 오랫동안 꿈꾸어 왔던 일이기도 했다. 나의 간절한 생각이 그녀에게 전달된 것일까? 지금 나는 대학 강의를 열심히 준비 중이다. 과거에 경험했던 사례를 모으며 발표장표를 만들고 있다. 그동안 회사에서의 경험으로부터 쌓인 지혜를 후배들과 공유하고 싶은 마음에 벌써부터 마음이 설렌다. 이 책이 나올 때쯤이면 대학에서 강의를 하고 있을 것이다.

앞으로 나의 꿈은 직장 성공 강좌를 열어서 직장생활에서 겪었던 경험과 지혜를 후배들과 공유하는 것이다. 그런 꿈을 이루기 위해 '이용태 직장성공연구소'를 세웠으며, 강좌 개설을 준비 중이다. 꿈을 이루려면 인생의 목표를 세워야 한다. 목표를 달성하기 위해서는 전문가에게 배워야 한다.

우주의 법칙은 긍정적인 사고와 선불의 원칙이다. 세상일에는 공짜가 없다. 꿈을 이루기 위해서는 자기계발에 대한 투자가 반드시 필요하다. 먼저 자신의 꿈을 이루기 위해 자아성찰을 하라. 목표를 세웠으면 전문가를 찾아 추월차선을 타고 달려 보자. 시간은 곧 자신의 꿈을 실현시켜 주는 보이지 않는 지름길이다. 인생은 짧다. 나의 마음이 원하는 꿈을 성취하기 위해 새로운 제2의 인생에 도전해 보자.

10

내 인생의 파라다이스 책 쓰기

이미경 **직장생활 코치, 동기부여가, 희망 멘토**

37년 차 공무원이다. 직장생활 코치로 활동하며 후배들에게 자신의 경험을 바탕으로 동기부여를 줄 수 있는 멘토, 강연가를 꿈꾼다. 저서로는 《보물지도9》가 있으며, 현재 회사생활에 관한 주제로 개인저서를 집필 중이다.

• E-mail lmk8057@naver.com

나는 어렸을 때부터 유난히 초록색을 좋아했다. 그렇게 좋아하던 초록색이 온 천지를 뒤덮던 올해 5월 초에 내 인생 최대의 분기점을 맞이했다. 그동안 너무 건강을 자만한 탓일까? 50여 년 동안 가 보지 않은 대형병원 입원실 신세를 졌다. 자그마치 24일 동안이나 있었다.

5월 초 유난히 연휴가 길어 살이 터지는 듯한 아픔을 참으며 동네 병원 이곳저곳을 찾아다녔다. 가는 곳마다 대수롭지 않게 항생제, 소염제 처방만 내렸다. 약을 먹어도 효과는 없고 점점 더 고통은 심해졌다. 긴 연휴 기간이 지날수록 콧등 주변에 조그맣게 생기던 고름주머니가 얼굴 전체를 덮기 시작했다.

연휴가 끝나는 첫날 새벽부터 큰 병원으로 갔다. 시간이 지날수록 온몸이 파열되는 듯했다. 그러나 진단명은 단순하게 '콧등농양'이었다. 코를 중심으로 얼굴 전체가 고름으로 가득 차 있는 듯했다. 손톱의 거스러미 하나 떼어 내 고름이 작게 끼어도 온 신경이 곤두서며 아프다. 그런데 얼굴 전체가 고름으로 가득 차 있으니 죽을 만큼 아팠다는 표현이 맞다. 콧등농양은 과로로 인해 면역체계가 무너지며 생기는 병이라고 했다. 바이러스가 침입해 코를 중심으로 고름주머니가 생기는 것이었다.

수술을 한다고 들었는데 다행히 시술로 치료할 수 있다고 했다. 콧등 양쪽에 구멍을 뚫어서 고름을 빼내는 시술을 했다. 부분마취만 하고 석션을 이용해 고름을 빼내던 작업은 지금 생각하면 세상이 뒤집어지는 듯이 시끄럽고 아팠다.

나는 퇴직 3년을 남기고 올 초에 많이 초조했다. 늦었지만 자기계발을 해야 될 것 같아 백방으로 알아보았다. 영어를 중점적으로 배워 볼까? 하고 신중하게 책을 하나 구입했다. 작가와 면담도 하고 꼭 1년 안에 열심히 해 보리라 다짐했다.

2003년도쯤 구조조정으로 자존감이 땅에 떨어질 대로 떨어져 있을 때였다. 곽재구 시인의 《곽재구의 포구기행》을 읽고 마음 치유가 많이 되었다. 그때부터 여행 에세이를 한번 써 보고 싶다는 생각을 하게 되었다. 그러나 새로운 곳으로 발령이 나고 새로운 업무에 적응하다 보니 어느덧 15년의 세월이 훌쩍 지났다.

올 초에 정신을 차리고 나를 위한 자기계발을 계획을 두 가지 세웠다. 한 가지는 영어 공부를 열심히 열심히 해서 영어로 우리나라의 아름다운 포구를 소개해 보리라는 꿈이었다. 그리고 또 한 가지는 언젠가 나의 가슴속 응어리를 풀어낼 수 있는 에세이를 한번 써 보고 싶다는 꿈이었다.

두 꿈을 이루겠다는 목표를 향해 나름대로 많은 노력을 기울이며 책을 사 보기 시작했다. 그때 허지영 작가의 《하루 10분 책 쓰기 수업》이라는 책 제목이 눈에 들어왔다. 저자는 책에서 "직장에 다닐 때 책을 써야 하는 이유는 책 쓰기가 고효율의 자기계발이기 때문이다. 책 쓰기는 자신을 세상에 알릴 수 있는 가장 강력한 수단이다. 지금까지 직장생활을 하면서 쌓아 온 노하우, 전문지식, 강점을 책에 담으면 파급효과가 엄청나다. 오로지 책을 쓰겠다는 큰 열정과 노력만 있으면 책 쓰기는 누구나 가능하다." 라고 말했다.

이 책을 읽고 힘을 얻었다. 그리고 책에 소개된 카페를 찾았다. 카페에 가입하고 들어가니 신세계가 숨어 있었다. 카페에서 보니 〈1일 특강〉이 있었다. 그때까지만 해도 '영어를 공부해야 되는데…' 하며 고민하다가 한번 가 보기나 하자는 마음으로 신청을 했다. 1일 6시간의 강의가 나를 현혹시켰다. 강의가 끝난 후 앞뒤 돌아보지도 않고 〈책 쓰기 과정〉을 신청했다. 나의 밝은 미래가 훤히 보이는 듯했다. '바로 이것이다!'라는 감탄사가 절로 나왔다.

그러나 일주일에 한 번씩 7주 동안 수업을 들으려니 그동안 안 일하게 살아오며 엮어 놓았던 걸림돌들이 너무 많았다. 그래서 필수로 꼭 해야 할 것만 정리하고 책 쓰기에 몰입했다. 가족들에게는 결과물로 보여 주려고 비밀에 부쳤다. 매일 야근이라고 하면서 퇴근하면 가까운 스타벅스로 갔다. 평상시에는 친구들과 만나 수다나 떠는 카페라고만 생각했다. 그러나 책 쓰기 코치님들이 책 쓰기 장소로 최고라며 추천해 주었다.

은근히 소심한 나는 스타벅스에 도전하는 데도 몇 번의 탐사가 필요했다. 오래 있으면 종업원이 욕하지나 않을까? 하는 자책감에 구석 자리를 잡고 2~3시간 있다가 나오기를 여러 번 반복했다. 그렇게 적응해 지금은 6~7시간 있다가 나오는 것이 다반사다.

워킹맘으로 살면서도 가족들의 건강을 최우선으로 생각하고 최고의 낙으로 여기며 살아왔다. 가족들에 대한 나의 의무를 지키기 위해 열과 성을 다했다. 그러나 책 쓰기를 하면서는 밤 11시나 되어서야 집에 들어가기 일쑤였다. 집에 가서도 밥은커녕 잠도 안 자고 책 쓰기만 했다. 그러자 가족들은 "우리 엄마가 이상해졌다."라며 불만 섞인 표정을 자주 지었다. 정말 책 쓰기에 또라이가 되어 가고 있었다. 식탁은 책 탑을 높게 쌓아 올려 식탁이 아니라 책 쓰기 탁자로 변했다. 시간만 되면 책을 읽고, 책 쓰기만 하며 살았다. 집안일은 아예 손을 놓아 버렸다.

책 쓰기는 너무 하고 싶은 일이었다. 50여 년 동안 살아오면서 쌓인 한과 응어리가 실타래 풀리듯 술술 풀리는 느낌이었다. 살면서 이런 날이 오다니! 하루하루가 보람이 있었다. 그렇게 한 달이 어떻게 흘러갔는지 모르게 정말 미친 듯이 책 쓰기에만 몰입했다. 낮에는 업무에 집중하고 저녁에는 책 쓰기에 몰입했더니 하루해가 너무 짧았다.

그렇게 열정을 다해 책 쓰기를 하느라 무리했는지 건강에 이상이 오기 시작했다. 그러다 결국 5월 3일에 얼굴에 고름주머니가 생겨 병원 신세를 진 것이다. 가족들은 이때다 싶었는지 당장 수업이고 뭐고 때려치우라고 성화였다. 손에서 책도 빼앗아 감추어 버렸다.

그러나 나는 병실에서도 자나 깨나 빨리 책을 쓰고 싶어서 미칠 것 같았다. 보름 정도는 양손에 링거 줄이 주렁주렁 달려서 입과 베개로 책을 지탱하며 의식 확장 책들을 읽었다. 세상에 살면서 이렇게 미치도록 하고 싶은 일을 할 수 있다니! 감탄하면서. 코치님들의 격려 문자나 안부문자만 보아도 반갑고 눈물이 나도록 정겨웠다.

'마이크 임팩트' 한동헌 대표는 이렇게 말했다.

"나는 삶의 마지막 페이지는 해피엔딩일 거라 믿는다. 그래서 삶의 과정을 얼마나 재미있고, 신나는 모험으로 채워 낼지가 가장 중요하다고 생각한다. 나를 나답게 하는 일을 하면서 빛나는 스토리를 완성해 나갈 수 있고 성공도 행복처럼 따라올 것이다."

이 말에 공감하며 나도 나답게 빛나는 스토리를 완성해 나가면서 살아가기를 꿈꾼다. 병원에서 퇴원하니 책을 마음껏 읽고 쓸 수 있는 자유가 있어 가장 행복했다. 코치님들의 따뜻한 배려로 그동안 못 한 수업도 보충받았다. 사실 병원에서 의사들이 계속 최악의 경우를 예로 들면서 병명이나 원인을 찾지 못했을 때는 앞이 캄캄했다. 그러나 퇴원해서 다시 책 쓰기를 시작할 수 있다는 희망이 병을 이겨 내는 데 많은 동기부여가 되었다. 책 쓰기가 아니었다면 우울증을 앓았을 것이다.

거의 한 달 동안 병원생활을 하고 나오니 의욕이 많이 상실되었다. 그래서 퇴원하고는 하루도 빼먹지 않고 읽고, 썼다. 그러면서 진정으로 행복함을 느꼈다. 어느덧 병마와 싸운 지도 4개월이 지나고 있다. 병을 앓은 것을 계기로 나의 의식이 전환되었다. 전에는 점심, 저녁 약속을 잡으며 인간관계를 유지하는 데 역점을 두었다. 그러나 지금은 얼굴이 아프다는 핑계로 모든 모임을 보류한 상태다. 같이 근무하는 직원이 "선생님 병원 다녀오시더니 주변 정리를 하셨나 봐요? 그 많던 약속이 요즘 전혀 없으신 것 같아요." 해서 웃었다. 나는 "나 아프고 나서 모든 것이 변했어."라고 말했다.

그동안의 귀한 시간을 허비한 듯 살아온 것 같아 아쉽다. 요즘은 시간만 나면 책을 읽고 쓰느라 정신이 없다. 하루가 24시간인 것이 정말 아쉽다는 생각이 든다. 가족들과 외식도 거의 안 한다. 가족들은 "언제까지 그렇게 바쁜 것이냐."라며 불만을 표현한다. 하지만 나는 그동안 내가 좋아하는 것을 못한 것에 대한 반란이라도 일으키는 듯 읽고, 쓰기만 하고 산다. 내가 하고 싶은 일을 하면서 가슴에 맺힌 한을 풀어내고 있다. 그러다 보니 가슴속의 뜨거운 용광로가 솟아올라 밑바닥까지 모두 토해지는 듯 후련하다.

나는 "늦었다고 생각할 때가 가장 빠르다."라는 말을 요즘 절실히 느끼고 있다. 이렇게 보람 있는 일을 찾아 제2의 인생을 시작할 수 있다는 것이 너무 행복하다. 직장을 나오기 전에 작가가 된다는, 생각만 해도 가슴 뛰는 일을 지금 내가 하고 있다. 의식 확장을 통해 퇴직을 준비하는 작가로서의 걸음마는 시작되었다. 이제 걷고 뛰는 연습만이 남아 있다.

작가의 길이 연금만을 바라보면서 평범하고 조용하게 퇴직하려던 나를 크게 변화시켰다. 이제 나는 1년 아니 2년 뒤에 벤츠를 타고 연금이 아닌 월 1,000만 원의 수입을 벌며 퇴직하려는 또라이로 변해 가고 있다. 주변 친구들을 만나면 '이제 퇴직하면 무엇을 하며 노후를 보내지?'라는 질문이 화두다. 그러나 난 오랜 직장생활을 하느라 하지 못한 것들을 다 하고, 가고 싶은 곳을 다 가는 자유인이 될 제2의 인생을 꿈꾸며 오늘도 미친 듯이 읽고 쓰고 있다.

또라이들의
전성시대 2

| 11~20 |

최정훈 이채명 손성호 김서진

이하늘 허동욱 안경옥 김현정

고은정 정성원

지식 창업에 도전해 성공하기

최정훈 1인 지식 창업 코치, 지식 창업 전문가, 창업 마케팅 전문가, 자기계발 작가

다양한 창업 실패 경험에서 얻은 깨달음으로 1인 지식 창업에 도전해 재기에 성공했다. 자신의 재기 경험을 활용해 창업으로 성공하는 방법을 알려 주는 '소셜창업연구소'를 만들고 소장으로 활동하고 있다. 저서로는 《1인 지식 창업의 정석》, 《꼭 이루고 싶은 나의 꿈 나의 인생》, 《보물지도6》, 《미래일기》, 《부모님에게 꼭 해드리고 싶은 39가지》, 《되고 싶고 하고 싶고 갖고 싶은 40가지》, 《인생을 바꾸는 감사일기의 힘》, 《나는 책쓰기로 당당하게 사는 법을 배웠다》가 있다.

• E-mail machwa@naver.com　　　　• Cafe www.scculab.co.kr

　　나는 어린 시절부터 시간적, 경제적 자유를 누리는 성공한 인생을 꿈꿔 왔다. 하지만 평생 장사를 하셨던 부모님은 내가 어렸을 때부터 평범하게 직장생활을 하는 공무원이 되기를 강하게 원하셨다. 하지만 나는 부모님의 반대를 무릅쓰고 오직 성공한 사업가를 꿈꾸며 무모한 도전을 계속해 왔다. 남들은 한창 대학생활을 즐길 스물세 살의 나이에 나는 PC방을 창업해 사회생활을 시작했다. 1년 뒤에는 추가로 독일식 소시지 호프집도 창업했다. 사업에 성공하기 위해서는 무엇이 필요한지도 몰랐다. '창업에 도전

하다 보면 언젠가는 성공하겠지'라는 생각으로 무모한 도전을 계속한 것이다.

무모한 도전의 결과는 처참했다. PC방, 독일식 소시지 호프집, 치킨 전문점, 다시 PC방, 마지막으로 떡볶이 전문점까지 성공을 꿈꾸며 도전한 다섯 번의 무모한 창업은 결국 감당할 수 없는 빚만 남겼다. 사업으로 성공하는 것만을 꿈꾸며 이렇게 20대 청춘을 불태웠다. 하지만 나 때문에 고생하는 가족들을 생각하니 언제까지 꿈만 꾸고 있을 수는 없었다. 스물아홉 살에 결혼해 아이까지 생기다 보니 당장 기저귀 값이라도 벌어야 했다. 하기 싫었던 직장생활을 할 수밖에 없었다.

하지만 남들보다 한참 늦게 시작한 직장생활은 적응하기가 쉽지 않았다. 직장생활을 했던 5년 동안 생활은 조금도 나아지지 않았고 오히려 둘째가 태어나면서 빚이 늘어 갔다. 생활은 나아지지 않고 빚만 늘어나는 직장생활을 이대로 계속할 수는 없었다. 우울한 내 인생을 전환할 터닝 포인트가 필요했다.

답답한 생활에서 벗어나기 위해 그동안 생각하지 않았던 것을 하기로 마음먹었다. 부모님의 권유로 인력사무소를 창업하기 위해 직장을 그만두고 직업상담사 공부를 시작한 것이다. 직장에 다니며 틈틈이 준비해 보려고도 했다. 하지만 아침부터 저녁까지 전국을 누비며 영업을 해야 하는 일인지라 책을 볼 시간조차 마련하기 힘들었다. 고민 끝에 과감하게 직장을 그만두고 학원을 다니며 본격적으로 공부를 시작했다. 공부하는 기간이 길어질수록 생활은 점점 더 힘들어졌다. 그래도 자격증을 취득하면 다시 사업을 할 수 있다는 희망으로 하루하루를 버텨 냈다. 그러나 경제적인 사정으로 결국 인력사무소는 창업하지 못했고 희망은 절망이 되었다.

좌절 속에서도 희망 하나로 버텨 왔는데 희망이 신기루처럼 사라져 버렸다. 그러자 빚에 쫓기는 초라한 현실이 보였다. 창업과 직장생활에 실패하며 생긴 빚더미에 몇 개월 동안 백수로 지내며 추가로 생긴 빚까지. 직업조차 없던 백수가 감당하기에는 너무나도 힘든 상황이었다. 하지만 나는 부양해야 하는 가족이 있었고 그대로 의미 없이 시간을 보낼 수는 없었다. 며칠 동안 해결 방법을 고민하다 다시 떡볶이 전문점 창업에 도전하기로 마음먹었다. 집을 더 작은 곳으로 옮기고 보증금에서 3,000만 원을 빼내 그 돈으로 창업하기로 한 것이다.

창업을 위해 보증금이 적은 여러 상가를 알아보았다. 그러다 아파트 지하상가에 있는 작은 점포를 발견해 임대계약을 하고 인테리어 공사를 시작했다. 수중에 가지고 있던 적은 돈으로 선택할 수 있는 최선이었으나 상황은 열악했다. 점포를 계약했다는 이야기에 부모님이 직접 찾아오셨다. 부모님은 매장을 보시곤 지하에서는 음식장사를 하는 것이 아니라고 하시며 창업에 반대하셨다.

그동안 항상 내 선택을 믿어 주던 아내와 장모님까지도 다시 생각해 보는 것이 어떻겠냐며 창업을 말렸다.

지난 10년 동안 나 때문에 고생한 가족들이 창업을 말리니 마음이 흔들렸다. 고민 끝에 결국 창업을 포기했다. 위약금을 물고 상가 임대계약과 인테리어 계약을 해지했다. 마지막 방안이라고 생각하고 도전했던 창업을 시작도 못하고 포기하고 나니 마음이 미칠 듯이 힘들었다. 미래에 대한 걱정으로 하루하루 잠을 이루지 못했다.

창업을 위해 빼낸 보증금 3,000만 원에서 위약금과 밀린 카드 대금을 내고 나니 통장에는 딱 1,000만 원이 남아 있었다. 최악의 상황이었지만 나만 바라보는 가족들을 생각하면 희망을 버릴 수 없었다. 그래서 나 자신에게 "통장에 있는 돈 1,000만 원은 절대 생활비로 쓰지 않고 이것으로 반드시 성공할 것이다." 이렇게 선언했다. 그날 저녁 퇴근한 아내에게도 똑같이 이야기했다.

그 후 1년이 지났다. 그리고 최악의 상황에서 나 자신에게 했던 선언은 현실이 되었다. 백수였던 내가 '소셜창업연구소'를 창업해 나처럼 힘든 상황에 있는 사람들의 창업을 돕는 1인 기업가가 된 것이다. 통장에 있던 1,000만 원을 생활비로 쓰지 않고 지식과 경험을 활용하는 1인 창업에 투자해 성공한 것이다. 지난 1년간 지식 창업 코치로 활동하며 많은 사람들의 창업을 도왔다.

그동안 나와 함께한 사람들은 부동산, 워킹맘, 글쓰기, 부모교육, 유아교육, 블로그, 학원 강사, 자기경영, 군 생활, 강사, 은퇴, 연애, 새벽 경영, 게임 개발, 여성 경영, 육아, 워킹홀리데이, 유아 독서, 취업, 진로적성, 뷰티유통, 행복, 강연, 책 놀이, 드림워킹, 직장 성공, 병원 성공 등의 주제로 창업했고 그 수는 60여 명에 이른다.

월급에만 의존해 어렵게 살던 사람이 직장에 다니며 지식 창업에 도전해 월급의 몇 배를 추가로 벌고 있는 경우도 있다. 지식 창업은 자신의 지식과 경험을 바탕으로 창업하기 때문에 창업비용이 거의 들어가지 않는다. 매출이 발생하지 않아도 유지비용 또한 들어가지 않기 때문에 사업이 망할 수 없다. 사업 운영에 지출되는 비용이 거의 없기 때문에 매출은 대부분 순이익이 된다. 장점은 수없이 많고 단점이 없는 창업이 지식 창업이다.

사업 성공의 유일한 조건은 내가 얼마나 열정적으로 노력할수 있는지다. 하지만 아쉽게도 많은 사람들이 아직 지식 창업을 알지 못하고 큰돈이 들어가는 창업에 도전해 실패한다. 돈을 벌기 위해 창업하지만 오히려 돈을 잃는 것이다.

이제 지식 창업으로 성공하는 것은 남의 이야기가 아니다. 최악의 상황에 처했던 내가 지식 창업으로 재기에 성공할 수 있었다. 그런 것처럼 누구나 지식 창업에 도전하기만 한다면 성공할수 있다. 지금이라도 자신의 지식과 경험을 활용하는 지식 창업으로 인생 성공에 도전하자. 몇 년 후 지식 창업으로 당당하게 성공할 당신을 응원한다.

12

미친 꿈을 향해
새로운 도전하기

이채명 '한국행복드림연구소' 대표, 새터민 인생 코치, 동기부여가, 자기계발 작가

2004년 탈북한 새터민이다. 고향을 떠나온 후 절망 속에서도 희망의 끈을 놓지 않은 결과 현재 한국에서 자기계발 작가와 1인 창업가로 행복한 삶을 살아가고 있다. 또한 꿈으로 인생을 디자인하고, 사람들에게 희망을 전하는 동기부여가로도 활동 중이다. 장차 희망학교 설립을 목표로 하고 있다. 인생의 빅 픽처를 그려 갈 사람들에게 희망을 주고자 개인저서, 강연, 코칭 프로그램을 준비 중이다.

• E-mail queen1734@naver.com   • Blog blog.naver.com/lee2005ok
• Cafe cafe.naver.com/jymspc

도전하는 인생은 늘 아름답다. 미친 꿈을 향해 도전하는 나는 요즘 행복하다. 우리 인생은 한 번뿐이다. 한 번뿐인 인생을 허무하게 보낸다면 인생을 살아가는 의미가 없어진다. 나는 탈북자다. 지금은 자유의 땅 대한민국에서 내 꿈을 마음껏 펼치고 있다.

처음 한국에 왔을 때 나는 탈북자라는 사실이 너무 싫었다. 그래서 '나'라는 존재를 숨기고 살고 싶었다. 하지만 '나'라는 존재를 드러내지 못하고 숨기고 사는 것은 너무 힘들었다. 21년간 북한에서 살아오면서 배워 온 말투는 변하지 않았다. 늘 힘든 나날

을 보내온 한 이유다.

그러다 괜한 자괴감으로 나를 숨기고 산다면 한국사회에 적응하기가 더 힘들 것이라고 생각했다. 그래서 있는 그대로의 나를 드러내기로 했다. 가끔 친구들과 택시를 타게 되면 말투가 이상하다고 생각한 택시기사가 고향이 어디냐고 묻는다. 나는 당당히 내 고향은 북한이라고 말한다. 너무도 당당한 내 모습에 놀라 친구들은 나를 툭툭 치며 택시기사에게 다시 말한다.

"아닙니다. 저희는 고향이 강원도예요."

속으로 나는 이런 거짓말을 왜 해야 되지? 라는 의문이 들었다. 나는 어려서부터 아버지에게 사람은 거짓말을 해서는 안 된다는 교육을 받으며 자라 왔다. 그렇기에 소소한 거짓말이라도 하면 마음이 불안해진다. 처음에는 탈북자라는 사실이 싫어서 나의 존재를 숨기려고 했지만 그것은 오히려 내게 독이 되었다. 북에서 태어났든 한국에서 태어났든 같은 민족이고 같은 사람이다. 나서 자란 환경이 다를 뿐 꿈과 희망을 안고 살아가는 건 지구상의 모든 사람들이 다 똑같다고 생각한다.

내 안에서 꿈이 꿈틀대기 시작한 것은 2016년 말부터였다. 그 전에는 항상 꿈이라는 단어가 머릿속에서만 맴돌았다. 꿈이라는 단어를 자주 떠올렸지만 꿈의 목표가 명확하지 않았다. 가족을 핑계로 늘 내 삶을 한쪽 구석에 방치해 두었다. 하지만 내 삶이 허무하다고 생각하면서 나는 매일 인터넷에서 성공한 사람들을 검색하기 시작했다.

한국이란 경쟁사회에서 성공한 사람들은 어떤 마인드를 가지고 성공했는지 궁금했다. 그렇게 나는 매일 인터넷으로 성공한 사람들의 강의를 들었다. 그리고 많은 강연장을 찾아다니기도 했다. 나를 아는 사람들은 인터넷 사기가 많다고 조심하라고 했다. 그래도 나는 그들의 말을 듣지 않았다. 나만의 생각 나만의 방식으로 살고 싶었다. 그렇게 나는 성공한 사람들 속으로 뛰어들면서 내 안에 있는 꿈, 잠재의식을 하나하나 활용하기 시작했다. 지금껏 머리로만 생각해 왔던 꿈을 실제 현실에 적응시키기로 했다.

'그래 나라고 못 할 건 없지. 탈북자라고 어디 가서 기죽지 말고 당당하게 살아야지. 어차피 한국에 적응하려면 한국사회에 한 발이라도 뛰어들어야 해'

이런 생각으로 늘 어디를 가도 당당히 내 소개를 했다. 나의 당당한 모습을 보며 오히려 사람들은 대단하다고 한다. 나 자신을 세상이라는 그림자 뒤에 숨겨 놓으면 끝도 없이 자신감을 잃게 된다. 중국에서 6년을 떠돌며 신분 없는 삶을 살아 봤기에 숨어 사는 인생이 얼마나 가여운 인생인지 나는 잘 알고 있다. 그래서 더 이상 나를 세상이라는 큰 그림자 뒤에 숨겨 놓기 싫었다.

2004년 탈북을 한 나는 인신매매로 중국의 시골마을에 팔려 갔다. 말 한마디 모르는 낯선 중국 땅에서 강제 결혼에 임신까지 몇 년을 수많은 고통 속에 살았다. 하지만 정신 하나만은 잃지 않고 살아왔다. 기댈 곳 하나 없는 내가 정신까지 잃으면 절망의 늪에 빠져 헤어 나올 수 없을 것 같았다. 아무도 내 인생을 대신 살아 주지 않기에 주저앉을 수가 없었다. 그래서 더 강해져야 했다. 내 꿈에 날개를 달아 주고 싶었다.

나는 작가가 되고 싶어 책을 쓰는 데 나의 모든 것을 걸었다. 회사나 알바를 다니면서 나의 삶이 안타깝게 시간 속에 묻히는 것을 용납할 수 없었다. 다행히 카드 대출을 받을 수 있었던 나는 과감히 대출을 받아 배움에 투자했다. 솔직히 금액이 부담 되는 교육과정도 있었지만 나는 돈을 따지지 않았다. 앞으로 몇 년 후의 나의 가치를 먼저 생각했다. 돈을 먼저 생각한다면 절대 성공할 수 없다. 돈도 중요하지만 돈보다 자신의 가치를 찾고, 성공한 사람들을 만나는 과정이 나의 가치를 올리는 것이라고 생각했다. 결국 사람이 답이다. 성공한 사람들을 만나서 소통하고 어울리면 나도 그 사람들의 마인드를 따라가게 되어 있다.

'내가 무엇을 할 수 있겠어. 나는 원래 이렇게 살아야 할 팔자야. 사람에게는 정해진 운명이 따로 있어'

이런 마음가짐은 인생에 독이 된다. 생각을 조금만 바꾸고 정확한 목표와 꿈을 갖는다면 성공은 나를 따라오게 되어 있다. 회사 일을 마치고 집에 오면 TV 앞에 앉아 있는 시간을 줄이고 단 5분이라도 책을 읽어야 한다. 책은 말없는 스승이다. 책 속에 나의 미래가 있다.

지금의 나 역시 책으로 내 인생을 바꿨다. 책은 언제나 내 가슴을 뛰게 했고, 내 인생에 새롭게 도전하도록 용기를 주었다. 책을 읽으면서부터 나는 새벽시간을 이용해서 꾸준히 독서와 자기계발을 했다. 그리고 성공한 사람들인 베스트셀러 작가들을 만나면서 작가로 데뷔했다. 지금은 1인 창업을 꿈꾸고 있다. '나는 할수 없어'라는 생각으로 자신을 주눅 들게 만들지 말자.

보통 사람들은 도전이라고 하면 미리 겁부터 먹는다. 겁먹지말고 한 걸음을 걸어도 나답게 살아야 한다. 이전에 나는 모든 사람에게는 정해진 운명이 따로 있는 줄 알았다. 하지만 정해진 운명이란 없다. 운명은 내가 개척해 나가는 것이다. 백 번에 한 번오는 운을 앉아서 기다리는 사람은 자기 인생을 포기한 것이나다름없다. 나는 늘 내 인생을 원망하며 살았다. '팔려 간 내 인생에 해 뜰 날이 있겠어. 그냥 이대로 살면 되지'라고 막연히 생각하면서 말이다. 하지만 원망 속에 살아가는 하루하루는 나에게 좋은 결과를 가져오지 못했다.

나답게 사는 것이 어떤 것일까? 라는 생각이 꼬리에 꼬리를물었다. 나는 어딜 가도 탈북자라는 꼬리표를 평생 지울 수 없다. 하지만 우리가 타고 달리는 인생열차는 누구나 탈 수 있는 열차다. 세상이라는 무대에서 한 걸음씩 나답게 걸어간다면 내 인생에도 언젠가는 꽃길이 펼쳐질 거라고 생각한다. 세상을 향해 한 걸음 한 걸음 나아가는 지금 나는 누가 봐도 미쳤다고 할 정도의 꿈을 꾸고 있다. 작가의 꿈 그리고 1인 기업가의 꿈, 희망 메신저의 꿈, 부동산으로 행복한 부자가 되는 꿈. 이외에도 내 꿈들은 지금도 끊임없이 나를 움직이게 만들고 있다.

　누구나 성공의 기준은 다르다. "끝에서 시작하라."라는 말이 있다. 자신이 원하는 성공을 생각하고 끝에서 시작하는 삶을 살면 된다. 올라가야 할 곳이 명확해지면 사다리를 놓고 한 계단 한 계단 올라가는 것이 원리다. 꿈은 몸을 움직여야 이룰 수 있다. 머리로 생각만 하고 행동하지 않으면 절대 이룰 수 없는 것이 꿈이다. 남의 시선이 두려워, 이루지 못할까 봐 두려워 시작도 하지 못하는 그런 사람이 되지 말자. 누가 미쳤다고 해도 내 꿈은 내가 지키고 나의 가치는 내가 찾아가는 것이다. 지금 당신이 절실하게 힘든 상황에 처해 있다면 더더욱 대범한 꿈을 가져야 한다.

　먼 훗날 자신을 돌아보며 미소 지을 수 있을 때 비로소 참다운 인생을 살았다고 말할 수 있을 것이다. 과거의 자신이 부끄러워 오늘의 나, 미래의 나를 잃어버리지 말자. 살다 보면 누구나 실수는 할 수 있다. 하지만 실수, 실패, 시련, 고난, 역경 이 모든 것은 오늘의 나를 대나무처럼 흔들리지 않게 만들어 준다. 세상에 단 하나뿐인 '나' 자신을 사랑하자. 그리고 미친 꿈에 도전하라. 내가 꿈을 버리지 않으면 꿈은 절대 나를 배신하지 않는다.

13

세상에 없던 방식으로
행복한 성공 누리기

손성호 수능영어 강사, 독서경영 코치, 시간경영 컨설턴트, '마인드골프' 시간경영법 창안자

영어를 매개로 청소년들이 잠재능력과 꿈을 펼칠 수 있도록 돕는 공부코치이자 청소년 멘토로 일하고 있다. 사람들이 자신의 무한한 잠재능력을 개발하고 행복한 성공을 누릴 수 있도록 지식과 경험과 노하우를 전해 주는 자기 경영 코치를 꿈꾼다. 저서로는《꼭 이루고 싶은 나의 꿈 나의 인생》,《되고 싶고 하고 싶고 갖고 싶은 47가지》,《인생을 바꾸는 감사일기의 힘》,《나는 책쓰기로 당당하게 사는 법을 배웠다》 등이 있으며, 현재 독서경영과 시간경영을 주제로 개인저서를 집필 중이다.

• E-mail sshope2020@naver.com   • Blog blog.naver.com/sshope2020

창조적 또라이가 세상의 주목을 받고 있다. 나는 필드에 나가 골프를 쳐 본 적이 없다. 또한 열풍처럼 인기를 끌고 있는 스크린 골프도 딱 한 번밖에 쳐 본 적이 없다. 그런 내가 멘탈 스포츠인 골프와 자기계발을 접목해 '마인드골프', '15분 시간경영법', '1주년 시간경영법'을 창안해서 매일매일 실행하고 있다. 그러니 그야말로 나는 창조적 또라이라 할 수 있다. 나는 세상에 없던 방식으로 나만의 행복한 성공을 이루며 가장 나답게 살고 있다.

사람이 고도로 집중할 수 있는 시간은 15분이라는 연구 결과

가 있다. 15분이라는 시간은 생명체를 구성하는 세포와 같다. 인생의 성공을 위한 만리장성을 구축하고 싶다면 15분이라는 작은 벽돌을 차근차근 쌓아 올려야 한다. "우리가 어느 날 마주칠 불행은 우리가 언젠가 잘못 보낸 시간에 대한 무서운 보복이다."라는 나폴레옹의 유명한 명언이 있다. 이 명언을 생각하면 시간을 소홀히 보낼 수 없다.

그렇다면 시간의 세포인 15분을 어떻게 경영해 나갈 것인가? 다닐 알렉산드로비치 그라닌의 《시간을 정복한 남자 류비셰프》라는 책처럼 나도 시간을 철저히 기록하며 생활하고 있다. 하지만 류비셰프보다 더 재미있고 흥미롭게 기록하고 있다. 15분 단위로 하루 시간을 쪼개 쓰고 거기에 대해 평가하는 식으로 생활을 해 나간다. 하루를, 잠자는 시간 6시간을 뺀 18시간이라 보고, 마치 골프 18홀을 도는 것처럼 경영해 나간다.

예컨대, 아침 시작 첫 번째 시간 1번 홀에서 15분씩 네 번 모두 플러스 평가를 받으면 버디, 세 번만 플러스면 파, 네 번 모두 마이너스면 트리플 보기로 평가한다. 9개 홀 연속 버디를 달성하면 이글을 기록한 것으로 평가한다. 그러고 나면 하루 18홀의 성적이 나온다. 연속 버디 행진을 하는 날은 좋은 날이다. 슬럼프에 빠지면 트리플 보기의 연속이다. 이런 식으로 하루를 경영해 나가면 너무나 재미있다. 나의 삶에 대한 통제력도 생기고, 자존감도 높아진다. 15분 단위로 알뜰하게 하루를 이끌어 나가니 그 밀도가 높아 시간을 최고의 품질로 사용할 수 있게 된다.

평가기준은 마음의 평화와 행복을 유지하면서 동시에 그 15분이 꿈과 목표를 달성하는 데 유용하게 쓰였는지의 여부다. 첫 번째 평가기준은 "성공해야 행복한 것이 아니라, 행복해야 성공한다."라는 명언을 반영했다. 성공이라는 목표에 매몰되어 거기까지 가는 과정에서 마음의 평화와 행복을 잃는다면 한마디로 주객이 전도된 것이다. 두 번째 평가기준은 독서경영을 통해 정립된 꿈과 목표를 실행하고 달성하는 데 도움이 되었느냐다. "독서로 꿈꾸고 시간무대에서 실행하라."라는 나의 모토가 반영된 것이다.

2시간 연속 버디를 기록하면 야구에서의 1점으로 기록해서 하루를 야구 스코어로도 표현한다. 1주를 1년이라 여기고 7일간 월드시리즈 7차전을 한다는 생각으로 이끌어 나간다. 3시간 연속 버디를 기록하면 축구에서의 1골로 기록해 축구 스코어로도 표현한다. 그리고 1주를 월드컵축구 우승을 위한 7일간의 7게임이라고도 생각한다. 하루를 네다섯 시간씩 4쿼터로 나눠 농구 스코어로도 표현한다. 게임하듯이 재미있고 활기찬 하루를 이끌어 나가는 방식이다. 나의 하루 일과가 끝나면, 나의 스포츠뉴스를 통해 몇 대 몇으로 승리 혹은 패배했는지 기록된다. 그렇게 일주일이 지나면 몇 승 몇 패인지 성과가 나온다.

그럼 구체적으로 어떻게 '15분 시간경영법'을 실행하는지 살펴

보자.

첫째, 매 15분의 시간을 잘 활용했을 때는 플러스, 잘 활용하지 못했을 때는 마이너스를 부여한다. 15분의 가치를 1달러로 매긴다. 1시간을 가치 있게 쓰면 4달러를 버는 것이고, 낭비하면 마이너스 4달러라고 생각하면 된다. 하루 18시간을 온전히 잘 사용했을 때면 72달러가 상금 총수입이 된다. 반대로 그 18시간을 모두 낭비했을 때는 마이너스 72달러가 된다. 골프에서도 경기에서 벌어들이는 상금이 있듯이, 우리의 하루라는 게임에서도 벌어들이는 또는 까먹는 상금이 있는 것이다. "시간은 돈이다."라는 명언이 있는 것처럼, 우리의 시간 사용에 돈으로 환산한 가치를 부여하는 것도 재미있는 방식이다.

둘째, '나의 하루 스포츠뉴스'를 통해서 그날의 시간경영의 실적을 골프, 야구, 축구, 농구 네 경기 스코어로 표현해 본다. 골프는 마음의 예술이다. 마음경영이 되지 않으면 어떤 성공도 이룰 수 없다. 야구는 타이밍의 예술이다. 찬스가 왔을 때 적시타를 치지 못하면 승리할 수 없다. 축구는 목표 달성의 예술이다. 우리의 인생도 목표를 향해 달려가면서 꿈을 이루려는 향연이다. 농구는 시간관리의 예술이다. 몇 초를 남겨 놓고도 승리를 위해 시간을 아껴 쓴다. 나는 성공에 이르는 핵심 요소들이 이러한 스포츠 철학에 가득 담겨 있다는 것을 간파했다. 그러곤 나의 자기경영시스템에 도입해서 매일매일 실천하고 있다.

각 경기에서 승리 시 승리 수당으로 플러스 2점, 패배 시 패전 벌점으로 마이너스 2점을 부여한다. 완벽한 날은 플러스 8점이 기록되고, 완전히 무너진 날은 마이너스 8점이 기록될 것이다. 이 것을 오늘의 상금 총수입과 더하면 플러스마이너스 80점이 된다.

셋째, 독서경영 꿈 실천 목록인 '나의 꿈 법률'을 실천했는지 여부를 따져 플러스마이너스 20점의 점수를 부여한다. 각각의 꿈 법률 실천 여부의 정도를 따져 플러스마이너스 10점 사이의 점수 를 준다. 여기에 2배의 가치를 부여하기 위해 곱하기 2를 한다. 독 서경영을 통해 책을 읽고 그것의 정수를 찾아내어 꿈 목록을 만 들고 실행하는 일은 결국 시간이라는 무대에서 해야 한다. 독서경 영이 영화의 시나리오를 짜는 것이라면, 시간경영은 바로 그 시나 리오대로 시간이라는 무대에서 연기를 하는 것에 비유할 수 있다. 시간경영과 독서경영에 80대 20 법칙(파레토 법칙)을 적용해서 합산 해 점수를 매기면 하루의 만점은 플러스마이너스 100점이 된다.

"당신의 하루에 점수를 매긴다면 몇 점을 주겠는가?"라는 질 문을 가끔씩 받곤 했을 것이다. 나는 이러한 질문에 구체적인 숫자 로 대답할 수 있다. 나의 사례를 들자면, 서기 2017년 제7주 2월 12일 일요일을 나는 '활기 1707주년 시간경영시리즈 1차전'이라 고 표현한다. 그러곤 메이저리그 야구 월드시리즈를 하듯이 활기 차게 이끌어 나간다.

그날 나는 마인드 골프 오늘의 상금 총수입 플러스 64달러, 나의 하루 스포츠뉴스 스코어 플러스 8점, 독서경영 꿈 실천 평가 플러스 13점을 받아 합계 점수는 플러스 85점을 기록했다. 마인드 골프 스코어로 나타내면, 이글 1개, 버디 15개, 파 1개, 더블보기 1개로 15언더파 57타를 쳤다. 야구 스코어로는 9대 0 대승으로 1차전을 장식했다. 그리고 그 주에 시간경영시리즈 우승을 차지했다. 축구 스코어로는 4대 0 완승을 기록해 활기 1707주년 자기경영 월드컵 조별 예선 첫 게임을 승리로 이끌었다. 그리고 여세를 몰아 7전 전승으로 그 주에 월드컵 우승을 차지했다. 농구 스코어로는 시간활용 68쿼터, 시간낭비 4쿼터로 크게 승리를 이루었다. 나의 시간활용 품질은 순도 95%였고 23K 금과 같았다. 나는 이날 하루의 자기경영 성과를 네이버 블로그에 모두 기록으로 남겨 놓았다.

이러한 '15분 경영법'을 통해서 나는 나 자신의 시간 사용의 품질을 정교하게 측정한다. 그리고 잘했을 때는 좋은 리듬감을 살려 나가고, 못했을 때는 반성하고 원인을 분석하고 개선해 왔다.

'1주년 시간경영법'은 1주를 1년이라 의식하고 52배 더 농축된 삶을 살아가는 방법이다. 나는 세상의 달력 이외에 '나만의 달력'을 하나 더 사용한다. 21세기 지식정보사회를 사는 데 더 효율적인 나만의 달력이다. 영국에서는 연봉, 월급이 아니라 주급을 지급한다고 한다. 이것이 이 시대에는 더 맞는 방식이라는 생각이 든다. 사람이 가장 생산성을 올릴 수 있는 시간 단위가 일주일이라는 연구 결과가 있기 때문이다. 그렇다면 일주일 단위의 시간 활용을 생활에 끌어들여 습관화하는 것이 필요할 것이다.

예컨대, 나는 서기 2017년 제25주를 '활기 1725주년'으로 표현한다. '활기'는 기를 살려서 활기차게 매 주년 새롭게 자신의 인생을 이끌어 나간다는 뜻을 담고 있다. 서기 1725년은 조선시대에 52년간 재위했던 영조 임금의 집권 첫해다. 즉, 영조 1년이라고 《조선왕조실록》에 기록되어 있다. 그런데 서기 1725년 1년간에 나온 지식과 정보의 양이나 세상이 흘러가는 속도가 2017년 제25주 일주일간의 그것보다 적고 느리다. 그렇다면 지금의 일주일에 조선시대의 1년과 맞먹는 가치를 부여하고 거기에 맞게 우리의 일상을 운영해 나가는 게 더 적절하다. 이렇게 하면 100년을 5200주년으로 사는 것이어서 삶이 굉장히 풍부해진다.

이렇게 시간에 대한 인식을 바꾸는 것 그 자체가 우리의 삶의 시간을 풍부하게 할 수 있다. 매 주년마다 새롭게 새해를 시작할 수 있다. 자신의 꿈과 목표를 이루기 위한 노력을 매 주년마다 평가하고 점검하면서 더 정교하고 알차게 삶을 이끌어 나갈 수 있다.

기존의 시간 개념으로 보면, 새해마다 약 50개에서 100개의 마디가 형성되는 대나무 한 그루를 사람의 일생이라고 볼 수 있다.

하지만 '주년 시간경영법'에 의하면, 사람의 일생을 일주일마다 튼튼한 마디가 형성되어 한 그루당 52개의 마디를 갖는 약 100그루의 대나무로 이미지화할 수 있다. 이렇게 정말 풍요롭고 단단한 인생을 누릴 수 있는 멋진 방법이 '1주년 시간경영법'이다.

나는 세상에 없던 그 무엇을 창안해 냈다. 그러곤 남들이 하지 않는 방식을 도입해서 창의적으로 시간을 경영하고 독서를 경영하고 마음을 경영하고 행복을 경영한다. 나는 그렇게 멋지게 자기계발을 하는 21세기형 창조적 또라이다.

14

잠들지 않는
열정으로 행동하기

김서진   '(주)W인베스트' 대표이사, 부동산 경매 투자 전문가, 부동산 투자분석 실무 전문가, 부동산 경매 1인 창업 멘토, 강연가, 자기계발 작가, 성공학 강사

부동산 경매 재테크 메신저로서 국내외 대기업과 공공기관, 직장인들을 대상으로 투자 노하우를 전수하고 있다. 한서대학교 외래교수로 활동 중이며 대한민국에서 가장 영향력 있는 부동산 투자가가 되는 것을 꿈꾼다. 앞으로 한국경매사관학교를 대한민국 대표 경매교육 브랜드로 만들어 전국에 분원을 만드는 것이 목표다. 현재 부동산 경매에 관한 책을 집필 중이다.

- E-mail hkuniv@naver.com
- Cafe cafe.naver.com/opbwrs1
- Blog hkuniv.kr
- Facebook hankyunguniv

"성공하고 싶다면 가난한 사고와 결별하고 성공할 수밖에 없는 환경을 만들어라. 그리고 아무도 대체할 수 없는 '나만의 기술'을 만들어라!"

나에게 부동산 경매를 배우러 오는 사람들에게 강조하는 말이다. 그들은 없는 시간을 쪼개 돈을 지불하고 교육을 받는다. '나도 과연 잘할 수 있을까' 하는 의문을 가지고 오는 사람이 대부분이다. 부동산 경매로 성공하는 사람들의 특징은 간절함이다. 간절함이 치열한 배움과 열정을 만나면 그 성과는 놀라울 정도로 달라

진다. 어렵게 나를 찾아온 사람일수록 단시간에 큰 성과를 낸다.

나는 부동산 경매로 수입의 파이프라인을 만들고 싶은 사람들에게 가장 빠른 방법을 알려 주고 있다. 그들이 인생을 바꿀 수 있도록 돕고 경제적으로 행복한 삶을 누리도록 해 주고 싶다. 나에게서 기술을 전수받고 월급 이외의 수입을 꼬박꼬박 챙기는 사람들이 계속 늘어나고 있다. 배운 즉시 그대로 실천에 옮긴 사람들은 모두 투자에 성공했다. 나중에 돈이 생기면 투자하겠다는 사람치고 낙찰 받는 사람을 본 적이 없다. 돈이 있어야 투자하는 것이 아니라 투자를 해야 돈을 벌 수 있다. 부자가 되어야 부동산을 소유하는 것이 아니라 부동산을 소유해야 부자가 되는 것처럼 말이다.

나는 직장에서 30대를 보냈다. 지금은 교육과 투자를 병행하며 사업을 하고 있다. 당시 부동산 경매 투자를 시작하게 된 동기는 그야말로 절박함 때문이었다. 결혼생활이 시작되면서 돈이라곤 통장에 들어 있는 겨우 200만 원이 전부였다. 이에 직장을 다니며 단 한 번도 관심을 기울이지 않았던 부동산을 공부하기 시작했다. 저축, 펀드, 주식 모두 다 해 봤지만 투자한 돈 자체가 적은 탓에 수익률은 크지 않았다. 인생을 통째로 바꿀 수 있는 수단이 필요하다는 것을 절실히 깨달았다. 결국 답은 부동산밖에 없다는 것을 알게 되었다.

어릴 적의 나를 아는 지인들은 나를 소극적이고 말주변이 없는 사람으로 생각한다. 그들에게 내가 부동산을 몇 채 소유하고 있다고 말하면 적잖이 놀란다. 그리고 경매교육과 투자를 한다는 사실을 알면 또 한 번 더 놀란다. "서진이 네가 어떻게 그런 사업을 할 수 있지?" 이구동성으로 묻는 말이다. 하지만 나는 성공했고 실제로 많은 수강생들이 부동산을 소유하도록 돕고 있다.

"과녁이 없는 화살은 목표가 없는 인생과 같다."

지금 세상에서는 무작정 남을 따라 하기만 해서는 결코 부자가 될 수 없다. 구체적이고 뚜렷한 자신만의 목표를 세워야 성공할 수 있다. 생각하는 대로 살아야 인생을 바꿀 수 있다. 살아지는 대로 생각하면 절대 인생을 바꿀 기회는 찾아오지 않는다. 부에 대해서만 생각하고 부에 대해서만 말해야 한다. 지금처럼 평범한 인생을 원한다면 아무것도 시도하지 않고 살아가면 된다. 평범한 직장인이었던 내 인생은 간절한 마음 하나로 바뀌었다. 부동산 경매로 돈을 벌기 위해서는 제대로 배우는 것이 우선이다. 그다음 배운 지식을 돈으로 바꾸는 기술을 터득하면 된다. 돈이 되지 않는 배움은 경매 시장에서 전혀 쓸모가 없다. 반드시 실전 기술을 체득해야 승률이 높다.

인생을 바꾸고 싶다면 나를 찾아오라. 적지 않은 수강료에도 많은 사람들이 나에게 교육을 받으러 온다. 그것은 내가 철저하게 실무 위주의 경매기술을 습득하도록 훈련시키기 때문이다. 부동산을 전혀 모르는 초보자도 내가 만든 과정을 거치면 단기간에 부동산의 주인이 된다. 내가 가르치는 방식은 이해하기 쉽게 원리를 파헤치는 것이다. 말투나 상대방이 느끼는 감정, 질문하는 태도까지 모두 코치해 준다.

"너 진짜 쉽게 일한다."

전에 같은 직장에 다녔던 동료가 한 말이다. 하긴 직장에서 야근을 밥 먹듯이 하고 여가시간도 많지 않으니 지금 내가 하는 일이 쉬워 보였을 것이다. 다른 교육기관들은 모두 수강생을 모집해 단체교육을 하며 쉽게 돈을 벌 때, 나는 전국을 돌아다니며 일대일 상담과 교육을 진행했다. 나를 만나고 싶어 하는 사람이 있다면 어디든 달려갔다. 부동산 경매시장은 사람의 심리가 적극적으로 반영되는 곳이다. 그것을 알기에 되도록 다양하고 많은 사람들을 만나는 데 집중한 것이다.

교육을 위해 울산을 가기도 했다. 새벽에 출발해 차를 기차역에 세워 두고 시내로 한참을 들어간다. 그러고는 오후 늦게까지 교육을 마치고 밤 10시가 다 되어서야 집에 도착한다. 그러면 녹초가 되어 버린다.

주말에는 가족과 함께하는 시간도 반납하고 현장을 누볐다. 교육생들이 조사한 시세 내용을 검토하며 멘트 하나하나를 교정해 준다. 그러고도 사기가 떨어진 수강생에게는 그때마다 동기부여를 해 주느라 눈코 뜰 새 없이 바쁜 나날을 보냈다. 이렇게 많은 노력을 기울인 끝에 지금의 내가 있는 것이다. 결코 쉽게 이루어 진 것이 아니다.

많은 사람들이 교육을 받기 위해 나를 찾아온다. 20대 초반의 젊은이도 있지만 특히 40대를 앞둔 30대 직장인들이 대다수를 차지한다. 돈이 없어도 배워야 하는 것이 부동산이다. 정말 돈이 없다면 경매시장에 관심을 가져야 한다. 일반 매매시장과는 비교 할 수 없을 정도의 적은 돈으로도 부동산 투자를 할 수 있기 때 문이다.

경매교육을 하면서 지식만 전달하는 일은 하지 않는다. 돈이 있어도 목표나 열정이 없는 사람은 경매 투자로 성공하지 못한다. 그런 사람들에게는 목표를 세우고 열정을 지속하는 방법부터 가 르친다. 첫 수업에서 가장 강조하는 내용은 바로 성공마인드에 대 한 것이다. 돈이 있다고 해도 마인드 자체가 없으면 낙찰을 받고 건물을 소유하는 일은 어불성설이다. 부자가 될 수밖에 없는 사고 방식을 먼저 장착하는 것이 성공의 열쇠다. 한 달 벌어 한 달 사 는 직장인은 생각의 크기가 한정되어 있다. 당장 생계가 끊어지는 것을 염려해 생각 자체가 위축되어 있는 것이다. 더 큰 생각을 하 지 못하기 때문에 의식을 키워 주는 교육도 병행하고 있다.

공공기관이나 국내외 기업체, 문화센터 등에 이르기까지 많은 곳에서 강연을 요청해 온다. 경쟁자인 다른 경매 업체에서도 함께 강연을 기획해 보자는 제안을 해 왔다. 시간이 지날수록 바빠지지만 일주일에 한 번은 반드시 가족과 함께 시간을 보낸다. 평일 중 하루를 쉬기도 한다. 그때는 온전히 내 시간으로 보내며 사업에 대한 아이디어를 구상한다. 시간 활용 면에서도 지금의 생활이 월등 낫다. 할 일이 없는 시간에 우두커니 인터넷만 서핑하던 직장생활 때와는 차원이 다른 것이다.

절약만으로는 부자가 될 수 없다. 아끼는 데 급급한 사람은 절대 큰 부자가 될 수 없다. 나는 돈이 없어도 배움에는 적극적으로 투자했다. 먹고 입을 돈이 없을지언정 나에게 꼭 필요한 교육에는 많은 돈을 지불한다. 골프 교습본 한 권을 보며 혼자 연습하는 것과 타이거우즈에게 딱 한 달 동안 실전 코치를 받는 것 중 어느쪽이 실력이 빠르게 늘까?

돈을 진정으로 빨리 벌고 싶다면 나보다 앞서 성공한 사람들의 경험에 대가를 지불하라. 성공한 사람들은 우리가 상상하지도 못한 노력을 거쳐 지금의 자리에 서 있는 것이다. 수년에 걸쳐 획득한 그들의 노하우를 우리는 단 몇 년 만에 배워 부자가 될 수 있다. 아무 대가도 지불하지 않고 공짜로 배우고자 하는 사람은 절대 성공할 수 없다. 사고방식 자체가 가난하기 때문이다.

인생을 바꾸고 싶다면 지금 즉시 원하는 결과를 완료형으로 만들어라. 잠자기 전에도 바꾸고 싶은 모습을 떠올리고 아침에 일어나서도 그 이미지를 떠올려라. 생각의 씨앗은 저절로 자라난다. 잠재의식이 작동하면 행동으로 이끌어질 것이다. 나는 천재작가라 불리는 〈한책협〉 김태광 대표로부터 최고의 책 쓰기 비법을 전수받았다. 이미 만남 자체부터 성공가도에 들어선 것이다. '김서진'이라는 독보적인 브랜드가 만들어졌다. 그 결과 직장인들을 위한 '한국 경매 사관학교'라는 네이버 카페를 운영하고 있다. 이것은 대한민국을 대표하는 부동산 경매 교육기관으로 자리 잡았다.

사회생활을 하면서 늘 남들과는 다른 길을 가고자 했다. 아이디어도 많고 평범함을 지극히 싫어한다. 하고 싶지 않은 일은 절대 하지 않고 좋아하지 않는 일은 절대 할 수 없다. 뭐든 다 잘하는 사람이나 남들 하는 대로 따라 하는 사람들과는 다른 삶을 산다. 하지만 나는 그런 나를 사랑하고 존중한다. 남들과 다른 생각을 할 수 있다는 그 자체가 나를 지탱하는 힘이기 때문이다. 가르치는 방식도 생각하는 방식도 '또라이'라고 불리는 나는 오늘도 부자가 되고 싶은 사람들을 위한 로드맵을 그리고 있다.

15

내 안의 잠재력 깨우기

이하늘 〈한책협〉, 〈임마이티 컴퍼니〉 코치, 자기계발 작가, 동기부여가

어느 날 한 권의 책으로 자신을 되돌아보는 계기를 가졌다. 늘 궁금했던 '나'를 책을 통해 이해하고 진정한 모습을 찾을 수 있었다. 현재 많은 사람들이 명확하게 표현하고, 주도적인 삶을 살아갈 수 있도록 거절하는 법에 대한 책을 집필 중이다. 저서로는 《미래일기》 외 5권이 있다.

• E-mail skyl86@naver.com   • C·P 010·3624·3811

조용하면서도 불의를 보면 참지 못하는 나

할 듯 말 듯 망설이면서 도전하는 겁쟁이 같은 나

　나의 내면에는 또 다른 내가 존재한다. 나는 태어나서부터 교과서처럼 줄곧 반듯하게 살아왔다. 초·중·고등학교 모두 지각, 결석 한 번 없이 졸업했다. 숫기가 없어 반장을 할 자신은 없었지만, 전교 임원진을 맡기도 했다. 흥얼흥얼 명확하지 않은 말 습관과 남 앞에서 말 한마디 제대로 하지 못하는 나는 학창 시절의 방

송반 아나운서 출신이다. 대부분의 사람들은 나와 전혀 어울리지 않는 나의 행보를 보고 의아해한다. 사실 나 역시 놀랍기도 하다.

반듯한 학생이었던 나는 10대에 겪지 않은 사춘기를 20대 중반에 들어섰을 때 불현듯 맞닥뜨렸다. 인생의 갈림길에 서서 큰 고민을 했었다. 20년 넘게 큰 사고 없이 교과서대로 살아온 나에게는 가장 힘든 시간이었다. 소극적인 성격으로 사회생활이 힘든 데다 프리랜서 강사라는 불투명한 미래 앞에서 여느 20대 못지않게 무너져 내렸다.

주어진 대로 성실하게 말썽 한 번 피우지 않고 살아온 나다. 그렇기에 시련을 이겨 내는 방법도 모른 채 그저 세상 앞에서 한없이 작아지고 있었다. 나의 모습은 너무 초라했고 자신감 또한 바닥을 쳤다. 집 밖을 나가지 못하고 혼자 울면서 밤을 지새우는 날이 많았다. '이러면 안 되겠다' 싶어 친구들에게 고민을 털어놓아 보기도 했지만 누구 하나 해결해 주지는 못했다. 아무도 해결해 줄 수 없는 현실에 답답함은 더해 갔고 벗어날 방법은 없는 것만 같았다.

그러던 중 평소 서점을 자주 가던 나는 살아 보겠다는 심정으로 광화문 교보문고에 갔다. 그곳은 평소와 다름없이 많은 사람들로 붐비고 있었다. 난 베스트셀러 도서를 집어 들고서 그 자리에서 단숨에 읽어 내려갔다. 책의 글귀 하나하나가 마음에 와 닿았고 오직 나를 위한 메시지인 것 같았다. 마음속 깊이 뜨거운 울림이 느껴졌다.

지금 나에게 당장 필요한 것은 새로운 도전이었다. 중학교 때 전공을 정하고 그 목표에 따라 예고, 대학교, 대학원까지 시행착오 없이 장학금을 받으며 졸업한 나였다. 하지만 음악은 더 이상 내게 즐거움을 주는 일이 아니었다. 좋아하는 일, 잘하는 일, 해야 하는 일을 두고 줄타기하는 심정으로 견뎌 내던 하루하루가 곪아 터진 것이다.

나는 무작정 다른 새로운 일을 찾기 시작했지만 쉽지만은 않았다. 배운 거라곤 음악뿐인 내게 20대 중반을 넘어서 다른 일을 하는 것이 쉽지 않았던 것이다. 나는 예체능과 무관한 일을 찾았다. 그중에 승무원이라는 직업이 눈에 들어왔다. 대학시절 승무원을 해 보지 않겠느냐는 권유를 꽤나 받곤 했었다. 나는 곧장 승무원 교육을 하는 학원을 알아보고 3개월 과정을 수강했다. 늦은 나이에 시작한 도전은 영어 면접, 한국어 면접, 자기소개서 작성 등 해야 할 것이 많았음에도 즐겁기만 했다.

그뿐만 아니라 평소에 부족한 부분을 채우기 위해 스피치에도 도전했다. 초·중·고등학교까지 수업시간에도 앞에 나가서 발표한 적이 한 번도 없었던 나인지라 모르는 사람들 앞에서 말하는 것이 두려웠다. 첫 발표를 하던 순간을 잊지 못한다. 어디서부터 어떻게 말해야 할지 몰라 횡설수설하며 울먹이면서 말했던 3분. 너무 창피하고 부끄러울 뿐이었다. 하지만 시련 앞에서 물러설 곳이 없었기에 이것저것 모든 것에 도전했다.

승무원 준비 중 영어를 집중적으로 공부하고 싶어져 어학연수를 갔다 오기도 했다. 겁이 많고 소극적이고 소심한 내가 유학원을 통해 어학원과 필요한 서류를 준비해서 어학연수를 떠났던 것이다. 이런 나를 보며 주변의 모든 사람들이 놀라워했다. 평소 나의 모습으로는 상상하지 못했던 행동이기 때문이다. 그들의 걱정과 달리 나는 어학연수 기간 동안 그동안 경험하지 못한 것들을 하면서 즐겁게 잘 지냈다. 처음 한 달은 말을 알아듣지도 하지도 못해 꿀 먹은 벙어리처럼 지내면서 한국으로 돌아가야 하나 싶었다. 그러나 시간이 흐르면서 나름대로 의사소통에 노하우가 생겨났다. 연수 기간 틈틈이 그 지역 주변으로 여행을 다녔다. 그러면서 학창 시절 학교밖에 몰랐던 나를 벗어나 세상과 만나며 추억을 쌓아 갔다.

그렇게 어학연수를 끝내고 한국으로 돌아와서도 영어공부는 지속해 나갔다. 개인 과외를 받으면서 배운 영어의 끈을 놓지 않았다. 그러나 생활비를 벌면서 승무원 준비를 하기란 어렵기만 했다. 한동안 항공사 티오가 나지 않아 마냥 기다릴 수밖에 없었다. 1년 정도 준비한 승무원에의 도전은 그렇게 무산되었다.

반면에 어학연수와 외항사 준비를 통해 외국에 대한 로망은 커져만 갔다. 나는 일하면서 모은 돈 일부를 가지고 3주간 호주

여행을 떠났다. 추운 12월 31일에 여름철인 호주로 떠난다는 것이 너무 설레기만 했다. 우리나라의 한겨울인 12월이 호주에서는 더운 여름이라는 것이 상상이 되지 않았다. 나는 케언즈, 멜버른, 시드니를 여행하면서 여름 스포츠를 모두 즐겼다. 물 공포증이 있는 데다, 놀이기구도 타지 못하는 내가 무슨 용기로 10킬로미터 레프팅과 스킨 스쿠버, 4,000미터가 넘는 하늘에서의 스카이다이빙, 샌드보드 타기 등에 도전했는지 모르겠다. 하지만 그 모든 것을 경험하며 그동안 살면서 느껴 보지 못한 자유와 행복을 모두 느낄 수 있었다.

3주간의 여행을 끝내고 한국에 돌아와서도 외국에 대한 로망은 사그라지지 않았다. 사실 짧은 어학연수에 대한 아쉬움이 컸다. 그랬기에 고민 끝에 호주 워킹홀리데이를 이용해 외국에서 현지인들과 생활해 보기로 결심했다. 나는 돈이 주목적이 아니었다. 돈은 적게 벌어도 좋으니 오직 현지인들과 부닥치면서 영어와 그들의 문화를 배우고 싶었다. 워홀 비자로 할 수 있는 일을 찾다 보니 오페어라는 제도가 있었다.

오페어는 외국 가정에서 아이들을 돌봐 주는 대가로 숙식과 급여를 제공받으며 자유 시간을 확보할 수 있는 제도였다. 이거면 충분했다. 내가 원하던 방식이었다. 그러나 오페어 매칭은 모두 에이전시를 통해 진행되었다. 나는 수수료 비용을 줄이기 위해서 혼자서 오페어를 준비했다. 호주에서 6개월 정도 사용할 생활비를 한국에서 벌어서 가기 위해 주말 아르바이트를 했다. 그렇게 오페어에 올인하고 있었다. 영어로 자기소개서 등 필요한 서류를 작성해서 오페어에 지원했다.

한동안 연락이 없었지만 여기저기에서 반응이 오기 시작했다. 사실 그때까지만 해도 영어를 잘하던 건 아니었다. 나는 아주 기본적인 것만 장착한 채 무대포 정신으로 밀고 나갔다. 시작은 좋았으나 5개월이 지나도 나와 맞는 가정을 만나지 못했다. 그다음 계획이 있었기에 매칭이 안 되는 기간이 길어지자 점점 불안해지기 시작했다. 이미 오페어를 시작했어야 할 시기가 다가왔다. 6개월 넘게 준비하고 호주 비자를 받아 놓았지만 나는 마음을 비웠다. 오페어를 접기로 한 것이다. 외국 생활을 상상하며 악착같이 일하고 돈을 모아 왔는데 계획이 무산되니 너무나도 허탈했다. 워킹 비자의 나이 제한에 걸려 마지막 기회마저 날려 보낸 그 마음은 이루 말할 수 없었다.

스스로에게 특별한 보상이 필요했다. 서른을 앞둔 내게 더 이상 여행은 힘들 것 같아 마지막 여행을 다녀오기로 했다. 그러고 보니 여행을 참 많이 다녀왔다. 중국, 대만, 일본, 필리핀, 사이판, 동서 유럽, 호주 등 여러 나라를 여행했던지라 선뜻 여행지를 정하지 못했다. 얼떨결에 인도 여행사에 들어가 둘러보다가 쿨하게 인도로 정했다. 그 당시 인도에 대한 인식이 좋지 않았다. 여자 혼자

인도를 간다고 하니 부모님도 반대했다. 나는 내가 인도를 가야 하는 이유를 납득시켰다. 겨우 부모님의 오케이 사인을 받고 3주간 인도 여행을 떠날 수 있었다.

인도에 도착해서 본 광경은 내게 충격이었다. 빈부격차가 심한 정도를 떠나 너무나도 못사는 나라 그 자체였다. 우리나라 면적의 33배인 인도는 열악한 위생환경과 치안이 불안한 곳이다. 그럼에도 불구하고 갠지스 강을 따라 삶과 죽음이 공존하는 신비로운 나라다. 항상 앞만 보고 달려온 나에게 현재에 대한 감사함과 죽음에 대한 의미를 다시 생각하게 해 준 나라다. 그렇게 21일간 혼자 인도여행을 마치고 돌아와서도 나의 도전은 계속되었다.

누군가는 나에게 한 가지도 제대로 하지 못한다고 말할 수도 있다. 하지만 나는 여러 경험을 통해 내가 하고 싶은 것, 진정 원하는 삶을 그릴 수 있었다. 모든 경험에는 배움이 있고 깨달음이 담겨 있다. 3년이라는 시간 동안 승무원, 영어, 스피치, 어학연수, 해외여행에 도전하며 소극적인 나를 세상 밖으로 꺼낼 수 있었다. 많은 도전을 통해 내 안의 진짜 나의 모습을 찾을 수 있었다.

나는 15년 동안 해 온 음악을 과감하게 접고 지금 마지막 도전을 시작했다. 누구나 꿈꾸는 성공을 위한 도전이다. 보란 듯이 성공해서 세상에 나를 알리고 싶었다. "성공해서 책을 쓰는 것이 아니라 책을 써서 성공하는 것이다."〈한책협〉 김태광 대표의 말에 온몸에 전율이 이는 것을 느꼈다. 책 쓰기가 성공의 추월차선이라고 확신했다. 과거엔 가진 능력이 없다고 스스로를 과소평가했다. 하지만 지금 나는 지금의 내가 가진 무한한 가능성과 잠재력이 성공의 조건이라 생각한다. 나는 단기간에 김태광 대표에게 책 쓰기의 노하우와 성공자의 사고, 마인드, 행동 등 모든 것을 배우면서 인생 2막의 삶을 준비하고 있다.

곧 개인저서도 출간될 예정이다. 명확하지 않은 성격으로 인해 남의 부탁을 거절하지 못하는 호구로 살아온 경험담을 쓴 첫 번째 책이다. 숨기고 싶은 과거 이야기이지만 이 같은 고민을 하는 사람에게 도움이 되길 바라는 마음으로 책을 썼다. 성공해서 책을 쓰는 것이 아니라 책을 써서 나는 성공자의 길로 들어섰다. 자신의 이름이 들어간 책. 누군가의 꿈을 나는 이뤘다. 가끔은 엉뚱한 행동으로 나 스스로를 놀라게 하기도 했다. 하지만 이러한 행동과 생각은 나에게 무언가에 도전하게 하는 원동력이 되었다.

보이는 세계가 끝이 아니다. 보이지 않는 수면 아래에는 방대한 잠재력이 잠자고 있다. 끊임없는 도전정신과 나를 찾는 연습이 자신을 바꾸고 세상을 바꾸는 힘을 만들어 낸다. 세상 사람들의 시선을 무서워하지 말고 스스로를 확신하며 강인함을 가지고 끝까지 밀고 나가라. 그러면 그 끝에는 당신의 전성시대가 기다리고 있을 것이다.

16

또라이 정신으로
부의 추월차선으로 나아가기

허동욱 〈한책협〉 독서법 코치, 청춘 멘토, 자기계발 작가, 동기부여가

남는 자투리 시간을 오로지 독서에 투자했다. 그렇게 읽은 수백 권의 책들로 자신만의 독서법을 정립해 현재 〈한책협〉에서 독서법 코치로 활동하고 있다. 앞으로 더 많은 사람들이 독서를 통해 자신만의 특기(특별한 기쁨)를 찾을 수 있도록 앞장서고 있다. 저서로는 《자투리 시간 독서법》, 《미래일기》 외 7권이 있다.

• E-mail princebooks@naver.com　　　　• Blog blog.naver.com/princebooks

우리는 20대라는 단어만 들어도 젊음, 청춘, 도전, 열정 등 가슴에서 무언가 뜨거운 것이 올라온다. 하지만 요즘 대한민국의 10~20대는 한창 꿈과 목표를 향해 나아갈 시기에 좋은 대학과 취업에 우선순위를 두고 밤늦게까지 공부한다. 그들을 보면 안타까운 마음이 든다.

자신의 꿈과 목표에 대한 믿음과 확신 없이 "친구 따라 강남 간다."라는 속담처럼 옆 친구를 따라 하곤 한다. 옆 친구의 행동을 똑같이 따라 한다면 그 친구와 같은 인생을 살게 되는 것이나

마찬가지다.

　나 역시 위에서 말한 내용과 비슷한 삶을 살았었다. 아무런 꿈과 목표 없이 허수아비처럼 학교를 다녔다. 다른 친구가 하니까 나도 해야 된다, 라는 식으로 이리저리 팔랑귀처럼 생활했다. 하지만 고등학교 진학을 앞두고 고민이 생겼다. 일반 고등학교에 진학하게 되면 대학입시 때 전국에 있는 학생들과 치열한 경쟁을 벌여야 했다. 경쟁에서 이길 자신이 없었던 나는 다른 진로를 생각해야 했다. 여러 가지 방법을 찾던 중 상업고등학교에 가면 대학에 진학할 때 전국에 있는 상업고등학교 학생들끼리만 경쟁하는 제도가 있다는 것을 알게 되었다.

　공부를 못하거나 돈이 없는 사람들이 상업고등학교에 입학한다는 과거의 인식 때문에 주변 사람들의 많은 반대가 있었다. 하지만 그때와는 달리 지금의 상업고등학교는 중상위권의 성적을 유지해야 갈 수 있었다. 주위의 반대를 무릅쓰고 나에게 유리한 쪽을 선택해 어렵사리 상업고등학교에 진학하게 되었다.

　진학 후에는 대학 진학을 위한 모의고사 성적이 생각처럼 나오지 않아 불안해지기 시작했다. 많은 고민 끝에 담임선생님과 면담을 하게 되었다. 담임선생님은 내신 성적, 출결사항과 외부활동이 좋은 나에게 '선취업 후진학 제도'를 추천해 주셨다. 취업을 먼저 하고 나중에 대학을 가는 제도였다.

아무런 꿈도 없이 좋은 회사에 입사하기 위해 대학에 들어가려 하는 것이 현실이다. 그렇다면 먼저 직장에 다니고 나중에 꿈이 생겼을 때 번 돈을 그 꿈에 투자하는 것도 한 방법일 것이다. 그렇게 나는 과감하게 진로를 변경하게 되었다.

그렇게 다른 학생들이 전국의 학생들과 경쟁해서 대학에 진학할 때 선취업 후진학 제도를 선택한 나는 많은 준비와 노력 끝에 KT&G에 취업하게 되었다. 직장생활을 하면서 돈을 벌고 그 번 돈을 나에게 투자해서 시간과 에너지를 아꼈다. 그렇게 시행착오도 겪지 않으면서 부의 추월차선으로 나아가기 위한 첫 단추를 꿰게 되었다.

첫 단추를 잘 꿴 덕분에 다른 사람들은 취업 걱정에 여념이 없을 때 일찍 직장생활을 시작했다. 그러면서 학생일 때는 벌지 못했던 돈을 필요 이상으로 벌게 되었다. 그러다 그동안 찾지 못했던 꿈을 찾아야겠다는 생각이 번쩍 들게 되었다. 나는 어린 시절부터 나의 지난날을 되짚어 보았다. 내가 무엇을 좋아하는지 고민해 보았다. 장점과 단점을 종이에 메모도 해 보고 책도 읽었다. 그러면서 스스로를 성찰하는 시간을 가졌다.

시간이 흘러서 직장생활을 1년 정도 했을 때 군대에 입대하게 되었다. 군 생활도 또라이 정신을 발휘해 이왕 하는 것 제대로 해 보자며 4개월 조기 진급하게 되었다. 1년 정도 되었을 때는 포상

휴가를 받기 위해 발표대회에 나가게 되었다. 그때 내가 알고 있는 지식들을 다른 사람들 앞에서 말했다. 거기에 청중들이 초롱초롱한 눈빛으로 호응해 오자 무언가 행복감이 밀려오는 것을 느꼈다. 이런 경험을 하며 내가 알고 있는 지식과 깨달음, 노하우들을 알려 주기 위해서 자투리 시간을 활용해 책 읽는 습관을 기르게 되었다. 이렇게 길러진 독서 습관은 전역해서 직장생활을 계속할 때도 많은 영향을 주었다.

군대에서 수백 권의 자기계발서를 읽고 많은 깨달음을 얻은 후 다시 회사에 복직했다. 그때 아무런 변화 없이 같은 생활을 하고 있는 직장 선배들의 모습이 눈에 들어왔다. 그것을 보며 난 직장생활의 한계를 일찍이 깨닫게 되었다. 그래서 직장이 없어도 시간적, 경제적으로 자유를 누리며 수익을 창출할 수 있는 나만의 무기를 만들어야겠다고 생각하게 되었다. 현직에 있으면서 인생 2막을 시작하고자 했다. 그 일환으로 내가 가지고 있는 지식과 경험, 노하우들을 다른 사람들에게 들려주는 방법들을 모색하기 시작했다.

책도 읽으면서, 인터넷을 검색도 하면서 방법을 찾던 중 동기부여가라는 직업을 알게 되었다. 내가 생각했던 일과 비슷한 이 꿈을 이루기 위해서는 내 이름이 들어간 책이 필요하다고 느꼈다. 나는 네이버 검색창에 '책 쓰기'라고 쳤다. 그리고 〈한책협〉을 만나게 되었다. 〈한책협〉을 만난 것은 부의 추월차선으로 가기 위한 두 번째 계기가 되었다. 나는 〈한책협〉에서 〈1일 특강〉을 시작으로 〈책 쓰기 과정〉, 블로그 마케팅, 강연학교 등 지금까지 〈한책협〉의 모든 프로그램들을 수강했다. 직장을 나오기 위한 준비를 제대로 한 것이다.

다른 사람들은 그 좋은 직장을 왜 그만두려고 하느냐고, 직장 밖은 모두 전쟁터와 같다며 나를 무모하다고 했다. 하지만 나는 1년에 가까운 시간 동안 내 꿈을 준비하고 직장 밖으로 행군해 작가, 코치, 강연가로서 홀로서기에 성공했다.

나는 오직 남들과는 다른 인생, 다른 길을 가겠다는 또라이 정신 하나로 지내 왔다. 그 결과 평범한 독자이자 직장인에서 7권의 저자이자 독서법 코치로 거듭나게 되었다. KT&G에서 영업용 경차를 탔었던 내가 〈한책협〉을 만나면서 스물네 살에 블랙 머스탱 오너가 되었다. 첫 개인저서인 《자투리 시간 독서법》 출간 후에도 〈한책협〉에서 독서법 코치이자 동기부여가로 활동하고 있다. 다른 사람들에게 선한 영향력을 펼치는 지금이 너무 행복하다.

지금도 나의 또라이 정신은 끊임없이 진화하고 있다. 평생 현역 작가이자 코치, 강연가로서 꾸준히 책을 쓰고 외부 강연과 프로그램을 진행할 것이다. 그리고 부동산과 주식투자를 시작으로 28세에 다섯 채의 빌딩 주인이 되고자 한다. 그러기 위해 배움을 돈으로 바꾸는 기술을 익히며 아낌없이 나에게 투자할 것이다. 블랙 머스탱 오너에서 3년 안에 노란색 포르쉐 718 박스터를 타는 주목받는 삶을 살 것이다. 그렇게 대한민국 20대 청춘들에게 꿈이 있는 20대는 남다른 인생을 살 수 있다는 것과 부의 추월차선으로 나아갈 수 있다는 것을 증명할 것이다.

나는 꿈과 희망조차 없었던 또라이에서 시간적, 경제적 자유를 누리는 행복한 또라이가 되었다. 그러면서 깨닫게 된 것은 스스로가 미래를 선택하고 만들어 갈 수 있다는 것이다. 5년 후, 10년 후 더 큰 부를 향해 나아가고 멋지게 성장해 있을 나의 모습을 상상하며 오늘도 나답게 당당하게 전진한다.

끊임없이 공부하는 인생 살기

안경옥 **교육청 학습코칭지원 강사, 자기계발 작가, 강연가, 동기부여가**

교육학 석사를 졸업하고 전국의 중·고등학교에서 자기주도학습&진로교육 강사로 활동했다. 인터넷 중독, 학교 폭력, 자살 예방교육 등 학교 현장에서 학생들을 위한 교육에 15년간 몸담고 있다. 현재 아산교육청에서 학습코칭지원 강사로 일하고 있으며, 6년째 학교로 파견을 나가고 있다. 교육 경험을 바탕으로 학습코칭 관련 개인저서를 집필 중이다.

• E-mail an7734@hanmail.net   • Blog blog.naver.com/am7734
• C·P 010·8768·7734

나는 결혼을 하고 생활이 제법 안정되었다. 돈의 구속으로부터 어느 정도 자유를 누리게 되면서 사고 싶은 것, 갖고 싶은 것은 가격을 보지 않고 자유롭게 살 수 있었다. 만족할 만큼 갖고 있음에도 색다른 것을 찾아 돌아다니기도 했다. 마치 일부러 돈을 쓰려고 하는 것처럼 말이다. 가끔 마음의 허함을 돈을 쓰는 재미로 채우기도 했었다.

나는 향수를 참 좋아한다. 향을 맡는 것을 아주 좋아한다. 사람에게서 좋은 냄새가 나는 것만큼 기분 좋은 일은 없다. 향수는 가격이 비싼 편이다. 그래서 대개는 향수를 한 개나 2개 정도 갖는 것으로 만족한다. 언제부턴가 나에게는 그런 향수를 모으는 취미가 생겼다.

백화점에 가면 무조건 향수매장으로 직행한다. 새로 나온 향은 있는지, 둘러보고 뿌려 보고 잠시 황홀함에 빠진다. 좋은 향을 만나면 기분 좋게 그것을 손에 넣었다. 최소 50밀리미터 이상은 꼭 샀다. 내게 가격은 전혀 문제되지 않았다. 옷을 구매할 때도 마찬가지다. 나는 주로 브랜드 옷을 샀다. 몇 백만 원 상당의 명품은 아니다. 그러나 수십만 원에 이르는 브랜드 옷을 사면서 나만의 만족을 누리며 살았다.

그러던 내가 어느 날부터인가 생활의 스타일이 달라졌다. 아니 나의 관심사가 달라지기 시작했다. 쇼핑하고 사치를 부리던 내가 공부를 하겠다고 결심한 것이다. 내적 만족감은 물질적 습득에 있는 것이 아니라 정신에 지적인 무엇인가를 넣어 줄 때 생기는 것이다.

내 속에 무엇인가를 가득 채우고 싶었다. 나는 고졸 출신의, 아무것도 드러낼 것 없는 미약한 존재였다. 단지 돈으로 나의 존재를 드러내려 한 것은 목이 잘린 아름다운 장미꽃에 불과한 몸부림이었다. 아무리 예쁜 꽃일지라도 뿌리가 없는 꽃은 언젠가는 시들어 죽고 만다. 현재 나의 상태가 그런 상황이라는 생각이 들었다. 그래서 나는 내가 심겨야 할 땅을 찾기 시작했다.

내가 선택한 땅은 바로 공부였다. 늦게 시작하는 공부는 당연히 힘들 것이다. 하지만 나는 살아 있는 생명력을 부여받기 위해서 시도하리라 굳게 결심했다. 식물을 처음 땅에 옮겨 심으면 몸살이를 한다. 적응 시간이 필요한 것이다. 물을 주고 며칠이 지나면 흙과 식물이 완벽하게 하나가 되어 처음처럼 싱싱한 생명력을 갖게 된다.

나 역시도 그런 식물처럼 적응기를 기꺼이 받아들이려 했다. 주변의 친구들은 더 이상 나와 함께 어울릴 수 없자 나에게 아쉬움을 표현했다. "뭐가 부족하다고 공부를 하느냐?", "그 지겨운 공부를 왜 하느냐?" 등등. 하지만 나는 내 속의 새로운 나를 찾고 싶었다. 존재감 없는 인생을 더 이상 이어 가고 싶지 않았다. 하나를 하더라도 의미 있게 나의 발자국을 남기고 싶었다. 사치라고 생각해도 좋았다. 어리석다고 생각해도 좋았다. 어떤 이에게는 질투를 불러일으킬 수도 있었다.

하지만 나는 개의치 않았다. 내 목표를 달성하기 위해 도전하기를 그만두지 않았다. 아이를 키우는 주부 입장에서 공부를 한다는 것은 쉽지만은 않은 선택이다. 한국의 엄마들은 자신의 인생보다는 자식의 인생을 더 크게 생각한다. 자식을 위해서 나 하나쯤이야, 라며 자신의 꿈은 과감히 포기한다. 그런 정신 때문에 한국의 자녀들은 많은 교육과 높은 고등교육을 받았다. 또한 그 덕분에 한국의 경제성장은 세계가 놀랄 만큼 가팔랐다. 전 세계를 놀라게 한 한국의 정신, 그게 바로 한국 엄마의 교육정신이다. 한국의 엄마가 치맛바람을 일으키면서 교육현장을 왔다 갔다 하며 내 아이를 돌보는 불굴의 정신은 가히 놀라울 정도다.

하지만 나는 자녀교육에만 몰입하지 않았다. 아이들에게 살아 있는 교육을 시키고 싶었다. '엄마도 이렇게 공부한다. 나이를 불문하고 늘 공부하며 성장한단다. 공부는 사람을 멋지게 탈바꿈시켜 준다' 이렇게 말이다. 내 아이들에게 직접 엄마의 공부하는 모습을 보고 배우게 하고 싶었다.

내 아이들은 공부하는 엄마를 항상 자랑스럽게 여겼다. 학교에 엄마가 오는 것을 좋아한다. 공부하는 엄마는 외모가 젊다. 시대의 흐름에 뒤처지지 않는다. 얼굴에 생기가 있다. 자신감이 살아 있다. 때문에 우리 아이들은 엄마를 공개 장소에서 보는 것을 아주 좋아하고 자랑스러워했다. 친구의 엄마들과는 뭔가 다르다고 했다.

나의 친구들은 호시탐탐 기회를 엿본다. 이제는 함께 시간을 보낼 수 있는지. 그러나 나는 늘 바쁘다. 학사, 석사 학위를 받고도 끊임없이 공부했다. 자격증을 딴답시고 서울과 경기도로 돌아다니느라 항상 바빴다. 친구들은 그런 나를 이해하지 못한다. 공부도 중독이라고 은근히 칼로 후벼 대는 말을 한다. 그러나 그런

말로도 나의 공부를 중단시키지는 못했다.

공부를 하는 일은 멋진 일이다. 자격증을 따면 딸수록 새로운 세계를 맛본다. '이런 것도 있구나. 이렇게 하면 이런 것을 할 수 있겠구나'라는 식의 아이디어들이 번뜩거린다. 자격증은 나에게 새로운 길을 열어 주기도, 안내하기도 했다. 그렇게 중독처럼 공부하다 보니 자격증 30여 개를 따기에 이르렀다. 자격증을 여러 개 따고 보니 내가 할 일들이 참 많았다.

옛말에 "재주가 많으면 가난하게 산다."라는 말이 있다. 그러나 그건 그야말로 옛말이다. 현대는 상황이 급변하는 시대다. 시대의 흐름이 매우 빠르다. 유행도 빨리빨리 변한다. 한 가지 재주만 갖고는 그야말로 밥 굶기 십상이다. 어제 유행했던 것이 금세 뒷전으로 물러나고 새로운 것으로 대체된다. 급변하는 세상을 따라가기 위해서는 다양한 지식과 다양한 기능을 배워 둬야 한다. 그래서 자격증을 여러 개 따 놓은 것이 나에게 참 유리하게 작용했다.

교육현장에서도 오늘 유행했던 과목이 금세 다른 과목으로 바뀐다. 오늘 이 과목으로 가르치다가 새로 뜨는 과목에 빠르게 승차한다. 언제나 나는 우선순위에서 앞선다. 이미 사전연구를 끝내고 자격증을 취득해 놓은 상태이므로 발 빠르게 움직여 탑승하는 것이다. 한 가지 재능에만 목매다간 금세 고물 취급을 받는 세상이다.

학생들을 가르치는 일에서는 어느 정도 자리를 잡았고 이젠 한발 뒤로 물러날 때다. 왜냐하면 내 나이 이제 불혹을 지나 지천

명에 이르고 있기 때문이다. 쓸데없는 욕심에서 조금은 벗어나 있게 된다는 뜻에서 쉰의 나이를 지천명이라 한다. 그러나 나는 이 또한 거스르고자 한다. 또 다른 일에 도전하고 있는 것이다. 바로 베스트셀러 작가가 되기 위한 공부를 하고 있다.

나는 작가 공부를 하기 위해, 작가가 되기 위해 단단한 결심을 했다. 마치 전시에 나가려고 무장한 군인과 같다. 어느 누가 말려도 절대 귀담아듣지 않을 각오로 임한다. 나의 도전은 너무나 확실했고 작가의 길을 확신하고 있기 때문이다.

이 일은 분명 나의 천부적인 재능을 드러낼 것이다. 나를 새롭게 탄생시킬 것이다. 나를 새롭게 창조할 것이다. 너무나 뚜렷한 확신이 있지만 비공개 작업에 착수했다. 주변의 부정적인 반응은 나를 다시 작아지게 할 것이고 나의 사기를 떨어뜨릴 것이기 때문이다. 나 스스로도 안 된다는 착각에 사로잡힐까 봐 철저히 혼자가 되어, 고립을 자처하며 공부하고 있다.

새로 시작한 나의 도전에 누군가는 어리석은 일이고 쓸데없는 짓을 한다고 질투의 눈짓을 보낼지도 모른다. 주변의 반응이 그러하다 할지라도 나는 쉬지 않을 것이다. 영원한 베스트셀러 작가가 되기 위해 끈기 있게 나를 단련시키고 훈련할 것이다.

18

돈키호테의 시대에 살아남기

김현정 자녀교육 전문가, 워킹맘 코치, 교육 컨설턴트, 전략기획 팀장

KAIST 졸업 후 외국계 컨설팅 기업의 IT 컨설턴트로 시작해 LG전자 본사 전략기획팀에서 일했다. 난치병 아이의 간병을 위해 퇴사 후 두 아이를 잘 키우겠다는 신념으로 교육대학원에 늦깎이로 입학해 교육학을 전공했다. 현행의 학교 시스템으로는 아이의 미래 역량을 키울 수 없는 교육의 위기를 깨닫고 아이들을 지금처럼 키워서는 안 된다는 문제의식을 가지고 자녀교육 전문가로 활동하고 있다. 현재 국내 교육기업의 전략기획 팀장으로 일하고 있으며, 책과 강연을 통해 학부모들과 소통하고 있다.

• E-mail carlyslab22@gmail.com　　　• Blog blog.naver.com/carly7

　　의사, 회계사, 변호사, 공무원, 삼성 임원, 기업체의 사장. 내가 책을 준비하면서 만난 예비 작가들의 직업이다. 그들은 자신의 이름을 걸고 사업을 하고 있는 전문직 종사자거나 소속된 조직의 고위 임원들이었다. 나이도 각양각색이었다. 인생 후반을 준비하는 40대가 주를 이뤘지만, 30대도 많았고 60대도 있었다. 세상 사람들이 보기에는 아쉬울 것 없어 보이는 그들이 인생 2막을 준비하느라 치열한 하루를 살고 있었다. 그들은 왜 정상에서 다시 시작하려 하는 것일까.

나는 하이 스펙 직장인이다. 카이스트 수석 졸업, 2개의 석사학위, 특대장학생, 이를 받쳐 줄 평점 4.3의 성적과 토익 만점 성적표의 보유자다. 모두가 취업이 어렵다 할 때도 가볍게 취업했다. 공부는 만만했고 성적 따기가 제일 쉬웠다. 공부에 관한 한 어떤 아이를 가르쳐도 1등으로 만들 수 있는 확실한 공부법도 알고 있다. 1등으로 살아온 인생이다.

　부모님의 지원으로 쌓아 올린 고스펙 덕분에 첫 입사 관문 통과는 쉬웠다. 외국계 기업에서 애널리스트로 일을 시작하고 나니, 첫 출장에 1등석 비행기 티켓이 나왔다. 최고급 호텔에서 묵었고 국내외 대기업들의 접대가 줄을 이었다. 뛰어난 영업 실적으로 전 세계 애널리스트 중 한 해 10명에게만 수여되는 글로벌 펠로우십을 신입 주제에 낚아챘다. 모두의 꿈이었던 해외 지점 발령도 받았다. 정점을 향해 치닫던 바로 그때, 모두가 부러워하는 최고의 직장을 때려치웠다. 겉멋 든 컨설턴트가 아니라 제조업 바닥에서부터 제대로 배우고 싶은 욕망을 이길 수 없었다. 모두가 제정신이 아니라고 했지만, 그렇게 편안히 늙고 싶지는 않았다. 한창때 치열하게 배우고 치달으며 살고 싶었다.

　대기업 임원들과 골프 치고 접대받던 컨설턴트가 대리 말년 차로 들어갔다. 스타 장성들만 들어간다는 전략기획팀에 없던 자리를 만들어 입사했다. 덕분에 낙하산 인사라는 오해도 받았다. 하지만 일하는 족족 인정받으며 승진을 꿰찼고 연이어 좋은 기회들이 주어졌다. 여성 임원이 될 수도 있겠다며 쾌속하던 시점에 나는 회사에 다시 사직서를 냈다. 고액 연봉을 포기하고 모두의 꿈인 대기업을 그만두겠다고 하니, 다들 미쳤다고 했다. 그때의 내게는 아이가 전부였다. 나는 교육대학원에 늦깎이 학생으로 입학했다. 마음속엔 오로지 아이를 잘 키워야 한다는 사명감뿐이었다.

목표가 있었기 때문에 정상에서 호쾌히 내려올 수 있었다. 두 근거리는 가슴과 성공할 것이라는 직관을 믿고 미련 없이 내려왔다. 다시 바닥에서 고된 노력을 해야 했다. 하지만 다시 올라갈 것이라는 확신이 있어 두렵지 않았다. 아이들을 잘 키우겠다는 마음 하나로 교육기업을 선택했다. 중책을 맡으며 핵심 부서들을 전담했다. 두 아이를 중학생으로 키우고 나니, 마흔 중반 커리어우먼은 모두가 부러워하는 정상에 다시 서 있었다. 세 번째 정상에서, 이제 나는 네 번째 도전을 준비하고 있다. 정상이 주는 포근한 안정을 누려야 할 40대 중반에 나는 왜 도전을 준비하는 것일까.

제2의 인생을 준비하는 의사, 변호사 등의 전문직 명함 뒤에는 내 스펙을 훨씬 웃도는 스펙들이 줄 서 있다. 그들은 더 많이 공부했고 더 길게 책상에 앉아 있었다. 그들은 스카이 간판을 따고도 고난이도의 자격 과정 시험을 준비했다. 어렵다는 대기업 입사 관문을 통과하기에 부족함 없는 대한민국 최고의 스펙을 가지고 있다. 그렇게 길게 공부하고 힘들게 인내해 성취한 인생의 정상에서 그들 역시 다시 시작을 준비하고 있었다. 전문직조차도 하향 평준화되는 다음 세상을 그들은 두려워했다. 기존의 가치가 모두 소멸되는 신세계에서 기존의 스펙이 작동하지 않으리라는 것을 고스펙자들은 먼저 알고 있었다.

학교에서 만났던 그 많던 1등은 어디로 갔나. 지금 내가 사는 세상의 1등은 학교의 1등은 아니었다. 성공한 리더들의 학교 성적표를 파 보면, 뒤에서 등수를 세는 게 빠른 공부 지진아들이 더 많았다. 심지어 그들은 학교를 박차고 나갔기에 더 빨리 성공했다고 이야기한다. 커서 뭐가 되려느냐며 손가락질 받던 문제아들이었다고 그들은 고백한다. 행복이 성적순이 아니었던 것처럼, 성공도 성적순이 아니었다.

부모님은 최고의 직장을 때려치운 나를 지금도 아쉬워하신다. 지금은 임원이 된 대기업의 선배들 역시 후회하지 않느냐고 묻는다. 단연코 후회는 없다. 퇴직 후에도 몇 번이나 복직 기회를 준 대기업의 배려는 한없이 감사하다. 하지만 다시 돌아갔다면 나는 인생 2막을 준비할 배짱을 키우지 못했을 것이다. 언제나 정상에서 나는 새로 시작했다. 이제 다시 네 번째 도전을 홀로 시작하고 있다. 이번 도전은 몹시 험난하고 외로워 보이기까지 한다. 나는 왜 이런 바보 같은 선택을 하는 것일까. 나는 정말 바보인 것일까.

나는 회사와 꿈을 구별하지 못했다. 회사를 위해서만 사느라,

자신의 인생을 사는 법은 모르는 바보였다. 일을 잘하니 일은 더 몰렸다. 심한 업무 스트레스와 과로로 쓰러졌다 깨어 보니 유방암 말기였다. 다행히 오진이었지만, 죽음에 직면해서야 나를 속박하던 모든 규범을 깰 수 있었다. 길들여진 모범생으로 살며 1등 자리에서 정상을 지켜야 한다는 규범을 스스로를 파괴하고야 깰 수 있었다. 내가 만든 스펙 속에서 죽어야 깰 수 있는 규범에 갇혀 살았음을 깨달았다. 1등자리는 그토록 무섭고 잔인했다.

돌아보니 자기 인생은 못 살고 회사의 노예로 인생을 살아온 고스펙 바보들이 주변에 수두룩했다. 꿈과 일을 구별하지 못해서 뒤늦게 손에 들어온 자기 인생을 어떻게 살아야 할지 몰라 방황하는 중년이 넘쳐 났다. 단순히 중년만의 고민은 아니었다. 입사 후 인생의 목표를 잃은 신입사원들까지 스펙에 갇힌 인생들이 회사에 가득했다. 현대판 노예들이 자신이 주인인 양 착각하며 살아가고 있다는 말이 머리를 울렸다.

우리는 너무 오랫동안 세뇌되어 스펙의 울타리에서 평생 노예로 살아간다. 진짜 내 인생의 주인이 되려면, 나를 속박하고 있는 모든 규범을 깨고 1등의 족쇄를 집어던져야 했다. 화려한 포장 뒤에 진짜 내 인생은 없었다는 것을 죽음에 직면해서야 깨달았다. 나는 겁쟁이였다. 스펙이 정해 준 껍질 인생을 대신 살면서 진짜 인생은 살아 보지 못한 헛똑똑이였다.

나는 흔쾌히 세상이 말하는 바보가 될 것이다. 여러 번 해 봤기 때문에 한 번 더 정상에 오르고 또다시 바닥에서 시작할 배짱도 준비되어 있다. 남의 인생이 아니라, 내 인생을 살겠다는 단단한 결심으로 충만한 하루를 산다. 출근 전 2시간, 퇴근 후 3시간, 주말에도 옹골차게 인생 2막 홀로서기를 준비하고 있다. 잊고 살았던 내 안의 돈키호테가 깨어난 덕분에 나는 미래라는 풍차를 향해 막힘없이 돌진 중이다.

아이러니하게도 모든 것을 버리고 새로 시작하는 나 같은 고스펙 바보들이 점점 더 많아질 것이다. 역설적으로 1등의 자리를 지키는 방법은 정상에서 떠나는 것이다. 정상에서 시작해야 흔들림 없이 전진할 수 있음은 물론이고 다음을 위해 후회 없이 정상의 자리를 떠날 수 있다. 정상에서 떠날 수 있는 돈키호테의 용기가 우리의 진짜 인생을 되찾게 해 줄 것이다. 이제 가슴 벅찬 진짜 내 인생을 맞닥뜨리자. 돈키호테의 시대가 왔다.

19

선한 꿈 또라이로
인생 2막 살기

고은정 치위생과 교수, 청춘 멘토, 공부법 코치, 자기계발 작가, 동기부여가

치위생과 조교수로 재직 중이며 학생들의 꿈 멘토다. 워킹맘으로 바쁜 와중에도 끊임없는 자기계발을 하고, 아들을 외국어 고등학교에 입학시켰다. 그 경험과 노하우를 바탕으로 현재는 공부법에 관한 개인저서의 출간을 앞두고 있다. 저서로는 《꼭 이루고 싶은 나의 꿈 나의 인생》이 있다.

• E-mail tooth2005@naver.com   • Blog blog.naver.com/tooth2005
• C·P 010·3563·7697

우리는 누구나 주변 사람들과 관계를 맺고 산다. 인간관계는 가정에서 시작된다. 가족관계를 시작으로 학교생활과 사회생활로 영역을 넓혀 간다. 원만한 인간관계는 서로를 배려해야 오래 지속된다. 우리는 누군가에게 부탁하는 데 익숙하지 않다. 타인의 시선을 신경 쓰지 않을 수는 없지만 지나치게 의식하는 경우가 많다. 결국 이런 행동은 모범적인 생활을 하도록 강요한다.

나는 지금까지 부모님을 걱정시켜 드리지 않기 위해 노력하며 살았다. 남들과 같이 평범한 삶을 살았다. 대학을 가고 직장생활

을 하고 결혼을 하는 아주 전형적인 삶을 살았다. 공부를 잘하지는 못했지만 순탄하게 평범한 가정의 딸로 성장했다.

문득 내 삶을 돌아보니 남의 시선에 얽매이며 살아온 것 같다. 언제나 모범적인 답에 맞추어 살아온 것 같다. 조금 다르게 생각하고 행동해도 되는 일도 남과 다른 결정을 하면 큰일이라도 나는 것처럼 두려워했다. 정해진 길을 가는 것이 당연하고 잘하는 것이라 여기며 살아왔다. 그러나 이제는 생각이 변했다.

워킹맘으로 살면서 나 자신의 존재 가치를 생각해 보았다. 꿈이 생기고 난 후부터 나는 자기계발을 하는 데 집중했다. 조금 다른 인생을 살아 보자고 다짐한 계기는 책을 보면서 비롯되었다. 이미 내 인생의 길은 정해져 있다고 생각하고 살아온 시간을 바꾸기 위해서는 행동이 답이었다.

주위에서는 나를 이상하게 생각했다. 왜 직장생활 잘하다가 비싼 학비를 투자해서 학위를 취득하려 하는지 이해하지 못했다. 꿈이 치위생과 교수라고 말하면 사람들은 교수는 아무나 되냐고 했다. 마치 답이 정해져 있는 것처럼 결론을 내렸다. 그럴수록 나는 '어디 두고 보자. 꼭 교수가 되어 한마디 해 주리라'라고 다짐했다.

나의 또라이 기질은 새로운 꿈을 가지면서 발동한 것 같다. 나중에 후회하는 것보다 지금 해 보는 것이 미련이 없을 것이다. 시간만 보내고 후회하는 것보다 일단 시작하면 무엇이든 얻는 것이 있을 것이라 확신했다. 꿈을 이루기 위해서는 최소한 꿈 주변에는 있어야 한다고 생각했다. 비록 실패할지라도 일단 부닥쳐 보기로 했다. 이런 실행력은 자기계발 도서를 보며 성공자의 모습을 끊임없이 각인시켰기 때문에 가능했다. 당시 대학원 학비가 다 준비된 것도 아니었고 교수가 된다는 보장도 없었다. 그럼에도 불구하고 앞만 보고 달렸다. 누가 뭐라고 해도 무시하고 미친 듯이 살았다.

새로운 꿈에 대한 도전은 남이 보면 돈 쓰며 사서 하는 고생이다. 그러나 자신에게는 최고의 자기계발이다. 그렇게 나는 워킹맘으로 바쁘게 살면서도 꿈을 향해 전진하는 배짱을 부렸다. 현재 그 꿈 또라이는 교수로 살고 있다. 생각만 하고 있으면 그것으로 끝이다. 무엇이든 실행하지 않았다면 지금의 내가 존재할 수 없다. 적어도 나는 우리 아이들에게 자신 있게 조언할 수 있다. 좋은 직업을 선택하라고 말하기보다 자신이 좋아하는 일을 찾고 도전하는 것이 꿈이라고 말할 수 있다. 그리고 그 꿈을 지지하고 응원하는 부모가 될 수 있음은 말할 것도 없다. 남의 시선을 의식해서 좋은 직업을 선택하는 것은 행복한 삶으로 이어지는 선택이 아니다.

언제나 나의 꿈은 현재진행형이다. 나는 새로운 꿈에 도전했다. 책을 보며 강력하게 끌렸던 작가가 나의 또 다른 꿈이다. 작가의 꿈 역시 아무나 이룰 수 있는 것이 아니라고 주위에서 우려했다. 책 또한 정해져 있는 사람만 쓸 수 있는 것처럼 의심스러워하는 시선을 보냈다.

나는 다시 꿈 또라이가 되기로 결심했다. 교수도 했는데 작가도 당연히 할 수 있을 것이라고 두 번째 배짱을 부렸다. 세상은 자신이 아는 만큼 볼 수 있는 것이 확실했다. 나는 책을 쓰면서 꿈 또라이가 많음을 알게 되었다. 꿈 또라이들은 공통점이 있다. 자신의 지식을 나누기를 바란다. 즉, 세상에 퍼 주는 선한 또라이가 되려는 것이다. 선한 또라이들은 하나같이 평범하지 않다. 모범생이 아니라고 걱정할 필요는 없다. 나의 경험과 지식을 나눌 수 있다면 누구나 선한 또라이가 될 수 있다.

나는 인생 2막을 선한 꿈 또라이로 살고 싶다. 이제는 누군가에게 구속되고 보여 주기 위한 존재가 아닌, 내가 주체가 되는 삶을 살고 싶다. 그 선택의 도구로 책은 나에게 아주 소중하다. 이제는 책을 보는 수준에서 더 나아가 책을 쓰는 수준의 삶을 지향한다.

지식을 나누는 삶은 가치가 있다. 누군가의 삶에 희망을 주고 변화를 가져다준다는 것은 가슴 뛰는 일이다. 글을 쓴다는 것은 여러 사람과 소통할 수 있는 통로가 된다. 이제부터는 소통의 통로를 계속해서 발전시켜 나갈 것이다.

정해진 대로 사는 하루가 아닌, 내가 주체가 되는 하루하루를 영위해 나갈 것이다. 나는 여기서 만족하지 않는다. 꿈 또라이로서 사람들과 소통하며 강연가인 나를 세상에 알릴 것이다.

우리는 물건을 마케팅하는 수준을 넘어 자신을 마케팅하는 시대에 살고 있다. 온라인 세상은 무궁무진하다. 꿈 또라이들은 바쁘다. 매일 새로운 아이디어를 생각해 내고 현재에 만족하지 않는다.

　나는 인생 2막에 경제적인 자유 또한 누리고 싶다. 지금까지 정해진 월급에 만족하며 내가 가진 것에 감사하면서 살았다. 사회가 제도적으로 정한 기준에 맞추는 것을 당연한 듯 살아왔다. 그러나 꿈 또라이가 되면서 내가 정한 기준으로 세상을 바꿀 수 있다는 것을 알게 되었다.

　세상은 늘 기회를 주고 있는데 사람들은 알아채지 못한다. 자신에게 오는 기회를 잡지 못한다. 남들과 다른 인생을 살고 싶다고 외치면서도 매일 하는 행동에는 변화가 없다.

　성공의 기준은 사람마다 다르다. 지금 너무나 바쁘고 시간이 빨리 간다고 느껴진다면 당신은 성공의 길을 걷고 있는 것이다. 반면 인생의 회의감이 느껴지고 무료하다면 꿈이 없는 사람이다. 인생이 지루하고 재미없다면 몸부터 움직이자. 육체를 움직여야 삶에 활력이 솟는다.

　나는 건강한 몸과 마음을 갖기 위해 운동을 시작했다. 다이어트 노래만 부르지 말고 당장 걷기부터 실행해 보자. 매일 할 거라고 외치기만 하면 달라지는 것은 없다. 무슨 일이든 자신이 직접 경험하면 자신감은 상승한다. 매일 습관적으로 하는 일을 떠올려 보자. 그 일은 아마 남들보다 분명히 잘할 것이다. 일상에서 꿈을 찾아야 한다. 내가 하는 운동도 나의 또 다른 꿈이 될 수 있다. 매일 즐겁게 한다면 자신의 꿈이 될 수 있다. 앞으로 어떤 꿈과 또다시 마주하게 될지 기대된다.

나는 작가의 꿈을 이루고 사람들과 소통하기 위해 블로그와 카페도 운영한다. 잘하지 못해도 일단 시작했다. 하나씩 내가 할 수 있는 영역이 늘어난다는 것은 신나는 일이다. 배움 속에서 또 어떤 일들이 일어날지 기대된다. 아무것도 시도하지 않으면 제자리에 머무를 수밖에 없다.

여러분도 꿈 또라이 대열에 들어오길 바란다. 우울할 시간이 없다. 하루가 너무 바쁘다. 지금 하는 일로도 충분히 바쁘다고 초대를 사양한다면 당신은 현실에 만족하고 살아야 한다. 세상은 나의 재능을 펼치는 무대다. 주저하지 말고 과감하게 행동해야 한다. 세상에 널려 있는 부와 시간적 여유를 누리고 싶지 않은가?

당당히 세상을 향해 도전하라. 선한 또라이들은 도전을 주저하지 않는다. 꿈은 가슴을 뛰게 한다. 자신이 원하는 만큼 세상을 가질 수 있게 한다. 당신의 멋진 도전을 응원한다.

20

어제와 같은 오늘 살지 않기

정성원 '한국취업코칭협회' 대표, 취업 컨설턴트, 대한민국 청춘 멘토, 동기부여 강연가

취업을 위해 이력서를 넣는 과정에서 수백 통이 넘는 불합격 통지서를 받으며 깨달은 취업의 노하우를 취준생들에게 공유해 주고 있다. 또한 인생을 즐기는 동시에 존중받으며 사는 법을 알려 주는 '대한민국 청춘 멘토'의 꿈을 향해 달려가고 있다. 취업 컨설턴트를 넘어 책 쓰기, 올림픽 성화 봉송, 영화 제작, TED 강연 등 인생에서 꼭 이루고 싶은 꿈들을 하나씩 실천하는 중이다. 저서로는 《취업하려고 이력서 1,000번 써봤니?》, 《꼭 이루고 싶은 나의 꿈 나의 인생》, 《인생을 바꾸는 감사일기의 힘》, 《나는 책쓰기로 당당하게 사는 법을 배웠다》, 《보물지도9》 등이 있다.

• E-mail qktp3@naver.com   • Blog blog.naver.com/qktp3
• Cafe vjob.co.kr   • C·P 010·5025·5022

'노 알콜(No alcohol) 또라이'

스무 살 때 붙여진 나의 별명이다. 문구 그대로 술을 마시지 않고도 또라이처럼 생각하고 행동한다고 해서 붙여졌다. 학창 시절부터 나는 보통 사람들과는 다르다는 이야기를 자주 들었다. 나는 남들이 당연하게 받아들이는 것들을 못 받아들여 힘들어할 때가 많았다.

또한 나는 해 보고 싶은 것들이 많았다. TV를 통해 격투기 경기와 해외축구 경기를 보면서는 체육 선생님이 되고 싶다고 생각

했다. 기말고사 수학문제를 전교생 중 나 혼자만 맞혔다는 사실을 알았을 때는 수학 선생님이 되고 싶었다. 하지만 나는 공과대학의 꽃인 기계공학과에 진학하고 졸업했다.

대학 졸업 후 나의 자존감은 1년 동안 아주 바닥이었다. 취업을 하지 못해서였다. 다른 친구들은 모두 취업을 하고 졸업했지만 나는 불합격 서류만 잔뜩 안고서 덜컥 졸업을 한 것이다. 럭비공처럼 어디로 튈지 모르는 내 성격을 나 자신도 알고 있었기 때문에 더 불안했었다.

하지만 나는 전공을 살려 삼성에 연구원으로 취업했고, 20대라는 젊은 나이에 5권의 책의 저자가 되었다. 또한 죽기 전에 잊을 수 없는 특별한 경험을 해 보고 싶어 '2018 평창 동계올림픽 성화 봉송주자'에 지원했다. 간절했던 소망은 현실이 되었다. 건강한 몸에 약간의 긴장감을 가지고 행복한 하루하루를 보내고 있다.

주변 사람들은 "너 정말 대단하다."라고 이야기들을 한다. 나도 사람인지라 이런 칭찬을 들을 때면 기분이 좋다. 하지만 나는 아직 내가 성공했다고 생각하지는 않는다. 내가 정의하는 성공한 사람은 시간과 돈으로부터 완벽하게 자유로운 사람이다.

나에게는 남들이 원하는 기업에 취업하고 죽기 전에 이루고 싶은 버킷리스트들을 20대에 이룬 몇 가지 비법이 있다. 그 세 가지 비법은 다음과 같다.

첫째, 할 수 있는 일은 즉시 행동으로 옮긴다. 행동력을 높이는 데 가장 크게 작용하는 비법이다. 작은 성과라도 맛보게 되면 다음 행동으로 자연스럽게 이어진다. 그것이 공부든 업무든 운동이든 말이다.

대학생 시절 해내야 할 과제의 양은 엄청났다. 수업에 들어갈 때마다 하나씩 과제가 주어졌으니 말이다. 하루에 전공과목만 네 과목인 요일도 있었다. 수업을 듣는 것만으로도 힘에 부쳤다. 그렇다 보니 3교시에 제출해야 할 과제들을 2교시에 베끼는 친구들이 많았다. 나도 그렇게 허둥지둥 과제를 하는 편이었다. 주말에도 과제 생각 때문에 편히 쉬지 못했다. 작은 모임에도 참석하지 못했었다. 나는 이렇게 쫓기듯 학교생활을 하는 것이 너무 싫었다. 그래서 과제를 받은 그날 과제를 다 해치우도록 나의 습관을 고쳤다.

화요일에 4개의 전공과목 과제가 주어지면 무슨 수를 써서라도 당일 과제를 마무리 지었다. 그렇게 하면 그날 배웠던 학습 내용이 정리되었다. 뿐만 아니라 내가 어떤 부분에 약점이 있는지 알 수 있었다. 과제를 해결하는 데 주어지는 기간은 대부분 일주일이었다. 그런데 이렇게 미리 과제를 하니 일주일 동안 정말 홀가분한 마음으로 캠퍼스 안과 밖을 누빌 수 있었다.

회사에 입사한 후 이 습관이 회사생활에 큰 도움이 되었다. 직장 상사가 업무를 지시하면 그 자리에서 처리해 버렸다. 바로 마무리할 수 없는 업무라면 시작이라도 했다. 그렇게 업무를 처리하다 보니 나만의 일하는 순서가 정해졌다. '빨리 처리할 수 있고 쉬운 일', '시간이 걸리지만 쉬운 일', '빨리 처리할 수 있는 복잡한일', '시간도 오래 걸리고 복잡한 일'. 업무를 받으면 이렇게 네 유형으로 분류했다. 그러곤 빨리 처리할 수 있는 쉬운 일과 빨리 처리할 수 있는 복잡한 일을 먼저 끝냈다.

일단 작은 성취감이라도 맛봐야 더 큰 성취감을 기대하며 일을 즐길 수 있다. 조금씩 성취감을 맛보며 업무 자체를 즐기다 보니 다른 사람들보다 좋은 성과가 나온 것이 아닐까 싶다. 이 사실을 알기 때문에 회사 업무가 아니더라도 내가 하고 싶은 일이 생기면 생각난 즉시 행동으로 옮긴다. 하고 싶은 일을 즐길 줄 알기때문에 일주일, 한 달, 1년을 즐겁게 생활한다.

둘째, 안 될 일도 되도록 만든다. 보통 사람들은 목표가 높으면 이루지 못할 것이라는 생각부터 한다. 나 또한 너무 무리한 목표여서 시작하지 않는 것이 차라리 이롭다고 생각할 때도 있다. 하지만 그럴 때마다 안 될 이유보다 될 수밖에 없는 이유를 찾는다. 책 쓰기를 이런 생각으로 시작했다.

삼성에 입사하며 동기들과 연수를 받을 때 작은 드림보드를 만들었다. 일생 동안 하고 싶은 일들 중 아홉 가지를 적고 그림을 그려 벽에 걸어 두는 것이었다. 그중 한 가지가 '책 한 권의 저자

되기'였다.

막상 책을 쓰려고 하니 책은 아무나 쓰는 것이 아닌 것 같았다. 집필하다 중도에 포기하면 시간만 낭비할 것 같았다. 하지만 관점을 바꾸니 모든 것이 달라졌다. 죽기 전에 해 보고 싶은 일이고 포기하지만 않으면 책 한 권은 쓸 수 있다고 생각한 것이다. 관점을 바꾸니 불가능하다고 생각했던 일이 가능해 보였다. 그래서 책 쓰기를 가능할 수밖에 없는 일로 만들어 버렸다. 안 될 이유를 찾는 것이 아니라 될 수밖에 없는 이유를 찾은 결실이다. 결국한 줄 한 줄 써 내려가기 시작했고 '책 한 권의 저자 되기'가 이루어졌다.

무엇을 하더라도 할 수 없는 이유들은 많다. 하지만 할 수 있는 이유들도 분명히 존재한다. 할 수 있는 이유들만 모으면 목표에 도전할 수 있고 결국은 목표를 성취하게 된다. 할 수 있다, 없다는 누가 정해 주는 것이 아니라 스스로가 판단하는 것이다. 남들이 아무리 뜯어말려도 자신이 할 수 있다고 생각하면 그것은 분명 할 수 있는 일이다.

셋째, 행복을 최우선 순위에 둔다. 카메다 준이치로의 《부자들은 왜 장지갑을 쓸까》라는 책을 보면 이런 구절이 나온다.

"부자이면서 행복하고, 부자이지만 불행하고, 가난하지만 행복하고, 가난하면서 불행한 사람. 이 중에서 당신은 어떤 인간이 되고 싶습니까?"

나는 부유하든 가난하든 행복하게 사는 인간이 되고 싶다는 생각으로 살았다. 지금까지 살아오면서 내가 경제적으로 부유하다고 느낀 적은 단 한 번도 없다. 그래도 주어진 상황이 행복하다고 느낀 적은 수도 없이 많다. 가정이 화목해서 행복하고, 작은 것에 감사할 줄 아는 사람들이 많아서 행복했다.

신기하게도 행복한 상상을 하고 감사한 마음을 가지니 인생이 바뀌었다. 내가 돈을 좇지 않아도 돈이 알아서 나를 찾아왔다. 나는 지금보다 몇 배는 더 부유하면서 동시에 행복하게 살아갈 것이라고 확신한다. 무엇을 위해 열심히 살아가고 있는지 생각해 보기 바란다. 생각을 마치면 아마 지금의 조건이 감사하다고 느껴지고 행복도 스스로 찾아올 것이다.

어린 시절부터 매사에 적극적이긴 했지만 하루 24시간 동안 최선을 다하며 살게 된 계기는 따로 있다. 죽을 뻔했던 두 번의 교통사고 덕분이다. 나는 일곱 살 때 큰 교통사고를 당했다. 정말 죽을 뻔했지만 너무 어렸기 때문에 무서운 사고인지 몰랐다. 두 번째 교통사고는 스물세 살 여름에 일어났다. 친구들과 여행을 떠났는데 거기서 자동차 사고가 났다. 내리막길의 급커브 구간에서 차가 중심을 잃고 전복된 것이다. 전복되기 전 자동차는 휘청거리다 완전히 뒤집어져 100미터 이상을 미끄러졌다. 다행히 뒤따르는 차가 없어 죽지는 않았다. 차가 반대편 차선으로 넘어갔거나 고가도로 밑으로 굴러떨어졌다면 혹은 뒤따르는 차가 추돌을 했다면 탑승자 전원이 무사하지 못했을 것이다. 사고가 난 후 몇 달이 지나고 문득 이런 생각이 들었다.

'오늘 당장 죽는다면 나는 살아온 삶을 후회할까?'

대답은 '그렇다'였다. 이 생각을 한 후부터 나는 더욱 악착같이 살았다. 매분 매초가 감사하게 느껴졌다. 그런 감사를 잊지 않고 후회 없는 삶을 살기 위해 현재 나는 타인에게 선한 영향력을 전파하며 살아가고 있다. 노력하지 않은 채 잘살기를 바라는 사람이 아닌, 열심히 노력하며 사는 사람들을 돕고 있다. 나의 시간과 에너지를 투자해서 말이다.

경제적으로 더욱 여유로워져 장학재단을 설립하고 어려운 사람들을 돕는 상상을 해 보았다. 그 상상을 현실로 이루기 위해서는 많은 돈을 버는 방법을 터득해야 했다. 주변에 이 같은 삶을 사는 사람들이 없었다. 그렇기 때문에 어떻게 부자가 되는지, 경제적 그리고 시간적인 자유를 어떻게 가지는지 알 수 없었다. 하지만 간절하면 이루어진다고 했던가. 그 방법을 책 속에서 찾았다. 책 속에는 부자가 되는 방법도 있었고 남을 돕는 방법도 자세하게 나와 있었다. 책 속에서 많은 삶의 교훈들을 배웠다. 그러다

내가 알고 있는 지혜를 사회에 전파하고 싶어 책을 집필해 나가고
있다.

　행동하는 또라이의 성공 비법으로 세 가지를 들었지만 그 시
작은 간절함과 책이다. 나는 앞으로도 또라이 작가, 또라이 코치,
또라이 강연가로 활동할 것이다. 이 세상에 크고 선한 영향력을
전파하며 살아가겠다고 한 번 더 다짐한다. 행복과 성공을 꿈꾸
는 이 세상 모든 사람들을 응원한다. 평범하게 살고 싶다면 어제
처럼만 살면 된다. 특별하게 살고 싶다면 쳇바퀴 도는 것 같은 일
상에서 벗어나 행동부터 해 보자.

또라이들의
전성시대 2

| 21~30 |

김영숙 이진아 조봉선 양현진

신상희 송세실 김은숙 이동규

임원화 김용일

대한민국 엄마들의 꿈을
찾아 주는 강의하기

김영숙 교육행정공무원, '덧셈육아연구소' 대표, 워킹맘 육아 멘토, 직장인 글쓰기 전문가, 자기계발독서 전문가, 자기계발 작가, 동기부여가

엄마 경력 8년 차로 두 아이를 키우는 평범한 워킹맘이다. 현재 아이들과 공감대를 형성하고 아이들의 롤모델이 되기 위해 열심히 공부하고 있다. 저서로는 《내가 두 아이를 키우면서 배운 것들》, 《꼭 이루고 싶은 나의 꿈 나의 인생》, 《미래일기》, 《부모님께 꼭 해드리고 싶은 39가지》, 《되고 싶고 하고 싶고 갖고 싶은 47가지》, 《되고 싶고 하고 싶고 갖고 싶은 40가지》, 《나는 책쓰기로 당당하게 사는 법을 배웠다》 등이 있다.

• E-mail iamgod100_@naver.com   • Blog blog.naver.com/iamgod100_
• Cafe cafe.naver.com/cubeadvice

"나에겐 꿈이 있었다. 사람들을 가르치고, 글을 쓰고, 수많은 청중 앞에서 강연하는 상상을 했다. 나는 무대에 오른 나 자신을 보았다. 또 저명한 작가인 나를 알아보았다. 이 상상은 내가 어떤 사람이 될 수 있다거나 되어야 한다는 다른 어떤 사람의 생각에도 방해받지 않을 나의 이상이었다."

웨인 다이어의 《확신의 힘》을 읽으면서 마치 내가 쓴 것처럼 나의 꿈에 대한 이야기가 적혀 있는 이 부분에서 깜짝 놀랐다. 나

의 꿈도 작가가 되고, 수많은 사람들 앞에서 강연하는 것이었기 때문이다.

내가 처음부터 작가라는 꿈을 가지고 살았던 것은 아니다. 내가 작가라는 꿈을 가진 것은 불과 1~2년 정도 되었다. 워킹맘으로 아이를 키우면서 힘든 상황에서도 작가라는 꿈을 놓지 않았더니 작가가 되었다. 사실 내가 아이를 낳은 것도 기적이고, 책을 쓴 것도 기적이다. 포기하지 않으면 꿈은 이루어진다는 것을 알게 되었다. 또한 내가 상상하면 꿈이 현실이 된다는 것도 알게 되었다.

나는 아이를 어렵게 낳았다. 몸이 약한 탓에 두 번이나 유산하며 결혼생활 4년 동안 심리적·육체적으로 너무 힘들었다. 아이를 낳기 전, 그 시절 나의 인생 목표는 아이를 낳는 것이었다. 아이를 낳기 위해서 병원도 다니고 좋다는 약도 많이 먹었다. 그러나 소용이 없었다. 체력을 길러야겠다는 생각으로 운동을 시작했다. 정말 독하게 마음먹고 매일 운동을 했다. 그렇게 해서 결국 결혼 4년 만에 첫아이를 낳을 수 있었다.

아이들과 생활하면서 아이들과의 일상을 책으로 써 보고 싶어서 무작정 책 쓰기를 시도했다. 직장을 다니면서 아이들을 키우는 것만으로도 벅찼다. 그래도 꿈을 향해 느리지만 꾸준히 공부하고 글을 써서 작가가 될 수 있었다. 무엇이든 된다는 확신을 가지고 포기하지 않으면 결국에는 꿈이 이루어진다는 것을 알았다.

아이들을 키우면서 힘들다고 아무것도 시도하지 않았다면 지금 나는 작가가 되지 못했을 것이다. 내가 작가라는 꿈을 꾸고 꾸준히 행동했기 때문에 책이라는 결과물이 나왔다.

주변 사람들은 내가 책을 쓰자 다들 놀라워했다. 어떻게 하면 작가가 될 수 있냐고 궁금해하기도 했다. 그래서 "명확한 목표를 설정하고 꾸준히 행동하고 포기하지 않으면 됩니다."라고 말해 주었지만, 그들은 "나는 할 수 없으니까 하지 않는다."라고 말하곤 했다. 평범한 사람들은 자신이 하지 못하는 이유를 먼저 생각한다. 꿈을 이루기 위해서는 하지 못하는 이유를 꼭 해야 하는 이유로 만드는 것이 중요하다.

책을 쓰기 전에 나는 글을 잘 쓰는 사람이 아니었다. 심지어 책도 많이 읽지 않았다. 책 한 권을 읽는 데 시간이 많이 걸렸다. 책을 끝까지 읽어도 내용이 잘 생각나지 않을 때가 많았다. 아이들을 키우면서는 시간이 없어서 그나마 조금씩 읽던 책도 많이 읽지 못했다. 그러나 작가는 태어나는 것이 아니라 만들어진다는 말을 믿었다. 나는 진짜 한글만 읽고 쓸 줄 알면 책 쓰기는 된다고 생각하고 책 쓰기에 도전했다.

처음 책을 쓰기 시작할 때는 아이처럼 아무것도 몰랐다. 그러나 포기하지 않고 꾸준히 노력했더니 결국은 책이라는 결과물을 손에 쥘 수 있었다. 그리고 나는 작가가 되었다. 책이 나오자 강연도 자연스럽게 하게 되었다.

책을 쓰면서 힘들 때마다 웨인 다이어의 《확신의 힘》을 꺼내서 읽고 또 읽었다. 그러면서 내가 지금 당장 작가가 되어 글을 쓰고 수많은 청중 앞에서 강연하는 상상을 했다. 실제로 내가 쓴 책이 나오자 강연 요청이 쇄도했다. 책을 쓰고 난 지금은 내가 꿈꾸었던 것이 현실이 되었고 일상이 되었다.

처음에는 소심한 내가 강연을 하는 것은 너무 무리라고 생각했고 두려움이 앞섰다. 그러나 두려움에 정면으로 맞서야 문제를 해결할 수 있다는 것을 알게 되었다. 그래서 불안하고 걱정은 되었지만 강의 요청이 오면 수락하고 강의를 하기 시작했다. 나는 경험을 쌓을 수 있는 좋은 기회라고 여겼다. 처음부터 완벽하게 준비하려고 하면 시간이 걸리고 기회를 잡을 수 없다. 완벽하지 않지만 일단 행동하면서 배워 나가면 성장할 수 있는 기회를 잡게 된다.

요즘 나는 꿈을 찾도록 엄마들을 도와주는 강의를 하고 있다. 나는 대한민국 모든 엄마들에게 그동안 잊고 살았던 꿈을 찾아 주는 사람이 되고 싶다. 더 나아가 엄마들의 롤모델이 되고 싶다. 아이들과 일상을 함께하며 힘든 시간을 보내고 있는 엄마들에게 꿈과 정체성을 찾아 주고 싶어서다. 엄마들도 자신의 목소리를 낼 수 있게 도와주고 싶다. 남편과 자식들 앞에 떳떳한 모습으로 당당하게 설 수 있는 그런 자신감을 갖도록 도와주고 싶다. 조금만 의식적으로 시간을 관리하고 행동한다면 가능한 일이다.

아이를 너무 잘 키우려고만 하지 말고 엄마 자신도 엄마 인생을 살아가야 한다. 엄마 인생의 주인공은 엄마이기 때문이다. 엄마, 아내, 며느리의 역할을 해내는 데 너무 시간을 허비하지 말고 엄마 자신을 성장시키는 데 초점을 맞추면서 살아가면 좋겠다.

아이들을 미래의 성공 일꾼으로 만드는 데 꽂혀 있는 엄마들의 시선을 이제 자기 자신을 계발하는 데로 돌려야 한다. 엄마도 꿈도 꾸고 희망찬 미래를 생각하면서 살아가야 한다고 생각한다. 엄마도 자기 인생의 주인으로 살아가야 하는데 대부분 그렇지 못하다. 엄마들이 누구의 엄마, 아내, 며느리, 903호 아줌마라는 타이틀에서 벗어나서 자신의 이름을 세상에 당당하게 드러내도록 도와주고 싶다.

100세 시대인 지금 우리에게는 살아온 날들보다 앞으로 살아갈 날이 더 많이 남아 있다. 남아 있는 세월 동안 아이들만 바라보고 살 것인지 한번 곰곰이 생각해 봐야 할 것이다. 다 큰 아이들만 바라보다가 이제는 더 이상 아이들에게 쓸모없어진 자신을 바라봐야 하는 시점이 반드시 올 것이다. 그때 가서 후회하지 말고 지금부터라도 당장 시작해야 한다. 엄마 자신의 이름을 세상에 당당하게 드러내는 데 힘써야 한다.

나는 대한민국 엄마들의 꿈을 찾아 주기 위해서 오늘도 강의하러 간다. 꿈을 찾고 성장해 나가는 우리나라 모든 엄마들의 모습을 기대하면서 오늘도 세상을 향해 나아간다. 이렇게 하다 보면 모든 엄마들이 행복해지는 세상이 올 것이라고 굳게 믿는다.

22

한 해의 시작,
콘셉트 키워드 정하기

이진아 **책 쓰는 초등교사, 동기부여가, 희망 메신저**

항상 아이들과 소통하고 즐거운 수업을 함께 만들어 가기 위해 매일 고민하고 노력하는 10년 차 초등교사다. 음악, 미술, 여행, 배움을 사랑하고, 언제나 여기저기 관심이 많은 호기심쟁이다. 현재 온 가족이 함께 만들어 나가는 초등 필수 습관들에 대한 책을 구상 중이다.

• E-mail blacks2angel@naver.com   • Blog blog.naver.com/blacks2angel

"만삭이신데 시험 치러 오신 거예요?"

배만 볼록하게 나온 내 모습을 보며 몇 해 전 시험 감독관이 내게 한 말이다. 출산 예정일을 한 달 정도 남겨 놓고 컴퓨터그래픽스 운용기능사 실기시험을 치러 천안에 있는 한국인력산업공단에 들렀다. 그때 사람들의 뜨거운 시선이 느껴졌다. 똑바로 앉아 있기도 힘들었지만 배 속 아가를 달래 가며 시험에 임했다. 그러곤 시험 시간이 거의 끝나기 직전에 자리에서 일어날 수 있었다.

결과는 합격. 임신 기간 동안 졸음과 싸워 가면서 하루에 4시간씩 독학으로 공부한 보람이 있었다. 남편은 자격증 시험이 내 직업인 초등교사와는 전혀 상관이 없는데도 굳이 그렇게까지 해야 하냐고 물었다. 그냥 편하게 쉬지 왜 사서 고생을 하냐고 하면서. 그런 남편에게 나는 당당히 이야기했다.

"자격증이 올해 내 콘셉트 키워드야."

스무 살이 되었을 때부터 나는 1년 동안 내가 이루고 싶은 목표 세 가지를 키워드화해서 한 해의 콘셉트로 정하고 있다. 새해가 다가오면 나만의 예쁜 다이어리를 새로 장만한다. 그러곤 '올해 이것만은 꼭 이루겠어' 하는 것 세 가지를 정해서 다이어리에 적는다. 컴퓨터그래픽스 운용기능사 실기시험을 치르던 그해의 내 콘셉트 키워드는 '자격증, 태교, 미국드라마'였다.

한 해 동안 그 키워드를 머릿속에서 계속 되뇌며 살았다. 물론 하고 싶은 다른 일들도 많았지만, 콘셉트 키워드가 나의 1순위 목표였기 때문에 먼저 그 세 가지의 목표에 도달하기 위해 노력했다. 그리고 나머지 것들을 해 나갔다. 그 결과 그해에 컴퓨터그래픽스 운용기능사 자격증은 물론 웹디자인 기능사, GTQ 그래픽 1급을 취득할 수 있었다. 그리고 인형 만들기, 동화책 읽어 주기, 임산부 요가, 그림 그리기 등으로 태교를 하곤 건강하고 예쁜 아기를 출산했다. 마지막 키워드인 '미국드라마'는 내가 가장 좋아하는 미드인 〈CSI : 마이애미 시즌9〉를 처음부터 끝까지 봄으로써 완성했다.

지금까지 내 마음속에 가장 멋진 한 해로 기억되고 있는 2005년의 콘셉트 키워드는 '무대, 동호회, 유럽여행'이었다. 고향에 있는 대학을 다니다가 교육대학교에 들어가기 위해 1년 동안 은둔에 가까운 생활을 하면서 공부만 했었다. 그때 이미 그다음 해의 콘셉트 키워드들을 정했었다. 그리고 결국 모든 것들을 이뤄 냈다.

새로운 대학교에 들어가자마자 밴드에 지원했다. 메인보컬로서 무대에 올랐을 때는 나 자신조차도 참 많이 놀랐었다. 그동안 나는 사람들이 많은 곳에서는 이야기도 잘 나누지 못했던 소극적인 아이였기 때문이다. 하지만 내가 정해 놓은 목표를 지키겠다는 의식이 도전으로 이어졌고, 결국 나는 목표를 쟁취해 냈다.

첫 번째 목표를 이룬 나는 두 번째 목표인 동호회 활동에 눈을 돌렸다. 그러곤 다양한 사람들이 모여 있는 스윙댄스 동호회에 가입하게 되었다. 그곳에서 사람들과 소통하고, 춤추고 생활하면서 인간관계에 소극적이던 내 모습은 적극적으로 바뀌어 갔다. 그 와중에 세 번째 목표인 유럽여행을 계획했다. 그런데 함께 갈 친구들과 스케줄이 맞지 않아서 여행을 포기해야 하는 상황이 되었다. 하지만 정해 놓은 콘셉트 키워드를 달성하고 싶었다. 그런 마음에 친구들과의 여행은 포기하고, 유럽여행 카페에 가입해서 함께 갈 이들을 모집했다. 그리고 그들과 함께, 따로 또 같이 한 달 동안 유럽 8개국을 돌아보면서 세상을 보는 시야를 넓혀 나갔다.

어떤 이들은 유럽여행을 가고, 동호회 활동을 하는 게 뭐 그리

대단하냐고 말할 수도 있을 것이다. 하지만 그저 공부만 하는 소극적인 범생이었던 나는 도전했다는 자체만으로도 엄청난 성취감을 느낄 수 있었다. 그리고 이는 자존감을 향상시키는 계기가 되었다.

이렇듯 과감하게 도전하고 성공할 수 있었던 이유는 한 해 동안 콘셉트 키워드들을 끊임없이 되새겼기 때문이다. 물론 모든 도전들이 성공한 것은 아니었다. 2012년의 콘셉트 키워드 중 하나는 '자전거'였다. 자전거를 배워 본 적이 없는 나에게는 엄청나게 큰 과제였다. 야심차게 자전거를 구입하고, 남편에게 자전거를 배워 나갔다. 운동신경이 부족한 나는 남들은 쉽게 탄다는 자전거를 가지고 꽤나 씨름하며 며칠을 보냈다.

하지만 조금 감을 잡고 비틀비틀 다닐 수 있게 되었을 때 임신 사실을 알았다. 지금 그 자전거는 우리 집 베란다에서 몇 년째 잠자고 있다. 하지만 나는 실망하지 않았다. 그래도 적극적으로 도전했고, 가능성이 보였기 때문이다. 콘셉트 키워드는 언제든지 다시 선택할 수 있다. 그렇기에 2018년 다시 한 번 '자전거 타기' 키워드를 다이어리에 적고 도전해 볼 것이다.

나에게는 나만의 버킷리스트가 있다. 버킷리스트라는 말이 유행하기 몇 해 전이었다. 우연히 신문을 읽다가 불우하고 어려운 시절을 이겨 내고 73가지의 꿈을 쓴 후, 그것을 실제로 이뤄 나가는 사람의 기사를 본 적이 있었다. 그녀의 이야기는 나를 끌어당겼고, 결국 나는 그녀가 누구인지 알아보기 시작했다. 그녀는 바로 《멈추지 마, 다시 꿈부터 써봐》, 《당신의 꿈은 무엇입니까》를 쓴 꿈쟁이 김수영 씨였다.

당장 그녀의 책을 사서 읽기 시작했다. 책을 읽고 난 후의 그 흥분을 간직한 채 나만의 드림리스트를 적어 나가기 시작했다. 처음에는 무엇을 적어야 할지 고민했다. 하지만 막상 다 적고 나니 100가지가 훌쩍 넘는 리스트가 완성되었다. 이 리스트들이 지금 나의 콘셉트 키워드들의 기본이 되고 있다.

버킷리스트를 작성하기 전에는 그냥 막연히 꿈꿔 왔던 것 중에서 키워드를 선택했다. 그러나 이제는 내가 적은 버킷리스트에서 3개씩 꺼내서 한 해를 살아가고 있다. 너무 많은 버킷리스트들을 바라보고 있다 보면 '이것들을 내가 다 해낼 수 있을까?'라는 생각이 들곤 했다. 그런데 1년에 3개씩 지워 나가자고 목표를 세우다 보니 부담이 없어졌다. 또한 에너지를 집중해서 쏟을 수 있게 되어서 성공 확률도 높아졌다. 12월이 되면 다음 해의 콘셉트 키워드들은 무엇으로 정할까 고민한다. 그러곤 버킷리스트들을 살펴보며 두근두근 설레는 시간을 가지곤 한다. 그리고 계획을 세우고, 그것들을 실천해 나간다. 그러면서 부수적으로 계획하지 않았던 일들까지도 성취해 낼 수 있게 되었다.

"내가 헛되이 보낸 오늘은 어제 죽은 이가 그토록 그리던 내일
이다."

고대 그리스의 3대 비극 시인인 소포클레스의 이 명언은 어린
시절 나에게 엄청난 감동을 주었다. 지금도 내 좌우명으로서 내
삶에 많은 영향을 끼치고 있다. 몇몇 사람들은 나에게 왜 그렇게
열심히 사느냐고 묻는다. 지금 내 직업과 내 상황이면 넉넉하지는
않아도 편하게 살 수 있는데 그만 쉬라고 이야기한다. 하지만 나
는 내 하루하루를 헛되이 보내고 싶지 않다. 누군가에게는 간절
한 바람인 오늘이, 그리고 1년이라는 시간이 얼마나 소중한 것인
지를 알기 때문이다. 거창하지 않고 소소한 목표들도 좋다. 세 가
지가 아니어도 된다. 구체적이지 않아도 괜찮다. 1년 동안 내가 정
말 이루고 싶은 콘셉트 키워드를 정해서 그 목표들이 이끄는 한
해를 보내 보라고 말하고 싶다. 지금 당장 다이어리에 내 마음속
단어들을 적어 보라. 그 작은 단어가 발휘하는 어마어마한 힘을
느껴 보길 바란다.

23

적극적인 자세로
삶의 목표에 부딪치기

조봉선 'CCE클레어의 영어요리' 운영, 영어 강사, 영어요리 강사

아동영어교육&요리 전문가이며 아동요리지도사로, 선생님들이 영어유치원이나 어린이집, 초등학교 방과
후 교실, 각종 문화센터나 평생교육시설 등에서 요리를 하며 영어를 즐겁게 배울 수 있도록 프로그램을
진행하고 있다.

• Homepage clairecooking.itrocks.kr

　　나는 성인들을 대상으로 영어수업을 하고 있는 영어회화 강사
다. 나 스스로는 나 자신이 지극히 평범하다고 생각하지만 어떤
이들은 종종 나를 4차원이라고 한다. 이른바 똘끼가 좀 있다는
것! 그럴 때마다 나는 처녀자리 B형인 나의 어쩔 수 없는 태생이
라고 생각했다(서양에서 여자 처녀자리는 감성 충만 그 자체의 표식이다.
우리나라에서 B형 여자 또한 크게 다르지 않다). 어쨌건 나는 나 자신에
대해 특이하다거나 똘끼하고는 연관성이 없다고 생각했다. 그러나
돌이켜 보면 나의 영어 습득 방식 또한 평범하지만은 않았음을

알 수 있다. 하여 그 이야기를 풀어 볼까 한다. 나는 국민학교 세대다. 중학교에 가서 알파벳 ABC를 시작으로 영어수업을 시작한 그런 세대다. 52명이 한 교실에 앉아 연로하신 영어 선생님이 앞에서 '굿 아프다 눈~!'을 외치면 일동 '굿 아프다 눈~!'을 합창하던 그런 때였다. 그 시절에도 선생님들은 날짜순으로 발표를 시켰다. 오늘이 3일이면 3번, 13번, 23번, 33번, 43번 하는 식으로. 그리고 그들의 앞뒤로 앉은 이들은 그날 하루 종일 긴장모드 속에 있어야 되는 그런 분위기였다. 실력이라 봐야 거기서 거기인 아이들이 자기 번호가 호명되면 발딱 일어나 본문 몇 줄 어정쩡하게 읽는 그런 식이었다.

그러던 어느 날 내 귀를 의심하게 하는 소리가 들렸다. 17번 김소영! 김소영은 짧은 문장이었지만 '굿 애프터 눈'을 원어민처럼 낭독했다. 그 밖에도 교과서 본문을 읽는 김소영의 목소리는 낭랑한 원어민 발음 그 자체였다. 나도 영어를 저렇게 읽어 내고 싶다는 동기부여를 받기에 충분했다. 그때부터 17번 김소영이 어떻게 영어공부를 하는가가 내 관심 대상이 되었다. 지금 생각해 보면 그냥 물어보면 되는 그 간단한 것을 말주변 없고 소심했던 나는 그저 염탐하는 것으로 대신했다.

17번 김소영은 늘 워크맨으로 무언가 듣고 웅얼거렸다. 그 테이프가 무엇이었는지는 아직도 모른다. 당시 영어 선생님은 '위콤(wicom)'이라는 어학기를 들고 들어와 원어민 육성이 들어간 짧은 교과서 본문 테이프를 들려주셨다. 어느 날 '그래, 바로 저거야!'라는 느낌이 왔다.

나는 엄마를 졸라 버스를 타고 40분을 가야 나오는 시내의 큰 서점으로 향했다. 그곳에서 교과서를 판다는 정보를 입수했던 것이다. 어쩌면 그 테이프를 팔지도 모를 일이었다. 예상대로 그곳에서 교과서 영어 테이프를 발견했다. 당시 5만 원이라는 거금을 내고 사 왔던 기억이 난다. 007가방 같아 보이는 커다란 가방의 버클을 여니 24개의 영어 테이프가 얌전히 들어 있었다.

비보와도 같은 그 테이프를 나는 몇 번이고 듣고 또 들었다. 그러자 놀라운 일이 벌어졌다. 순전히 발음이 좋아지기만을 기대했는데 발음뿐만 아니라 중간고사, 기말고사를 볼 때 답이 척 하니 보였던 것이다. 그 당시 학교 시험문제는 영어문장에 빈칸을 뚫어 놓고 거기에 들어갈 단어나 억양을 묻는 문제가 주를 이뤘다. 점수를 주기 위한 선생님들의 배려 차원인지 거의 교과서에서 별다른 변형 없이 출제되었다. 그러다 보니 테이프를 들으면 어떤 단어가 빠졌는지, 자연스런 억양은 무엇인지, 묵음 되는 철자는 무엇인지 찾아보라는 문제의 답을 수월하게 찾아낼 수 있었다. 오히려 틀린 단어를 선택하는 아이들이 이상했다. 어쨌든 그때까지 어떤 재능도 없고 존재감도 없던 내가 어느 순간부터 영어로 주목받기 시작했다.

일단 어학은 무작정 듣고 큰 소리로 따라 읽는 방법이 필수라는 것을 자연스럽게 체득하게 되었다. 그렇게 시간이 지나 나는 고1이 되었다. 영어를 좋아하던 나는 아침마다 라디오에서 오성식의 〈굿모닝팝스〉를 들으며 등교했다. 어느 날 오성식 선생님은 고등학교 때의 자신의 에피소드를 이야기해 주었다. 이태원에 가서 무작정 외국인에게 말을 걸어 보면서 담력과 영어실력을 높였다는 이야기였다. 그 순간 진정 영어를 잘하려면 나 역시 저런 경험을 남겨야 할 것만 같았다. 마침 며칠 뒤가 어린이날인 공휴일이었다.

나는 반 아이들에게 "5월 5일 몇 시쯤 현대백화점 광장 앞에서 원어민이랑 영어로 대화를 나누고 있는 나를 보게 될 거야."라고 선전포고를 했다. 이렇게 반 아이들에게 선언한 이상 그 미션을 실행해야 했다. 당일 아침, 정말이지 후회막심이었다. 그럼에도 불구하고 운동화 끈을 질끈 매고 백화점 광장으로 쭈뼛쭈뼛 발걸음을 옮겼다. 아무도 시키지 않았고 누구도 환영하지 않았다. 그랬건만 그 당시 나는 그 일을 훗날 영어 잘하는 사람이 되려면 감내해야 하는 할례와도 같은 의식쯤으로 여겼다. 그러면서 광장 한가운데에 서 있었다.

백화점 앞 광장에 도착은 했으나 우물쭈물하며 3시간을 쭈뼛거렸다. 쇼핑을 끝낸 어느 외국인이 백화점에서 나오면 슬금슬금 그 뒤를 따라갔다. 몇 발자국 따라가다 보면 그 외국인은 내가 자신을 따라온다는 걸 눈치챘다. 그러곤 무슨 일인지 나한테 물어보려 내 쪽으로 다가왔다. 그럼 난 얼른 도망갔다. 그 외국인은 의아해하며 가던 방향으로 다시 몸을 돌렸다. 이런 식으로 3시간, 4시간이 흘렀다.

나는 오전 11시부터 시작된, 리얼 100% '자의'에 의한 영어 극기훈련의 종지부를 찍고 싶었다. 창피한 것에 어느 정도 익숙해지니 이제는 배가 고파 얼른 해치우고 가야겠다는 생각뿐이었다. 심기일전해서 '이번엔 진짜 말 한번 붙여 보기라도 하자!'라고 결심하고 정문을 뚫어져라 봤다. 나는 오후 4시가 가까워져서야 어느 외국인에게 말을 거는 데 성공했다. 그날 내가 물은 건 "What time is it now?"와 "What's your name?"이었다. 전혀 연관성 없는 이 물음에 상당히 친절하고 또박또박 대답해 준 그 외국인에게 다시 한 번 감사의 인사를 전한다. 다음 날 학교에 갔더니 내가 외국인이랑 짧은 영어 몇 마디 나누는 걸 목격한 친구 몇몇이 신기해하며 말을 걸었다. 나는 대수롭지 않은 척하며 그날 일을 호기롭게 얘기해 주었다. 이런 경험들이 나의 무의식에 '나는 영어를 좋아하고 영어는 재미있는 경험'이라는 메시지를 남겨 주었다. 그러면서 영어공부를 열심히 하게 되었다. 주변에서 나를 영어 잘하는 친구로 봐 주고, 선생님들도 좋게 봐 주시니 기대에 부응하고 싶었다. 그 후 영어수업에 임하기 전 예습은 당연한 일이었다. 돌이켜 보면 좋은 환경을 직접 만든 것 같다. 영어공부를 해야 하는 환경, 할 수밖에 없는 환경.

어쨌든 고등학교 때 열심히 영어수업을 듣고 예습 복습을 한 덕분에 독해 하나는 자신이 있었다. 시간이 지나 영어와 관련된 일을 하게 되었으나 결혼과 출산이 이어지며 자연스럽게 영어를 할 이유가 없어졌다. 남편은 한국인, 난 평범한 주부. 이런 상황에서 영어를 굳이 할 필요가 없었다. 지금까지 한 영어공부가 아까웠다. 내 시간, 노력, 노하우…. 그 언젠가를 위해서라도 계속 꾸준히 내 무기를 갈고닦아야 한다는 생각이었다.

외국어는 안 하면 금방 잊어버린다. 그래서 나는 내 일상을 영어로 기록해 두기 시작했다. 1년간 300개의 영어일기를 썼다. 거의 매일의 과제로서 챙겼다. 이 기간을 통해 나는 한글을 영어로 영작하는 것이 아니라 영어로 바로 일기를 써 내려갈 수 있게 되었다. 돌이켜 보면 나는 영어공부를 할 때 아무도 시키지 않은 일을 기획하고 행동했다. 그렇게 하면서 원했던 그 이상의 성과를 달성했다. 비단 영어뿐일까? 적극적인 자세는 세상사 어떠한 일에도 통한다. 좀 더 창의적이고 적극적인 자세는 여러분의 일상에 작은 설렘을 일게 할 것이다. 또한 여러분을 목표하는 방향으로 이끄는 촉매제가 될 것임이 분명하다. "Smash right into it then you will get another one." 적극적으로 부딪쳐라. 삶은 당신에게 또 다른 선물을 하나 더 준비하고 있다.

24

'일단 시작'으로
인생을 풍요롭게 만들기

양현진 | 아빠육아 전문가, 정보보안 전문가, 자기계발 작가, 강연가, 동기부여가

포스코건설에서 IT 업무를 담당하고 있다. 세 아이와 행복한 일상을 누리는 아빠로서 네이버 카페 '좋은아빠
육아연구소'를 운영하며 많은 사람들에게 육아에 대해 코칭하고 강연 활동을 하고 있다. 저서로는 《꼭
이루고 싶은 나의 꿈 나의 인생》, 《보물지도9》, 《인생을 바꾸는 감사일기의 힘》, 《실전 정보보호개론》 등이
있으며, 다둥이 아빠로서 겪었던 경험을 담은 '아빠 육아' 관련 주제의 개인저서를 출간할 예정이다.

- E-mail lufang3@naver.com
- Cafe gpplab.co.kr
- Blog blog.naver.com/lufang3

나는 어렸을 때부터 상상을 많이 했다. 그 종류는 참 다양했
다. 빌딩을 사서 로켓을 달아 어디든지 날아다니게 하기, 집을 블
록처럼 지어서 시골 할머니 댁에 우리 집을 떼어서 옮기기, 하늘
을 날아다니기 등등. 때로는 '나는 왜 이렇게 쓸데없는 생각을 많
이 할까?'라며 스스로의 상상에 브레이크를 걸었다. 하지만 이런
상상이 나쁜 것이 아님을 깨달았다.

원하는 것이 있을 때는 적극적인 상상이 도움이 된다. 우리가
사는 현실도 누군가의 상상으로 인해 나타난 결과물이다. 상상할

때는 이미 이루어진 것처럼 느끼고 생각하고 구체화시키면 도움이 된다. 책을 쓰고 싶어 초고를 쓸 때도 상상의 힘을 이용했다. 이미 책이 나온 것처럼 상상했다. 책의 촉감, 책의 모양, 두께, 서점에 비치되어 있는 나의 책, 그 책을 읽어 보는 사람, 책이 나온 다음 주변의 반응 등을 상상하고 이미 이루어졌음을 확신했다.

책을 쓰는 동안 결코 시간이 넉넉하지 않았다. 낮에는 회사일을 하고 집에 오면 아이들과 시간을 보내야 하니 글을 쓸 시간이 없었다. 그래서 아이들이 잠들고 난 후나 새벽에 일어나 글을 썼다. 중간에 슬럼프도 있었다. 하지만 이미 나의 책이 나왔다는 적극적인 상상과 확신의 힘, 그리고 이미 베스트셀러 작가인 분들로부터 용기를 얻어 다시 글을 쓸 수 있었다.

사실 글을 쓴다기보다 내 머릿속의 생각과 이미지를 받아 적는다는 표현이 적절할 것이다. 글을 쓰는 방법이나 훈련이 필요하지만 더욱 중요한 것은 내 느낌에 충실한 것이다. 흐르는 물처럼 나를 통과하는 수많은 생각과 느낌을 글로 받아 적는 것이다. 글을 쓴다는 것은 그림을 그리는 것과 비슷하다. 풍경화를 보고 종이 위에 '표현'하듯, 글도 과거 나의 이야기, 사례, 느낌, 생각, 깨달음을 글로 '표현'하는 것이다. 형태가 다를 뿐 이 둘은 유사하다.

일반적으로 사람들은 생각하고 행동으로 실천한다. 생각은 마음에서 나오고 행동은 몸으로 결과를 만들어 낸다. 마음에서 나온 생각, 상상이 물리적인 현실로 만들어지는 것이다. 그런데 생각만 하고 실천하지 않는 사람들도 많다. 안 되는 많은 이유를 생각하며 행동을 주저하는 것이다.

이럴 때 나는 주로 '느낌'을 따르는 편이다. 느낌이라는 것은 내 잠재의식이 보내는 신호다. 내 마음인 의식과는 다르게 잠재의식은 조용하기 그지없다. 신호를 포착하기 힘들다. 그러나 나의 잠재의식의 신호는 느낌으로 전달된다. 즐거운 기분이나 영혼의 떨림, 기쁨, 환희가 느껴지는 일들은 생각하지 않고 행동으로 옮긴다. 일반인이 보기에는 비정상적이고 무모한 행동으로 보일 수도 있다. 하지만 나의 느낌에 따르는 '일단 시작'은 결과적으로 나를 더 풍요로운 인생으로 인도해 준다.

'일단 시작'하겠다고 결심했으면 나는 나를 그 안에 밀어 넣는다. 몸과 마음은 무척 게으르다. 의지만으로는 부족할 때가 있다. 그래서 내 몸을 책을 쓸 수 있는 환경 안에 밀어 넣는 것이다. 그래서 어쩔 수 없이 몸이 움직여 물리적인 결과가 나오도록 만드는 것이다. 끝에서 시작하는 마음으로 기한을 정하고 거꾸로 일정을 세운다. 그러면 당장 무엇을 해야 하는지 눈에 보인다. 책이 나오는 상상을 하고 이미 이루어졌다고 상상했다. 책 쓰는 것이 그리 쉽냐는 부정적인 시선을 뒤로하고 일단 썼다. 이미 책을 써서 성공한 분들의 조언을 통해 쉽고 빠르게 써 나갈 수 있었다.

머릿속에 떠오르는 생각은 지나고 나면 쉽게 잊힌다. 그래서 수첩이나 휴대전화에 수시로 메모하고 생각이나 느낌을 놓치지 않으려고 애썼다. 글을 쓸 수 있는 시간을 강제로 확보하고 그 시간에는 무조건 글을 썼다. 지하철을 타거나 지방 출장으로 KTX를 탈 때는 글을 쓸 수 있는 절호의 기회였다. 짧은 시간이라도 허투루 쓰지 않고 글을 쓸 수 있도록 노력했다.

그러던 어느 토요일 새벽이었다. 글을 정신없이 쓰다 보니 시간 가는 줄 몰랐다. 새벽 4시에 목표로 했던 전체 초고가 완성되었다. 너무 기뻐 방에서 조용히 환호성을 질렀다. 전혀 피곤하지 않고 오히려 온몸에 활기가 넘쳤다. 나만 포기하지 않으면 나를 방해하는 것은 아무것도 없다는 것을 깨달았다. 이후 출판사와 계약을 하고 출간일이 결정되었다.

"명규 씨, 저 책 나왔어요."

"오, 정말 축하해요! 그런데 현진 씨는 진짜 또라이 아니에요? 남들은 하나도 제대로 못하는데."

주변 지인들에게 책이 나왔다고 하면 반응은 각자 달랐다. 축하해 주는 사람도 있고, "회사일이 편한가 보네." 하며 곱지 않은 시선을 보내는 이들도 있었다. 친구에게 누구든지 책을 쓸 수 있다고 책 쓰기를 권하면 이런저런 핑계를 대며 안 되는 이유를 늘어놓았다. 지금 당장 회사일이 바쁘고, 주말에 스케줄이 있고, 책보다는 돈을 더 벌어야 한다는 이유다.

그들은 '하고 싶은 일'보다 '해야 할 일'에만 집중하는 것이다. 안 되는 이유만 생각하면 될 일도 안 된다. 그 일을 가능하게 만들려면 무엇을 해야 하는지에 생각을 집중해야 한다. 해의 빛을 돋보기에 비추어 하나의 점에 모아야 종이에 불을 붙일 수 있다. 우리의 생각을 돋보기의 렌즈처럼 한곳에 집중해야 한다. 시도해 보지도 않은 주변 사람들의 말에 휘둘려서는 안 된다.

부정적인 내 주변 사람들이 어떤 삶을 살고 있는지를 생각하면 답은 쉽게 나온다. 그들이 억만장자인가? 성공한 자들인가? 사실 이런 사람들은 아닐지라도 우리가 그들의 말에 귀 기울여야 할 사람들도 있다. 그러나 나의 느낌, 나의 진동, 나의 주파수와 맞지 않는 부정적인 사람들의 말은 과감하게 흘려버려야 한다. 꿈 뱀파이어보다 성공한 사람, 긍정적인 사람, 만나면 기분 좋은 사람, 내 영혼에 떨림을 주는 사람을 만나야 한다. 그래야 시너지 효과가 나면서 서로 성장할 수 있다.

나이가 들수록 많은 사람들이 실패를 두려워하게 된다. 다른 사람에게 상처받거나 무시당하는 것을 두려워한다. 이러한 두려움은 인간의 무한한 능력을 상실하게 만든다. 자신의 꿈을 이루기 위해 재능과 능력을 계발한 사람들은 언제 어디서든 상처를 받게 된다. 그러나 그런 사람일수록 그 상처 때문에 포기하지 않고 노력해 꿈을 이루었다.

내가 책을 쓴 비결 아닌 비결이 있다. '내 주변의 모든 것이 나의 성공을 위해 적극적으로 도와주고 있다. 이 모든 것에 감사한다'라고 매일 생각하고 느낀 것이다. 앞으로도 계속 글을 쓰고 책을 출간할 것이다. 글을 쓰는 시간은 나를 조용히 바라볼 수 있고 진정한 나를 만나는 시간이다. 이렇게 하루하루 글을 쓰는 과정이야말로 내 인생을 풍성하게 만들어 줄 수 있다. 많은 사람들이 나의 책을 통해 영감을 얻고, 행복한 삶을 살기를 원한다. 그래서 그들의 인생도 걸작으로 만들어지길 바란다.

25

열정으로 기적을 낳는 삶 살기

신상희 | 모바일마케팅 강사, CS강의 전문가, 경력단절여성 드림코치, 자기계발 작가, 동기부여가

《한국 모바일 마케팅 협회》 운영자로서 이미지 컨설팅, SNS 마케팅, 세일즈 화법 등 셀프브랜딩에 필요한 모든 것을 교육한다. 특히 자신을 브랜딩하는 데 집중할 수 있도록 휴대전화 하나로 24시간 마케팅 하는 비법을 교육하고 있다. 저서로는 《고객이 스스로 사게 하라》, 《꼭 이루고 싶은 나의 꿈 나의 인생》, 《되고 싶고 하고 싶고 갖고 싶은 40가지》, 《부모님에게 꼭 해드리고 싶은 39가지》 등이 있다.

- E-mail shinsanghee2@naver.com
- Blog blog.naver.com/shinsanghee2
- Cafe cafe.naver.com/gamemecah
- Instagram shinsanghee2
- C·P 010·4948·7596

경력단절을 극복한 여성이 휴대전화 하나로 억대 수입의 강연가, 코치, 메신저가 되었다. 컴퓨터 앞에 앉지 않고 모바일로 자신을 브랜딩해, SNS로 콘텐츠를 발행한다. 그 결과 그녀에게 궁금증을 느낀 잠재고객들이 진성고객이 되었다. 결국 그녀는 경력단절을 극복하고 마케팅 여왕이 되었다. 그렇게 되는 데 그리 오랜 시간이 걸리지 않아 화제가 되었다. 그녀는 많은 사람들에게 도전의식과 공감을 불러일으키고 있다. 그 여성은 24시간 자동 마케팅 시스템을 구축했고, 현재 〈모바일 마케팅 과정〉을 운영하고 있다.

그녀는 바로 〈한국 모바일 마케팅 협회〉 회장 신상희, 바로 '나'다.

    평범한 사람들은 "못 올라갈 나무는 쳐다보지도 마라."라고 말한다. 하지만 나는 늘 못 올라갈 나무에 사다리를 놓고 올라갔다. 올라가다 떨어지면 다시 그 사다리를 연결해서라도 나는 그 나무에 올랐다. 공부를 할 때도 그랬고, 영업을 할 때도 그랬다. 한번은 내가 노트에 적어 놓은 목표를 보고 동료가 크게 웃었다.

    "왜 웃으세요?"

    "상희야! 넌 정말 안 될 것 같은 목표를 잘 세우는 것 같아."

    나는 쓴웃음을 짓고 돌아섰다. 하지만 마음속으로 동료의 말이 어떤 뜻인지 이해했다. 누가 봐도 무리가 있는 목표였다. 그래도 나는 꾸역꾸역 그것을 달성하기 위해 하루하루 애쓰고 있었다. 그리고 영업 8개월 만에 억대 연봉 CEO라는 타이틀을 얻었다. 나는 스스로 많이 노력해야 남들과 비슷한 결과를 이룰 수 있다고 생각한다. 그렇기 때문에 항상 열심히 하는 것이 나의 가장 큰 무기였다. 그 결과 내게 도전은 쉬웠다. 결과를 이루는 것도 생각보다 어렵지 않았다.

    그런데 학창 시절에도, 사회생활을 시작하고도 쉬웠던 도전이 두 아이의 엄마가 되고 나서부터는 쉽지 않았다. 나는 평범한 대학생에서 사업가로 성공한 20대 여성 CEO가 되었다. 그러나 성공을 거둔 후에는 일이 바빠 '시간적 여유'가 없었다. 나는 완벽한 엄마와 완벽한 CEO로 살고 싶었던 계획을 접고 어느 날 갑자기 일을 그만두었다. 이때 사람들은 내게 제정신이 아니라고 말했다. 일이 정말 잘되고 있을 때 일을 그만두었기 때문이다. 하지만 좋은 엄마가 되겠다고 다짐한 이후에도 나의 도전은 계속되었다. 내 안의 열정이 꿈틀거리는 것을 막을 수 없었기 때문이다.

과거에 나는 "부정적인 환경을 탓하고 비관만 하는 사람이 있다. 그 사람에게는 아무런 역사도 일어나지 않는다."라고 마이크를 잡고 수도 없이 말했다. 그랬던 내가 나의 상황을 탓하며 나를 탓하고 남편을 탓하고 주변 사람들을 탓하고 있는 것이 아닌가! 시간이 너무 아까웠다.

'여자는 일을 해야 한다'

'일하는 엄마는 아름답다'

내 머릿속에 가득한 그 생각을 접어 두고 전업주부로 생활패턴을 바꾸는 동안 책을 읽고 또 읽게 되었다. 이런 사람, 저런 사람 이야기를 읽으면서 가장 먼저 '그래, 지금의 나의 환경을 받아들이자!'라고 다짐하게 되었다. 아이를 키워야 하는 엄마라는 사실, 시간 활용에 많은 제약이 따른다는 것 빼고는 아무것도 문제가 되지 않았다. 그리고 또 한 줄, 한 줄 읽어 가다가 문득 "내가 독자에서 저자가 된다면, 내 이야기를 누군가 들어 준다면, 내 삶은 얼마나 달라질까?"라는 생각이 들었다.

그 무렵 운명처럼 한 통의 전화를 받고 나는 〈한책협〉이라는 책 쓰기 성공학 카페의 특강에 참석했다. 왕복 8시간의 거리였지만, 정서적으로 많이 불안정하고 다쳐 있던 나에게 주는 특별한 휴가였다. 두 아이를 떼어 두고 먼 길을 가는 것은 쉽지 않은 결정이었다. 그럼에도 불구하고 나는 그곳에 꼭 가야만 했다. 경력단절 여성으로서 매번 환경만을 탓하는 내가 싫었기 때문이다.

특강에 참석한 이후 8주 동안 나의 스토리를 어떻게 풀어 나가야 할지 배우기 위해 매주 왕복 8시간의 거리를 다녔다. 배움을 선택하면서 나는 성인이 된 이후 첫 번째로 미친 짓을 저질렀다. 배우기 위해 대출을 받은 것이다. 누군가 '미쳤다'라고 말할 수도 있지만, 내 생각은 달랐다. 잘나가던 일을 그만두고, 경제적인 여유가 제로인 데다, 마이너스로 달려가는 그 시점에 대출을 받았다는 것을 부모님께서 아시면 기절할 일이었다. 하지만 '지금 경제적으로 어려워서 아무것도 하지 못한다'라는 결론을 내리기에는 나의 가치가 너무 아까웠다.

은행에서 돈을 빌리고, 그 돈을 언제까지 갚아야겠다는 계획을 세움과 동시에 나에게는 성공에 대한 확신이 생겼다. 쓸데없는 곳에 쓰지 않고, 나의 확실한 미래에 투자하는 그 돈이 정말 가치 있다고 생각되었다. 다시 생각해도 태어나서 내가 가장 현명하게 쓴 돈이 그때 배움을 위해 사용한 돈이라고 생각한다.

그렇게 시작된 주 1일, 나의 휴가를 얻기 위해서 나는 남편과 많은 이야기를 해야 했다. 그리고 주변의 협조도 구해야 했다. 아이들은 이제 겨우 세 살, 네 살인 연년생 형제다. 그런 아이들을 두고 새벽 4시가 넘어서 집에 들어온다는 것은 쉽지 않은 일이었기 때문이다. 하지만 나는 이 시간을 내 인생에 있어서 '하프타임'이라고 생각했다. 힘들고 어려울 때 휴식의 시간이 절실히 필요하다는 것을 8주라는 시간 동안 느낄 수 있었다. 누구보다 간절했고 누구보다 성장을 원했다. 그때의 나는 지금의 기회를 놓치면 다시는 기회가 없다고 생각할 만큼 간절했다.

나는 단지 작가가 되겠다고 원한 적이 없다. 작가는 기본이고, 1인 기업가, 강연가, 메신저로서의 삶을 살며 많은 사람들에게 나의 경험과 지혜를 전할 수 있는 사람이 되고 싶었다. 무엇보다 아이들을 어린이집에 보내고 하루 5시간만 일해도 소득이 발생하는, 24시간 마케팅 시스템을 구축하는 것이 나의 가장 큰 목표였다.

그러기 위해서는 충분한 시간과 배움에의 투자가 필요했다. 그럼에도 불구하고 나에게 시간은 턱없이 부족했다. 나는 정말 일분일초로 쪼개어 하루 24시간을 살았다. 아이만 키우기에도 바쁜 하루 중 나는 글을 썼고, 강연가, 메신저가 되기 위한 준비를 시작했다. 아이들이 일어나기 전, 새벽시간을 이용해 글을 쓰고, 외출 준비를 했다. 아이들의 등원과 동시에 나는 커피숍으로 출근했다. 그리고 아이들이 오기 전까지 끊임없이 글을 쓰고 마케팅을 시작했다.

하지만 일을 할 만하면 아이가 아프고, 일을 좀 해 볼까 하면 집에 일이 생겼다. 그럼에도 불구하고 나는 더 이상 상황을 탓하지 않았다. '하루 2시간'이라는 나만의 규칙을 세우고, 그 시간만 온전히 채우면 나를 탓하지 않기로 했다. 대신 그 시간에는 오직 나를 위해 몰입했다. 책을 출간한 이후에 일어날 나의 행보를 상상하며, 무엇을 강의할 것인지 결정하기 시작했다.

당시에는 특별히 마케팅이라 할 것도 없었다. 그 당시의 나의 이야기를 블로그와 SNS에 쓰기 시작했을 뿐이다. 먼 거리를 이동하는 동안에는 휴대전화로 메모하며 글을 썼다. 또한 앞으로 내가 어떤 강연가가 될지 꿈꾸며 빠짐없이 꿈을 메모했다. 화장실에서 볼일을 볼 때도 글을 썼다. 청소를 할 때도 콘텐츠를 머릿속에 저장했다. 나는 그렇게 일분일초도 허투루 보내지 않았다.

한 장, 두 장 나의 콘텐츠가 쌓이는 동안 얼마나 행복했는지 나는 지금도 그때의 느낌을 기억한다. 솔직히 말하면 그 기간 동안의 도전은 미래가 불안하고, 막연했던 고3 시절의 도전보다 훨씬 치열했고, 훨씬 행복했다. 엄마로서 보여 줘야 했고, 아내로서 해내야 했다.

꿈같은 시간이 지나고 나는 한 달도 지나지 않아 A4용지 100장이 넘는 글을 완성했다. 아이들이 잠자거나 유치원에 간 시간 동안 힘들게 쓴 글이었기에 누구보다 행복했다. 출판사에 투고했고, 탈고할 필요도 없이 초고속으로 책이 출간되었다. 그 덕분에 나는 작가가 되었다. 작가가 되고, 나는 나의 삶의 지혜 그리고 경험을 바탕으로 강의를 할 수 있게 되었다.

사람들은 나에게 "넌 원래 글을 잘 썼고, 원래 강의를 하던 사람이잖아."라고 말한다. 외부 강의가 들어오면 책을 썼으니 당연한 결과라고 말한다. 하지만 나는 늘 부족한 사람이라고 생각하기에 남들보다 몇 배로 노력해서 결과를 만들어 냈다. 조금 덜 자고 조금 덜 먹으면서 시간을 벌었다.

내가 단기간에 마케팅 여왕이 될 수 있었던 이유는 무엇일까? 바로 '열정' 때문이다. 전문가는 나를 '회생 불가능 상태'라고 표현했다. 경력단절 여성으로서 사회적으로 인정받지 못하는 상태였다. 자신감 또한 바닥이었다. 하지만 나는 포기하지 않고 끝까지 매달렸다. 용기 내어 글을 썼고, 가족들이 믿어 줄 수 있도록 결과를 만들어 내기 위해 잠을 줄였다. 대신 정말 내가 해야 할 일에 대해서는 철저히 원칙을 정하고 남에게 미루지 않았다.

나의 꿈을 위해서 남편에게 도움을 요청하지 않았다. 나는 내가 할 수 있는 범위 내에서 빚을 내는 '미친 짓'을 한 번 저질렀다. 그 이후 만들어진 수입에 대해서도 1년간 나에게 몽땅 재투자하는 두 번째 '미친 짓'을 벌였다. 결과적으로 나의 또라이 정신 때문에 나는 새로운 인생을 살고 있다. 끊임없이 배우고 연구한 끝에 정규과정인 〈모바일 마케팅 과정〉을 개설할 수 있었다. 지금은 전국으로 강연을 다니느라 바쁜 시간을 보내고 있다.

아무것도 가진 것이 없었지만 지금의 모든 것을 이루고, 앞으로 엄청난 가능성을 펼쳐 나갈 내가 가진 것은 '열정'밖에 없다. 지금까지도 나는 '기적'을 낳는 삶을 살았고, 앞으로도 그럴 것이다.

26

한 번뿐인 인생, 뜨겁게 살기

송세실 간호사, 간호사 코치, 심리상담가, 동물보호활동가, 동기부여가, 자기계발 작가

현직 간호사이자 간호사 코치로 활동하고 있다. 10년 동안의 간호사 활동을 담은 개인저서가 나올 예정이며
1인 기업가로 활동하기 위해 준비하고 있다. 또한 사람과 동물 모두 행복한 세상을 만들기 위해 힘쓰고 있다.

• E-mail violue@hanmail.net   • Blog blog.naver.com/riyon7

"그만두겠습니다 나 그만둡니다 / 에라 모르겠다 나는 / 인생
한번 걸어볼랍니다 / 퇴근하겠습니다"

장미여관의 노래 '퇴근하겠습니다'의 가사다. 한동안 이 노래
는 나의 18번이었다. 나는 이 노래 가사처럼 배고프고 가난해서
어쩔 수 없이 출근해야 하는 이 세상 수많은 직장인들 중 하나였
다. 하고 싶은 것이 무엇인지 알지도 못하고 알 엄두도 내지 못한
채 그렇게 다람쥐 쳇바퀴 돌듯 살아왔다. 그러나 나는 이제 퇴사

를 앞두고 있다.

내가 다녔던 고등학교는 동아리 활동이 매우 활발한 학교였다. 어느 정도였냐면 경기도에서 동아리 활동 시범학교로 지정하고 지원해 줄 정도였다. 특히 정기적으로 공연하는 풍물패, 연극, 밴드부 등의 동아리는 그 수준이 아마추어라기엔 미안할 만큼 훌륭했다. 그중 밴드부와 풍물패는 운동회나 축제 같은 학교 행사 때 항상 공연을 했었다. 예를 들면 운동회 날 점심 때 풍물패가 공연을 해서 흥을 돋우고, 운동회가 모두 끝난 오후에는 밴드부가 마지막을 장식하는 식이었다.

밴드부의 공연에는 항상 그 앞에서 열광하는 '지랄부대'가 있었다. 보통 록밴드 공연을 보면 그 앞에서 같이 헤드뱅잉을 하고 뛰어오르는 팬들을 볼 수 있다. 밴드부 공연 때 그 역할을 하는 것이 지랄부대다. 지랄부대라는 이름에서 느껴지는 느낌 그대로 학생들은 자신을 내려놓고 음악 안에서 열정을 불살랐다. 그리고 나는 그 지랄부대 출신이다.

고등학교 때 나는 꿈도 흥도 열정도 많은 소녀였다. 드럼 소리와 전자기타 소리가 울리면 언제나 가슴이 터질 것 같이 벅차올랐다. 뿐만 아니라 풍물패의 북 소리와 꽹과리 소리가 들리면 절로 어깨춤이 났었다. 지금 돌이켜 보면 내 안의 열정이 나 스스로도 감당하기 힘들 정도가 아니었나 싶다.

그렇게 열정적인 소녀였던 나는 간호학과에 진학하면서 간호사의 길을 걷게 되었다. 처음에는 '잠시만 하고 말아야지' 생각했는데 정신을 차려 보니 10년의 세월이 지나 있었다. 시간이 흐르면서 열정은 점점 작아지고 쪼그라들었고 그 자리에 무심함이 자리 잡았다.

간호사로서의 삶은 많이 힘들었지만 그래도 할 만했다. 보람된 순간도 많았고 삶의 여러 가지를 배울 수 있었다. 그러나 늘 무언가 부족한 느낌이었다. 열심히 살고 있기는 했지만 허전하고 허기진 느낌이었다. 한참을 고민하던 어느 순간 무엇이 부족한지 깨닫게 되었다. 바로 열정이었다. 고등학교 때 밴드부 앞에서 온몸이 땀에 젖도록 뛰었던 그 열정, 그게 없었다.

나는 늘 입버릇처럼 "가슴이 뛰는 일을 찾고 싶다."라고 말하곤 했다. 그 일을 찾기만 한다면 간호사는 당장 그만둘 것이라고 말이다. 그러나 그런 일을 찾는 것은 쉽지 않았다. 그렇게 시간이 흐르고 세월에 물들어 갔다. 그러다 보니 꿈이라는 것이 그저 뜬구름에 불과하다는 생각마저 들었다. 꿈을 찾는다는 것은 철없는 자들의 배부른 투정이라고.

그렇게 서른을 훌쩍 넘긴 어느 날 나는 운명처럼 내 가슴이 뛰는 일을 만나게 되었다. 호기심 반, 의심 반으로 들어선 〈한책협〉에서 나는 내 미래를 보았다. 나는 작가, 코치, 강연가가 되고 싶었던 것이다. 작가, 코치, 강연가가 되어 사람들 앞에서 강연하는 나의 모습을 상상하니 가슴이 터질 것처럼 뛰었다.

'이거다!' 내 심장이 먼저 반응한 나의 꿈이었다. 하루라도 빨리 그 꿈으로 다가가고 싶어서 조급증이 날 정도였다. 그토록 바라던 가슴 뛰는 일이었으니 말이다. 나는 먼저 작가가 되기 위한 준비를 했다. 먼저 〈책 쓰기 과정〉에 등록했고, 틈틈이 공동저서를 집필했다. 그 결과 나는 현재 공동저서를 2권 출간했고, 공동저서 한 권, 개인저서 한 권의 출간을 앞두고 있는 작가가 되었다. 이 이야기까지 출간된다면 나는 총 5권의 저자가 된다. 이 모든 일들이 1년 동안 이루어졌다.

작가가 되었으니 이제 코치, 강연가가 될 차례였다. 나는 책을 쓴 이후의 행보를 차근차근 준비해 나갔다. 그러다 위기가 왔다. 더 이상 나의 직업과 꿈을 병행할 수 없는 순간이 온 것이다. 둘 중 하나를 선택해야만 했다. 많이 망설였다. 왜냐하면 다달이 안정적으로 나오는 월급을 버리기가 쉽지 않았기 때문이다.

그리고 부모님을 설득하는 것도 일이었다. 부모님은 어느 정도 기반을 마련하고 퇴사하길 바라셨다. 아마 우리 부모님뿐만 아니라 모든 부모님들이 다 똑같은 생각일 것이다. 부모님에게 자식의 안전함이란 그만큼 중요한 것이니 말이다. 그러나 나는 그럴 시간이 없었다.

간호사는 육체활동이 많은 직업이다. 하루 종일 일하고 집에 돌아오면 체력이 방전되어 나는 아무것도 할 수가 없었다. 글을 쓰는 것조차 너무 버거워서 자다 깨다를 반복하며 글을 쓰다 잠들었다. 그런 날들이 반복되면서 피로는 계속 쌓였고 결국 업무에도 지장을 주게 되었다. 이렇게 하다가는 죽도 밥도 안 될 것 같았다. 그래서 나는 과감하게 사직서를 냈다. 물론 부모님께는 비밀로 하고 말이다. 아마 이 책이 나올 때쯤엔 부모님께서도 아시지 않을까 싶다.

사직서를 내면서 불안하지 않았느냐고 묻는다면 나는 몹시도 불안했다고 말하고 싶다. 아직도 불안할 때가 있고 잘한 결정인지 흔들릴 때도 있다. 그러나 확실하게 말할 수 있는 것은 내 선택에 후회는 없다는 것이다.

그만두겠다는 말을 하기까지 많이 망설였다. 어느 것 하나 명확하지 않은 상태였다. 그런 상태에서 안전한 직장이라는 울타리 밖으로 나간다는 것은 다른 사람들이 봤을 때는 미친 짓이었다. 더욱이 금전적으로 여유롭지도 못한 상황에서 말이다. 그러나 지금 결단을 내리지 않으면 평생 후회할 것 같다는 느낌이 들었다. 안정적으로 월급을 받고 연차를 쌓아 가며 간호사로 근무하고 있을 수는 있을 것이다. 하지만 내 가슴이 뛰지는 않을 것 같았다. 그리고 용감하지 못했던 나 자신에게 실망할 것 같았다.

그래서 나는 과감하게 직장 밖으로 나가기로 했다. 울타리 밖에 무엇이 있는지는 모른다. 밝고 희망찬 미래가 있을 수도 있고 춥고 배고픈 미래가 있을 수도 있다. 그러나 가슴이 터질 것 같았던 내 열정과 함께한다면 추위도 이겨 낼 수 있을 것 같다.

그룹 '국카스텐'의 보컬 하현우는 음악을 하기 위해 다니던 학교를 자퇴했다. 휴학을 해도 되었는데 자퇴라는 강수를 둔 것은 여지를 남겨 두고 싶지 않아서였다고 한다. 여지를 남겨 두면 전력을 다하지 않을 수 있다. 하현우는 이것을 경계했던 것 같다. 그래서 그는 배수의 진을 치고 음악에 매진했고 마침내 성공했다.

성공하기 위해서는 그것에 미쳐야 한다고 생각한다. 특히 꿈으로 성공하기 위해서는 그 꿈을 사랑하고 아끼는 그 이상으로 매진해야 한다. 우리가 알고 있는 모든 성공한 사람들이 그렇게 했다. 그들은 그들 안에 가지고 있는 크고 뜨거운 불덩이로 자신을 모두 불살랐다.

내 인생은 이제부터 시작이다. 남들은 이미 늦었다고, 서른이 넘은 나이에 무슨 꿈이냐고 하지만 나는 그들과 생각이 다르다. 어차피 한 번 사는 인생인데 한 번쯤은 뜨겁게 살아 보는 것도 나쁘지 않다고 생각한다. 미칠 준비는 이미 되어 있다. 그러니 내 꿈의 무대에서 지랄부대가 되어 신나고 흥겹게 즐기기만 하면 된다. 그러면 성공은 따라올 것이다.

10월의 어느 날, 뜨겁고 신나고 행복하게 살기 위해 나는 나의 안전한 울타리에 마지막 인사를 할 것이다. "퇴근하겠습니다."라고.

27

70평대 아파트로 이사 가기

김은숙 **유아코칭 전문가, 자기계발 작가, 동기부여가**
두 아이를 키운 경험을 바탕으로 초보 엄마들이 힘들어하는 육아에 대해 좀 더 쉽게 다가서려 한다. 현재 사랑을 마음껏 표현하고 안아 줄 수 있는 좋은 엄마가 되는 육아법 책을 집필 중이다.

• E-mail dmstnr4434@naver.com

어릴 적 친구들과 나누던 꿈들이 생각난다. 우리는 학교를 마치고 버스 탈 돈으로 아이스크림을 사서 하나씩 입에 물고 10리 길을 걸었다. 그러면서 "난 현모양처가 꿈이야. 부모님 잘 모시고 아이는 아들, 딸 2명만 낳아 바깥일 하지 않고 집안 살림 잘하며 살 거야. 그리고 조금 나이가 들면 멋진 전원주택을 지어서 살 거야."라고 말했던 것이 문득 생각난다.

30년 전엔 아파트라는 게 너무 생소하고 닭장 같아 어떻게 이런 곳에서 살까 싶었다. 시골에 사는 사람들 중에는 갇혀 있는 느낌이 답답해서 아파트를 싫어하거나 이해 못하는 분도 많으셨다. 지금은 너무나 편리한데 말이다.

한번은 친구들과 아파트가 어떤 건지 너무 궁금해서 모르는 집의 초인종을 눌러 보기로 했다. 집 안에서 "누구세요?"라는 소리가 들려오면 너무 겁이 나서 계단으로 내려가 숨었던 기억이 난다. 중학교 친구 중에 아파트에 사는 미리라는 친구가 있었는데, 그때는 아파트에서 사는 친구가 더 잘사는 것 같아 부럽기도 했다. 우리 마을은 더 시골이었다. 집들은 양옥, 한옥, 개량한옥이 대부분이었다.

내가 아주 어릴 적 우리 식구는 아주 조그마한 구멍가게에 방 2개가 딸려 있는 집에서 살았다. 아주 좁은 집에서 다섯 식구가 생활했다. 그러다 어느 날 어머니께서 윗동네의 넓은 집을 사셨다. 집 구경을 갔을 때 어마어마하게 넓은 집을 보고 "이게 우리 집이에요?" 하며 신나서 어깨를 들썩거렸던 기억이 난다. 당시 가난해서 이사는 꿈도 못 꾸었던 일이었기 때문이다.

산업사회에 들어서면서 아랫동네에 공장들이 하나씩 세워지기 시작했다. 공장이 들어오자 부모님께서는 공장에 다니는 직장인이 되셨다. 하지만 월급날이 되면 늘 어머니께서는 불안해하셨다. 아버지께서 월급날이면 늘 함께하시는 직원분들과 술자리를 갖고 노름으로 돈을 다 탕진하셨기 때문이다. 일찍 들어오시려고 해도 그

생활에 너무 익숙해진 직원분들이 술을 사 달라고 자리를 만드시곤 했다. 그럴 때마다 어머니께서는 월급봉투를 받기 위해 아버지를 찾으러 다니셨다.

어머니는 부자의 생각을 가지고 계셨는지 넓은 집으로의 이사를 계획하고 계셨다. 돈이 없는지라 안집 할머니께 돈을 빌려서 계약을 하셨다. 어머니는 이렇게 많은 빚을 내면 책임감에 아버지가 돈을 마구 쓰지 않으실 거라 생각하신 것이었다.

이사한 집은 우리 동네에서 넓기로는 손에 꼽히는 집이었다. 그 집주인이 대구로 이사를 가게 되면서 운 좋게 우리 집이 되었다. 약 300평가량 되었던 것 같다. 본채, 아래채가 따로 있고 소죽을 끓일 수 있는 아궁이에 소 마구간, 거름을 쌓아 두는 헛간 그리고 돼지를 키우는 돼지우리까지 있었다. 그리고 본채 뒤편에는 꽤 넓은 대나무밭이 있었다.

마당도 넓어서 일부는 상추, 부추, 깻잎 등을 키우는 밭으로 활용했다. 넓은 마당의 풀을 뽑는 일은 우리들 몫이었다. 그래도 이렇게 넓은 집에서 살 수 있다는 게 너무 신나고 좋았다. 마당이 흙으로 되어 있어서 풀들은 텃밭에서 키우는 식물들과 함께 무럭무럭 잘 자랐다. 금세 우리 집이 부자가 된 기분이었다.

하지만 너무 오래된 한옥집이라 날이 갈수록 손볼 데가 많아졌다. 태풍이 오거나 비가 많이 내리면 지붕에 물이 샜고, 흙으로 빚어진 벽은 금이 가 손봐야 했다. 어머니는 이 넓은 집을 팔고 그 돈으로 조금 작은 집을 지어 이사하시기로 결정하셨다. 우리 집 바로 옆에 반듯한 집이 한 채 있었는데 노부부가 살고 계셨다. 어머니는 그 집을 계약했다.

우리 세 남매는 어머니에게 "우리도 좋은 집에서 살 수 있는 거예요? 어떤 집으로 지으실 거예요?"라고 물었다. 어머니는 거실과 주방, 화장실이 있고 옥상도 있는 양옥집으로 지으실 거라고 하셨다. 다들 환호성을 지르며 기뻐했다. 설계도대로 하루하루 멋지게 집이 완성되어 갔다.

멋진 집도 잠시, 집의 등기에 문제가 있어서 건물등기를 할 수 없다는 것이었다. 나중에 알고 보니 바로 옆집도 우리 집으로 되어 있었던 것이다. 어머니는 문제를 해결하려고 애쓰셨다. 예전 집주인과 여러 가지 문제로 다투었다. 다시 우리가 집을 사야 하나 하는 문제에 휘말려 애를 먹었다. 이 문제는 지금도 너무 끔찍한 기억으로 남아 있다. 예전에는 넓은 집 한 채에 돌담을 쌓아 구두로 여기가 너희 집 하면 자기 집이 되곤 했다. 그런데 지금은 문서로써 판가름하기 때문에 문제가 된 것이었다.

이렇게 성장해서 결혼을 하고 25평 아파트에서 신혼생활을 시작했다. 너무나도 아파트에서 살고 싶었기에 10여 년이 된 아파트를 전부 수리하고 신혼살림을 시작했다. 그러다 아이가 한 명 생기자 조금 공간이 좁구나, 하는 생각이 들었다. 아이가 조금 크고 보행기를 탈 때쯤 되자 보행기를 타고 다닐 공간이 없었던 것이다. 거기에다 짐은 하나둘씩 쌓이기 시작했다.

그러자 이 좁은 평수에서 빨리 30평형대 아파트로 이사를 가는 것이 나의 꿈이 되었다. 이 아파트에서 10년 정도만 살다가 첫 아이가 학교에 들어가기 전에 이사를 가자고 스스로 결정했다. 그러다 둘째가 생기면서 집 안은 더 좁아 보였다. 이곳에서 빨리 탈출하고 싶다는 생각밖에 없었다. 하루는 출근해서 부동산에 전화를 걸었다. 나는 내가 이사 가고 싶은 곳을 먼저 정하고 근처의 30평형대 아파트 시세를 알아보기 시작했다.

1년에 한두 번씩 꼭 시세를 알아보았던 것 같다. 모아도 모아도 돈은 모이질 않고 지출은 둘째가 생기니 답이 나오지 않을 정도로 늘어났다. 남편에게 큰 평수의 아파트로 이사 갈 계획을 세우자고 했다. 그러면 남편은 이 동네도 좋은데 그냥 이곳의 조금 큰 빌라로 이사를 가자는 것이었다. 내 생각과는 너무나 달랐다. 본가가 가까이 있으니 당연히 남편은 편하고 좋았을 것이다. 나도 시댁이 가까이 있어서 육아에 도움을 받을 수 있어 좋긴 했다. 하지만 조금씩 커 가는 아이들을 생각하면 지금 살고 있는 공단지역을 벗어나고 싶었다. 교육적으로 좀 더 혜택을 받을 수 있는 환경에서 살고 싶었던 것이다.

벌써 첫째가 1학년이 되고 나의 현실에 이사는 꿈도 꿀 수 없었다. 둘째 육아 문제로 잠시 직장을 쉬고 있을 무렵이었다. 10월쯤에 갑자기 집을 알아봐야겠다는 생각이 확 밀려들었다. 날씨는 비가 올 것처럼 흐렸다. 나도 모르게 1년에 한 번씩 전화를 했던 부동산 사무소를 찾아가서, 상담을 했다. 소장님께서 시세 좋게 그것도 35평이나 되는, 삼성래미안이라는 물건이 하나 나와 있다는 것이었다. 집주인이 해외에 나가 있는데 국내에 들어와서 살지 않을 거라며 내놓았다는 것이다.

그 집에 들어설 때 5시가 넘은 시간이었다. 그것도 흐리고 어두컴컴한 날씨였다. 하지만 내 눈엔 집 안에 빛이 반짝이는 것처럼 보였다. 아파트 주위에 상권이 형성되지 않아 불편하겠지만 초등학교는 아파트 바로 옆에 있었다. 그래서 신호등을 건너지 않아도 편하게 갈 수 있었다. 꼭 계약을 해야겠다는 마음의 결정을 내렸다. 층수는 2층이었지만, 어차피 남편도 높은 층은 싫어했다. 난 로열층을 좋아하지만 고층으로 갈수록 시세가 비싸다.

1층이 아니어서 좀 조용할 거라 생각했다. 엘리베이터를 이용하지 않고도 쉽게 오르락내리락 할 수 있어 더 마음에 들었다. 현재 살고 있는 25평의 아파트는 6,000만 원 남짓하는데 사고 싶은 아파트는 1억 7,000만 원가량 되었다. 소장님은 조금 비싸게는 2억 원에 매매되었다고 했다. 있는 돈으로는 엄두도 내지 못할 일이었다. 하지만 대출을 받기로 마음먹었다. 지금 결정하지 않으면 안 된다고 생각했다. 남편과 상의도 없이 그냥 내가 하고 싶은 대로 결정을 내렸다. 그러곤 어디서 용기가 났는지 덜컥 계약을 해 버렸다. 지금 생각하면 어떻게 그렇게 과감히 결정했을까 싶다.

지금은 책 쓰기를 하면서 나의 과거를 돌아보며 마음의 양식을 쌓고 있다. 나의 꿈은 멋진 작가, 동기부여가, 꿈을 전달할 수 있는 메신저가 되는 것이다. 그리고 꿈에 그리던 70평형대의 아파트에 나만의 공간을 마련하고 싶다. 책상과 책장을 내가 원하는 스타일로 만들고 읽고 싶은 수많은 책들을 꽂아 놓고 싶다. 또한 나만의 드레스 룸도 갖고 싶다.

어쩌면 내가 아는 분들은 책을 잘 읽지도, 좋아하지도 않는 내가 어떻게 작가의 꿈을 꾸느냐고 할 수 있다. 정말 또라이 같다고. 주위 사람들은 내가 너무나 평범하다는 것을 잘 알기에 그렇게 생각할 수도 있을 것이다. 그러나 이젠 그런 시선 따위는 개의치 않는다. 나에겐 멋진 꿈이 있기에 꼭 그 꿈들을 현실로 만들 것이다.

28

또라이 정신으로 투자 성공하기

이동규 '㈜퀘이사인베스트먼트', '돈학과' 대표, 투자 동기부여가, 투자 멘토, 금융교육 강사

'댕기왕자의 투자이야기' 블로그를 운영하며 이름보다 필명이 더 유명하다. 18살 때부터 주식 투자를 시작해 현재 12년 차다. '평범한 사람이 부자가 되는 방법은 주식 투자밖에 없다'라는 신념으로 그동안의 좌충우돌 경험과 노하우를 살려 금융과 주식 투자에 관한 교육을 하고 있다. 개인투자자들의 잘못된 투자 방법을 교정해 주고 '손실은 작게, 수익은 크게'라는 투자전략을 제시하고 있다. 저서로는 《나는 주식과 맞벌이한다》, 《꼭 이루고 싶은 나의 꿈 나의 인생》, 《되고 싶고 하고 싶고 갖고 싶은 47가지》, 《보물지도6》, 《미래일기》 등이 있다.

• E-mail deekelly@naver.com   • Blog blog.naver.com/deekelly
• Cafe cafe.naver.com/moneyeducationv

나는 직업이 참 많다. 평범한 회사원, 1인 기업의 대표, 주식투자자, 작가, 강사, 코치 등등. 사회에서 보면 또라이에 가깝다. 나도 내가 이렇게 살 줄은 몰랐다. 어떻게 하다 보니 이렇게 되었다. 멋지게 포장할 수도 있겠지만 솔직히 그렇다.

그러나 여기서 중요한 것은 '내가 좋아하는 것, 관심을 가지고 있는 것'의 끈을 놓지 않았다는 것이다. 그것은 바로 '투자'였다. 대학에 입학하자 친구들은 토익 책을 들고 다녔다. 그때 나는 워런 버핏, 존 템플턴, 필립 피셔 등 투자 대가들의 책을 들고 다녔다.

당시에 책 내용을 모두 다 이해하기는 어려웠다. 하지만 투자 책을 들고 다니는 나 자신이 좋았다. 그런 나를 친구들은 또라이라고 불렀다. 사업을 해야 부자가 될 수 있다기에 경영학과에 진학했다. 그러나 경영학과는 사업을 배우는 곳이 아니라 대기업의 중간관리자를 양성하는 곳이었다. 왜 이런 사실을 진학상담에서 알려 주지 않았단 말인가?

다시 그 지긋지긋한 입시공부를 하기도, 전과를 하기도 애매했다. 그렇게 이리할까, 저리할까 고민하는 동안 시간이 흘러 졸업을 하게 되었다. 사실 나에게 대학은 대학 졸업장을 따기 위한 곳 그 이상도 그 이하도 아니었다. 나에게 애당초 '대기업 취업'은 없었다.

이 목표를 포기하니 시간이 남았다. 학점을 잘 따야 할 이유도 없었고, 토익 책을 들고 다닐 이유도 없었고, 각종 스펙을 따려고 학원을 다닐 이유도 없었다. 나는 그 시간에 돈을 벌었다. 투자를 하려면 돈이 필요했기 때문이다.

내가 투자에 관심이 생긴 이유는 처음엔 단순히 돈을 벌고 싶다는 생각 때문이었다. 가정 형편이 그리 넉넉하지 않아 집안이 좋은 친구들을 부러워하며 살았다. 그래서 '이다음에 커서 나는 꼭 부자로 살아야지'라는 막연한 생각을 가지고 있었다. 그러다가 우연한 계기로 고등학생 때 부모님을 설득해 주식투자라는 것을 처음 시작하게 되었다. 당시엔 뭘 알고 투자한 것이 아니라 내가 가장 많이 사용하고, 좋아하는 제품을 만드는 회사에 투자했다. 정말 운이 좋게도 그 주식이 입시공부를 하는 동안 많이 올랐다.

대학에 들어와서 본격적으로 투자 공부를 시작했다. 로버트 기요사키의 《부자 아빠 가난한 아빠》, 엠제이 드마코의 《부의 추월차선》 등을 읽으며 내가 가야 할 길은 바로 사업과 투자란 생각이 들었다. 생각까지는 잘 들었는데 20대의 패기를 받아 줄 정도로 현실은 그리 녹록지 않았다. 마이더스의 손처럼 내가 하는 사업과 투자마다 다 실패하고 말았다.

"그러게 취업 준비나 열심히 하지. 쟤는 좀 이상한 것 같아."

사회에서 정해 준 길 말고 자꾸 다른 길을 가려고 하던 나는 실패를 거듭했다. 그러자 주변 사람들은 그런 나를 보며 스스로를 위로하는 듯했다. 스펙을 쌓고 취업 준비를 하던 친구들과도 점점 멀어졌다. 일부러 거리를 두었다기보다는 생각이 다르다 보니 같이 어울리기가 어려웠다.

'20대에 나처럼 생각하는 것은 정말 어리석은 것일까? 사업과 투자는 나중에 나이를 먹고 해야 되는 걸까? 지금부터 관심을 가지고 하면 안 되는 것일까?'

나는 점점 자신감을 잃어 갔다. 그러나 사회가 정해 준 길로 나아가기에도 솔직히 이미 늦었다는 생각이 들었다. 지금 내가 토익 책을 집어 들고 앞서간 그들을 따라간다고 하더라도 나는 그들을 이길 수 없겠다는 생각이 들었다. 경쟁이 너무 치열했다.

작은 사업에 실패하면서 내게 든 생각은 '너무 경쟁이 치열한 곳엔 진입하지 않아야 된다'라는 것이다. 또라이는 경쟁이 덜 치열하다. 왜냐하면 또라이가 된다는 것은 굉장한 용기가 필요한 일이기 때문이다.

군대에서 휴가를 나와서도 강연과 세미나를 찾아다녔다. 그 정도로 나는 '내 삶을 어떻게 꾸려 나가야 할 것인가?'라는 질문의 답을 찾기 위해서 방황하고 있었다. 주로 투자 세미나를 많이 다녔는데 거기서 나는 아주 인상 깊은 말을 들었다.

"여러분. 자녀들을 열심히 공부시켜서 좋은 대학 보내고, 돈 많이 주는 대기업에 취직시키면 뭐 하나요? 차라리 그 돈으로 주식을 사 주세요. 자녀 사교육비로 한 달에 기본 100만 원 이상은 대부분 쓰시던데, 차라리 월 100만 원씩 좋은 주식을 사 주세요. 좋은 주식을 골고루 담아서 그렇게 투자하면 자녀들이 20대 후반 남짓 기업에 취업해서 은퇴할 때까지 버는 돈보다 낫습니다."

듣고 보니 그런 것 같았다. 실제로 우량주식에 월 100만 원씩 15년간 투자할 경우 대부분 평가액이 10억 원 이상이었다. 대기업에서 일하면서 10억 원을 번다는 것은 어려운 일이다. 10억 원을 모은다는 것은 더더욱 불가능한 일이다.

그 순간 난 '유레카'를 외쳤다. 당시엔 나갈 돈이 별로 없어서 버는 족족 주식에 투자할 수 있었다. 뭔가 금방 부자가 될 것만 같은 환상에 빠졌지만 그게 또 만만치가 않았다. 주가는 이유 없이 급락하고, 올랐다가 다시 제자리로 돌아오기를 반복했다. 나는 심리적으로 지칠 때로 지쳐 있었다. 결국 참지 못하고 주식을 팔았더니 그때부터 주가가 올라갔다. 누군가 나를 지켜보고 있다가 일부러 물먹이고 있다는 생각이 들었다.

그런 나를 가엾게 여기셨는지 주식투자를 오래 하신 한 어르신이 많은 조언을 해 주셨다.

"시장은 변덕쟁이라 어떻게 갈지 아무도 모른다. 시장에 맞추려고 하지 마라. 시장에서 우량주를 잡아라. 그리고 우표 모으듯이 모아라. 누구나 한 번씩은 매매를 했지만 지금은 가지고 있지 않은 종목이 우량주다. 그런 우량주를 정말 끝까지 가져가야 한다. 이런 변덕스러운 시장에 흔들리지 말아야 한다. 그렇게 해야지만 시장에서 오래 살아남을 수 있고, 큰 수익을 누릴 수 있다."

그 말씀을 듣고 다짐했다. '그래, 누가 이기나 한번 끝까지 해보자. 난 이곳에서 승부를 보겠다!' 그 후에 미친 듯이 주식 공부를 하기 시작했다. 공부를 하면서도 나는 여러 번 같은 실수를 반복하며 시장에서 처참히 깨졌다. 그러나 포기하지는 않았다. 돈을 잃으면 다시 열심히 일해서 돈을 주식시장에 가져왔다. 그리고 또다시 깨졌다. 그리고 다시 일해서 돈을 가져왔다.

주식시장도 그런 나의 또라이 정신에 감동했는지 어느 순간부터 주식의 시세가 보이기 시작했다. 시세의 원리가 보이자 수익이 나기 시작했다. 누구한테 보여 줄 정도의 대단한 수익은 아니다. 그러나 나는 어린 나이에 시작했다는 이점을 십분 활용하고 있다. 매년 꾸준히 주식을 통해 돈을 불려 나가고 있는 것이다. 복리로 누적된다면 아마 노후에 돈 걱정할 일은 없을 것이다.

전업투자는 절대로 하지 말라는 스승님들의 조언을 들었다. 그에 따라 낮에는 열심히 일하고 밤에는 주식 공부를 한다. 그리고 예약주문을 통해 주식을 매수하면서 투자도 병행하고 있다. 또한 그동안의 경험과 지식을 바탕으로 《나는 주식과 맞벌이한다》라는 투자입문서도 출간했다. 출간 이후 온라인 투자전문 잡지인 〈퀘이사 월간지〉를 창립해 투자자들에게 투자 조언을 하고 있다.

'남을 성공시켜야 내가 성공한다'라는 생각으로 월간지를 구독하는 투자자들이 장기적으로 좋은 투자 결과를 얻을 수 있도록 하고 있다. 훗날 그들과 즐겁게 술 한잔 기울일 수 있는 날이 왔으면 좋겠다. 남과 조금은 다른 길을 걷고 있는 내가 참으로 좋다.

29

불가능을 현실로 만드는
또라이로 살아가기

임원화 〈임마이티 컴퍼니〉 대표, 마인드 모티베이터, 동기부여 강연가, 몰입독서 및 책 쓰기 코치, 1인 기업 멘토, 책 쓰는 간호사

모두의 잠재력을 깨우는 기업 〈임마이티 컴퍼니〉 대표로 집필, 강연, 코칭, 컨설팅, 특강, 워크숍, 칼럼기고 등을 활발히 진행하고 있다. 지식과 경험을 나누는 메신저로 다양한 대중들과 소통하고 있으며, 책 쓰기를 기반으로 1인 기업가를 시작하는 이들의 멘토로 활약하고 있다. 저서로는 《하루 10분 독서의 힘》, 《한 권으로 끝내는 책쓰기 특강》 외 12권이 있다.

• E-mail immighty@naver.com
• Cafe www.immighty.co.kr
• Blog www.dreamdrawing.co.kr
• C·P 010·8330·2638

"현실을 직시하라, 그러나 가슴속에서는 불가능을 꿈꾸라."

아르헨티나 출생의 쿠바 정치가이자 혁명가인 체 게바라의 명언이다. 나는 이 말을 좋아한다. 불가능을 꿈꾸라는 것이 아이러니하게 느껴질지도 모른다. 하지만 우리는 남들이 불가능하다고 여기는 말과 상황을 너무도 당연하게 받아들이는 건 아닌지 생각해 볼 일이다.

현대인들은 정말 바쁜 일상을 살고 있다. 어떤 일을 시작할 때

빠르게 흘러가는 현실에 급급해하며 성공 확률을 따지는 것이 당연한 수순이다. 현실적 제약과 복잡한 조건을 살피며 일말의 가능성에 집중하기보다는 한계를 짓는 데 익숙하다. 현실을 직시하는 사람들은 철든 어른으로 여겨지고, 계획적이고 성실한 사람으로 비쳐진다. 하지만 이상을 꿈꾸는 이상주의자는 허황된 목표를 좇는 사람처럼 보이고, 다수의 걱정과 우려를 사는 존재로 여겨진다.

"말 없이 달리는 마차를 만들겠다."

1886년에 자동차를 발명한 칼 벤츠의 말이다. 그가 이 말을 하고 자동차를 만들기 시작했을 때 과연 몇 명이 그의 말을 믿어 주고 응원해 주었을까? 아마 말도 안 되는 일이라며 많은 사람들의 조롱과 멸시를 받았을 것이다. 칼 벤츠 이전에는 누구도 '말 없이 달리는 마차'를 상상하지 못했다. '마차'로 이동하던 시대에는 말 없이 먼 거리를 간다는 것을 지극히 불가능한 일이라 여겼기 때문이다. 하지만 지금 우리는 '자동차'를 타지 않고 장거리를 가는 것을 상상조차 할 수 없다. 일상과 밀접하다 못해 없는 것을 생각조차 할 수 없는 당연한 이동수단이 되었다.

불가능을 꿈꾸는 시작이 중요하다. 칼 벤츠가 있었기에 우리는 자동차로 편한 생활을 누릴 수 있게 되었다. 불가능한 꿈을 꾸는 사람들이 있었기에 세상은 변화해 왔고 끊임없이 발전할 수 있었다. 자동차뿐만 아니라 배나 비행기 등 아주 당연하게 누리고 있는 현대의 이동수단 또한 누군가의 '불가능한 발상'으로부터 시작되었다. '황당무계하다고 여겨졌을 만한 생각'이 그저 아이디어만으로 머물지 않았기 때문에 눈에 보이는 결과로 나타났다.

4차 산업혁명이 도래했다. 세상의 변화는 점차 가속화되고 있다. 로봇과 자동화된 기계들이 많은 부분을 대체하면서 인간의 일자리는 사라져 가고 있다. 유망하던 직업이 몇 십 년도 되지 않아 사라졌고, 새로운 직업들이 생겨나고 있다. 이제 상품을 파는 시대는 지나가고, 지식과 경험을 파는 시대가 왔다. 보이는 물건에서 보이지 않는 가치를 파는 시대가 온 것이다.

기존의 성공 법칙이 깨지고, 새로운 성공 법칙이 세워지고 있다. 사회에서 순위를 매기는 데 사용되는 성적, 학벌 등의 스펙을 가진 모범생들의 시대는 끝났다. 탈직장화가 시작되고 있으며 점점 더 그 속도는 빨라지고 있다. 전문직, 공무원, 대기업 직장인을 꿈꾸는 것이 아니라 새로운 직업을 창조하고, 자신만의 콘텐츠로 창업하는 사람들이 늘어나고 있다. 세상에 없던 나만의 방식으로 도전하는 모험생들이 오히려 세상의 중심이 되고 있다.

세상은 희소가치에 따라 가격을 매긴다. 물건으로 친다면 잘 구할 수 없는 것일수록 비싸고, 구하기 쉬운 것일수록 싸다. 사람도 이와 마찬가지다. 평범한 사람들은 절대 내릴 수 없는 결정을 한 사람, 보통의 사람이었지만 조금 더 용기를 내어 행동한 사람, 범접할 수 없는 꿈을 이룬 사람, 재능과 잠재력을 수익과 자아실현으로 연결시킨 사람들의 몸값은 비싸다. 이들은 '평범한 다수'가 아니라 '비범한 소수'이기 때문이다.

코이라는 물고기가 있다. 이 물고기는 주어진 환경에 따라 크기가 달라지는데, 어항에서 기르면 5~8센티미터 정도의 작은 물고기로 자란다. 하지만 좀 더 넓은 수족관이나 연못에서 키우면 최대 15~25센티미터까지 자란다. 더욱 놀라운 건 강물에서 자라면 최대 90~120센티미터의 대어가 된다는 사실이다.

사람도 이와 같지 않을까? 코이의 법칙은 사람에게도 적용된다. 스스로 하루에 10만 원만 버는 것에 만족하는 사람이라면 한 달에 평균 200~300만 원 정도의 월급을 받는 평범한 직장인으로 살아갈 것이다. 하지만 '나는 왜 남들과 똑같이 하루에 10만 원만 벌어야 하지? 더 벌 수 있는 것 아닌가?'라고 생각하는 사람은 하루에 10만 원을 넘어 50만 원, 100만 원까지 벌고 싶은 욕망을 가질 것이다. 그 욕망을 실현시키기 위해 남다른 생각과 행동을 하게 되고, 그 결과 하루에 100만 원 이상 버는 사람이 된다. 하루에 100만 원 이상을 벌어 본 사람은 다시 하루에 300만 원, 500만 원을 벌길 바라며 남다른 행보를 이어 가게 된다. 이 모든 것이 당연해질 때 더 큰 꿈, 즉 꿈 너머 꿈을 꾸게 된다.

불과 몇 년 전만 해도 나는 어항에 사는 코이였다. 대학병원 중환자실 간호사로 약 5년간 근무한 나는 현실적인 제약과 주어진 환경에 맞춰 움직이는 현실주의자였다. 변화를 두려워했고, 안정을 추구했다. 매년 연봉이 더 오르길 간절히 바랐고, 밀린 카드값과 학자금 대출금을 갚느라 허덕였다. 매일 반복되는 고된 병원 생활이 정말 힘들었지만 취업준비생인 친구들에 비해 빨리 취업한 것에 안도했다. 전문직으로 복지가 좋은 환경에서 근무하는 것도 감사한 일이라며 스스로를 합리화했다.

그러나 아무리 인정하지 않으려고 발버둥을 쳐도 나는 조직생활에 맞지 않는 사람이었다. 어디에도 구속되고 싶지 않은 자유로운 영혼이었다. 쳇바퀴처럼 반복되는 직장생활을 버텨 내며 한 가지 확실하게 가지고 있었던 생각은 '돈만 버는 기계로 평범하게 살고 싶지 않다'라는 생각이었다. 꿈꾸는 이상과 팍팍한 현실의 괴리감이 컸던 나는 몸과 마음이 아픈 지경에 이르렀다. 나름대로 열심히 살았지만 결국 자살을 꿈꾸는 상황에 이르러서야 나는 결단을 내렸다. '직장'이라는 따뜻하고 안전한 어항을 깨고, 드넓은 강물과 같은 '세상'으로 나가자는 결심 말이다.

내가 하고 싶은 일을 잘하기 위한 준비를 치열하게 했다. 책을 쓰고 강연을 하는 등 대중과 소통하는 삶을 꿈꾸며 4시간 이상 자 본 적이 없을 만큼 고군분투했다. 하지만 막상 직장 밖으로 나와 보니 현실은 녹록지 않았다. 어항 속은 급격한 환경 변화 없이 잔잔한 물결이 유지되지만, 강물은 날씨에 따라 변화가 크며 차갑고 세차다. 세찬 강물에 적응하기 위해서는 힘을 키워야 했고, 살아남기 위해서는 더 부지런히 발품을 팔아야 했다.

직장이 안전한 보호막이었던 직장인에서 내 이름 세 글자로 홀로서기를 해야 하는 1인 기업가로 독립했다. 힘든 시간들도 많았지만 빠르게 성장할 수 있었다. 때로는 내 안의 두려움을 이겨내야 했고, 외로운 결정을 해야 했다. 무수히 많은 밤을 새우면서 되는 방법만 찾았다. 넘어지면 또 일어섰고, 상처받아도 아무렇지 않은 듯 다시 내 할 일을 했다. 보란 듯이 결과를 내고 성공하고 싶었다. 절대 포기하고 싶지 않았다.

치열한 시간을 보낸 결과 나는 먹고살기 위한 직업이 아니라 하고 싶은 천직으로 억대 수입을 이룬 1인 기업가가 되었다. 거센 강물에도 잘 적응할 수 있는 큰 코이가 되었다. 이제는 웬만한 힘든 일이 생겨도 흔들리지 않을 정도로 단단해졌다. 시행착오를 겪으며 얻은 깨달음으로 문제를 해결하고 있다. 다양한 경험을 통해 터득한 지혜를 다른 이에게 나누고 있다. 지식과 경험을 나누는 메신저이자 지식 창업 사업가로서 직장인일 때 월급의 열 배가 넘는 수익을 창출하고 있다.

현시대의 '또라이'는 자신만의 길을 가는 사람들이라고 정의 내리고 싶다. 자주적으로 사고하며 명확한 자기신념을 가지고 행동하는 사람, 다수가 가는 안전해 보이는 길을 선택하지 않고, 내가 가는 길이 곧 나의 길이라는 정신으로 두려워도 앞을 향해 가는 사람 말이다. 나는 이런 현대판 '또라이' 정신으로 모두의 잠재력을 깨우며 많은 이들을 변화시킬 것이다. 내가 그러했듯 많은 이들을 어항 속에 갇힌 피라미가 아닌, 드넓은 강물을 누비는 대어로 만들어 줄 것이다.

젊은 나이에 빠르게 성공했다며 많은 이들이 부러워하지만, 나는 강물에 사는 코이로 만족하고 싶지 않다. 강물에서 드넓은 바다로 나가는 더 큰 코이가 되고 싶다. 실현성이 없는 헛된 생각을 즐겨 하는 사람을 '몽상가'라고 말한다. 나는 죽을 때까지 가슴속에 불가능을 가능하게 할 꿈을 품은 몽상가로 살고 싶다. 실현 가능성이 없다고 여겨지는 일을 당연한 현실로 만들어 사람들을 깜짝 놀라게 하고, 피곤하게 사는 사람, 별난 사람이라고 불리든 말든 내 자유의지로 내가 원하는 일을 당차게 해 나갈 것이다.

30

마이크 하나로 세상을 바꾸기

김용일 '인생강연코칭연구소' 소장, 삼성 라이온즈 아나운서, 대학 교수, 전문 강사, '드래곤엔터테인먼트', '웨딩엔' 대표, 이벤트·방송 MC

프로스포츠 응원단장으로 활동했으며, 현재는 야구, 농구, 배구단 등 프로스포츠 전문 MC이자 아나운서다. 대학에서 레크리에이션과 스포츠 마케팅, 이벤트 기획을 가르치고, 기업과 관공서에서 특강 전문 강사로 활동하고 있다. 책 쓰기를 통한 성공학 코치와 동기부여가를 꿈꾸며 최고의 메신저로서의 삶을 살고자 한다.

• E-mail kyi8943@naver.com   • Blog blog.naver.com/kyi8943
• Cafe cafe.naver.com/bndotcom05

우리는 톡톡 튀는 아이디어가 삶의 질을 변화시키고 독특한 캐릭터를 가진 사람이 대우받는 세상, 한마디로 '또라이 스타일'이 인정받는 시대에 살고 있다. 부모님 세대에서 출세하는 방법이 공부를 잘하는 것이었다면 요즘은 너도나도 자신의 끼와 재능을 펼쳐 보이고자 혈안이 되어 있다.

나의 직업은 MC이자 강사다. 마이크 하나로 관객들을 웃기고 울리는 멋진 일을 하고 있다. 내성적인 성격인 내가 이런 일을 하게 될 줄은 상상도 못했다. 하지만 박수와 함성 소리가 주는 행복함에 젖어 살아온 지 벌써 20년이 되었다. TV에 나오는 유명 연예인은 아니지만 행사나 강의 현장에서 지식과 지혜를 전하고 사람들과 공감대를 형성하며 변화를 이끌어 낸다. 나는 나의 일이 사람들에게 잘나가는 방송인만큼의 영향력을 미친다고 생각한다. 그래서 하루도 빠짐없이 책을 읽고 공부도 하며 자기계발에 소홀해지지 않으려고 한다.

나에게도 유명한 방송인이 되고픈 꿈이 있었다. 한때는 지역 방송에서도 활동했고 서울에서도 몇몇 프로그램에 패널로 출연했었다. 그때 방송이 정말 어렵고 힘들다는 것을 몸소 느꼈다. 그러고서야 현재 활동하고 있는 내 모습과 주 무대인 삶의 현장이 더욱 소중하게 다가왔다.

컬투가 진행하는 MBC 방송에 나갔을 때의 일이다. 방송국에 처음 가면 녹화 장소의 대형세트에 한 번 놀라고, 프로그램 하나를 촬영하는 데 투입되는 수많은 스태프 숫자에 두 번 놀란다. 녹화가 시작되면 망가지고 민망할 정도로 오버액션을 하는 방송인들의 모습에 혀를 내두른다.

'난 때려죽여도 쪽팔려서 저렇게는 못하겠다'

나도 '끼'가 있지만 방송 카메라 앞에서 거리낌 없이 끼를 부릴 용기는 도저히 생기지 않았다. 하지만 TV에서 늘 보는 연예인들은 카메라 앞에서 마치 실생활인 양 울고 웃는다. 실성한 것처럼 춤을 추기도 한다. 보여 줄 수 있는 모든 것을 자연스럽게 쏟아 내는 것이다. 하지만 나는 그런 끼를 표출하지 못한다. 최고의 MC 유재석 씨가 처음 방송할 때 '울렁증'으로 고생했다는 말에 공감을 느끼는 것은 그 때문이다. 자신의 분야에서 독보적인 존재가 되기 위해서는 각고의 노력을 기울일뿐더러 엄청난 고통을 겪어야 하는 것이다.

TV 프로그램을 보면서 시청자들은 누구나 '연예인들은 여행도 하고 맛있는 것을 먹으면서 돈은 돈대로 벌 수 있으니 최고의 직업이다'라고 생각할 것이다. 하지만 실제 평균 녹화 시간이 10시간을 넘는 프로그램도 있다. 또한 새벽에 녹화를 시작하는 프로그램도 있다. 일반적인 생활의 틀에서 벗어나야지만 가능한 일이다. '방송도 아무나 하는 것이 아니구나'라는 생각에 무지했던 나 자신이 부끄러웠다.

MC로서 행사를 진행하거나 전문 강사로서 강의를 하면 나는 회당 세 자릿수 개런티를 받는다. 하지만 방송에 나오는 유명한 사람들의 회당 개런티는 네 자릿수를 상회한다. 과연 이것이 차별이라고 할 수 있을까?

처음에는 이런 사실을 인정할 수가 없었다. '방송에 나오지만 않았을 뿐 내가 훨씬 더 재미있고 능력이 뛰어난데 왜 저들보다 몸값이 낮은 거야?' 이런 생각이 스스로를 힘들게 했다. 날이 갈

수록 불공평하다는 부정적인 마인드가 나를 지배하고 있었다. 스케줄이 없던 어느 날, 방황하던 내게 MC 선배가 식사 자리에서 하셨던 말씀이 기억난다.

"유재석이나 김제동의 말 한마디는 대한민국 모든 사람이라 해도 될 만큼 많은 사람에게 영향력을 미치지. 반면 너를 폄하하는 것은 아니지만, 용일이의 말 한마디의 영향력은 그들만큼은 아니잖아. 그래서 그들의 수입이 훨씬 많은 것이다."

현실적이고 냉철하게 들렸다. 그러곤 선배는 "차별이 아니라 차이를 인정해라."라고 말씀하셨다. 그러시면서 "현장에서 활동하기 위해 너도 엄청 노력했겠지만 그들은 방송에 나오기 위해 더 많은 노력을 했을 것이다. 그것이 지금의 네 모습이다."라고 덧붙이셨다. 순간 망치로 뒤통수를 세게 얻어맞은 기분이었다.

내 좌우명은 "자기 일에 최선을 다할 때 흘리는 땀방울이 세상에서 가장 아름답다."다. 늘 가슴속에 이 말을 새기며 마이크를 잡고 무대에 섰다. 그런 나에게 선배의 말 한마디는 부족했던 나의 노력을 다시 한 번 깨우치는 계기가 되었다.

지금은 유명해지기 쉬운 세상이다. 인지도 높은 연예 기획사나 안정된 것으로 받아들여지던 '사'자가 들어가는 직업들이 성공을 보장하지는 않는다. 스마트폰 하나로 모든 것이 가능한 시대에 자신을 알리고 영향을 줄 수 있는 것들이 너무나도 많다.

세상이 바뀌었다고 체념할 것이 아니라 변화에 발맞춰 자신을 개혁시켜야 살아남을 수 있다. 물질문명에 익숙해지고 최신 기기나 전자시스템에도 익숙해져야 한다. 마이크를 잡고 무작정 큰 소리 치고 웃기기 위해 망가지는 것에서 탈피해 좀 더 세련된 방법을 연구해야 한다. 이것이 잘 사는 길이고 진정한 '또라이'로 인정받는 길이기 때문이다.

튀는 것을 좋아하지 않지만 튀는 일을 직업으로 삼고 나는 오늘도 전국을 누비고 있다. 인생은 자신의 나이만큼이나 빠른 속도로 흘러가고 있다. 이 속도에 맞는 내적 성장은커녕 후진하고 있는 내 모습에 채찍질이 필요함을 뼈저리게 느끼고 있다.

막연하게 시작했던 MC가 직업이 되고 나아가 강사로도 인정받고는 있다. 하지만 늘 답답하고 가려운 무언가를 긁어 줄 용기가 부족하다. 전국에 나와 비슷한 일을 하는 사람은 엄청나게 많다. 특정한 곳에 얽매이는 것을 싫어하고 무대 위의 화려함을 즐기며, 주목받는 것을 가장 보람 있는 일로 여기는 사람들이다. 나 또한 이 마법에서 헤어나지 못하고 아직까지도 이 일을 즐기고 있다.

'마이크는 나의 운명'이라고 감히 말하고 싶다. 제대로 된 마이크의 주인이 되고 싶다. 똑같은 행사, 똑같은 강의는 식상한다. 마찬가지로 색깔 없고 밋밋한 MC나 강사가 되고 싶지는 않다. 달라도 아주 다른 특별한 '마이크쟁이'로 거듭나고 싶은 게 현재 내게 가장 와 닿는 동기이자 목표다. 그래서 선택한 것이 바로 '책 쓰기'다.

나는 오랫동안 공부해 박사학위를 취득했다. 그러곤 나만의 스타일로 승부수를 띄워 왔지만 나를 대변해 줄 또 다른 무엇이 필요함을 느꼈다. 그것이 바로 '책'이라고 판단했다. 책을 읽는 독자에서 책을 쓰는 저자로의 변신이 차별화된 나를 만들어 줄 강력한 무기가 될 것이다.

누구에게나 기회의 문은 열려 있다. 이제껏 살아온 자신의 방식과 천직이라고 생각했던 직업을 유지하면서 새로운 방법을 모색해야 한다. 한 번뿐인 인생, 넋 놓고 있다가는 무덤 속에서도 계획을 짜게 될 것이다. 이 시간에도 변화의 소용돌이에 빠지고자 수많은 사람들이 다양한 연구를 하고 있다. 나 역시 마이크를 통해 영향력을 발휘하고자 한다. 그래서 책을 쓰고 강의안을 짜고 새로운 시장을 개척하기 위해 인터넷을 검색하고 있다. '또라이'라는 말을 예전에는 좋지 않게 받아들이는 경향이 있었다. 하지만 자신만의 철학을 대신해 줄 수 있는 단어로 인식이 바뀌어서 지금은 나쁘게만 들리지 않는다.

연예인이나 스포츠 스타에게만 제2의 전성기가 있는 것은 아니다. 똑같은 인간으로 태어나서 이제껏 평범하게 살아왔다면 남은 인생은 또라이처럼 살면서 제2의 전성기를 만들어 보자. 물론 사회에 필요한 또라이로서 말이다.

　자! 마이크쟁이 김용일, 오늘부터 진정한 또라이로서 또 다른 세계에 입성함을 선포합니다. 이제껏 즐기지 못하고 누리지 못한 것을 다 하며 아름다운 세상을 위해 나의 모든 역량을 발휘할 것을 세상의 모든 또라이에게 말씀드립니다.
　'또라이의 전성시대'여, 영원하라!

또라이들의
전성시대 2

31 ~ 42

박경례 김홍석 이철우 박지영

이서형 류한윤 임현수 강남호

어성호 박하람 이주연 김주연

나에게 확신을 갖고
밀고 나가기

박경례 | 부동산 컨설턴트, 공인중개사 코치, ,부동산 투자자, 강연가, 동기부여가, 자기계발 작가

20여 년 동안 쌓은 부동산 컨설팅 경력을 바탕으로 현재 네이버 카페 '30대를 위한 부동산 투자 연구소'를 운영하고 있다. 평생 월급이 나오는 시스템과 부동산 투자 노하우를 알려 주는 강연가로도 활동 중이다. 저서로는 《앞으로 5년 부동산이 답이다》, 《꼭 이루고 싶은 나의 꿈 나의 인생》, 《나는 책쓰기로 당당하게 사는 법을 배웠다》, 《버킷리스트11》, 《인생을 바꾸는 감사일기의 힘》 등이 있다.

- E-mail sophia88888@naver.com
- Cafe cafe.naver.com/anyomnia
- Blog blog.naver.com/sophia88888
- C·P 010·6900·4984

바쁜 직장생활 중 우리나라 직장인들에게 가장 큰 회의감이 드는 순간이 '똑같은 일상이 반복된다고 느낄 때'라고 한다. 취업 검색엔진 '잡서치'가 최근 취업전문포털 '파인드잡'과 공동으로 직장인 693명을 대상으로 '시간스트레스와 타임푸어' 설문조사를 실시했다. 그 결과에 따르면 남녀 직장인 10명 중 4명(42.7%)이 이같이 대답했다고 한다. 이렇듯 매일 똑같은 일을 하다 보면 일탈하고 싶어질 때가 있다. 그럴 때 과감하게 내가 느끼는 대로 밀고 나가라고 말하고 싶다.

나는 부동산과 함께하면서 많은 수익을 낼 수 있었다. 그것은 누구나 하는 방식이 아닌 나만의 스타일로 일했기 때문이다. 그런 쪽으로는 누구보다 머리 회전이 빨랐던 것 같다. 그리고 그런 것들이 남들에게는 내게 또라이 기질이 있다고 받아들여졌던 것 같다. 경제적으로 어려울 즈음, 나는 어떻게 하면 돈을 벌 수 있을까 생각했다. 당시는 내가 직접 부동산을 운영하지 않고 실장으로 근무하던 시절이었다.

　　부동산 실장의 수입은 기본급에 성과급이 있다. 그래서 내가 뛰는 만큼 경제에 도움이 되었던지라 돈에 대한 생각이 더욱 간절했다. 부동산을 운영하면서 느낀 것이지만 부동산을 운영하는 대부분의 사람들은 고객을 능동적으로 찾아 나서기보다 수동적으로 찾아오는 고객들만 상대한다. 그러고는 요즘 손님이 없다는 둥 뭘 먹고 사냐는 둥 한다. 나는 그런 것들이 이해되지 않았다. 찾아보면 주변에 널린 게 계약할 물건이었기 때문이다.

　　어느 날 밥을 먹으러 한 식당에 들어갔다. 그런데 그곳 빌딩의 사무실이 텅텅 비어 있는 게 눈에 들어왔다. 다음 날 옆 빌딩을 가 봐도 똑같은 상황이었다. 나는 '그래 이거다! 다 내가 계약할 수 있겠네'라고 생각했다. 나는 그다음 날부터 몇 달 동안 빌딩을 돌아다녔다. 그러면서 빌딩 내에 붙어 있는 공실 임대문의 전화번호를 적어 오거나 명함을 꽂아 놓고 오곤 했다. 당시 40개가 넘는 빌딩숲들의 위치 파악이 안 되어서 나만의 지도를 만들어 들고 다녔다. 그렇게 하면 고객이 왔을 때 헤매지 않고 갈 수 있었기 때문이다. 고객 앞에서 허둥지둥하는 모습을 보이기 싫어서 만든 지도다. 그렇게 일일이 찾아다니면서 만든 나만의 빌딩지도는 사무실을 계약하는 데 아주 큰 역할을 해 주었다. 그러면서 나는 상가나 빌딩을 보는 눈을 익혔고 무수히 많은 계약을 성사시켰다. 그렇게 부동산에 반점쟁이가 되었다.

'저 식당은 얼마 못 가겠네', '이 카페도 몇 달 안에 접겠네!'라는 생각이 들면 명함을 살짝 주고 오곤 했다. 그럼 바로 전화가 걸려오거나 나중에 연락이 와 계약을 하곤 성과급을 받았다. 이렇게 씨앗을 뿌려 놓은 결과 그 지역이 아닌 타 지역으로 옮겨 부동산을 운영하면서도 그곳 부동산들보다 더 많이 공실들의 임대나 빌딩 내 사무실 매매 등을 할 수 있었다. 가끔 공동중개로 사무실을 계약할 때면 현지 부동산 사무소에서 어떻게 이쪽보다 사무실 계약을 더 많이 할 수 있느냐고 물어볼 정도였다.

나중에 내가 부동산을 운영할 때도 그동안 찾아 놓은 물건들이 나에게 엄청난 수익을 가져다주었다. 나는 내가 직접 계약을 하지 않고 내가 데리고 있는 실장에게 노하우를 알려 주며 계약을 성사시킬 수 있도록 가르쳤다. 그렇게 나만의 스타일로 많은 수입을 얻을 수 있었다.

한번은 광교호수공원을 산책하면서 상가가 얼마만큼 들어왔는지 주변을 둘러보고 있었다. 그때 나처럼 주변을 둘러보고 있는 한 부부가 눈에 들어왔다. 다른 사람이라면 그냥 지나쳤겠지만 내 눈에는 부부가 분명 이유가 있어서 둘러본다는 생각이 들었다. 이렇게 그들과 우연한 기회에 인연이 되어서 고가의 펜트하우스를 계약해 주었다. 관심을 가지고 있는 것에 대해 진심 어린 친절을 보였던 것이 먹혔던 것 같다. 남들과 같은 생각으로 호수나 둘러보고 그냥 산책하고 집에 왔다면 그런 큰 건의 계약을 성사시킬 수 없었을 것이다. 이런 일들은 내가 살아오면서 수없이 겪은 일들로 나에게 더없이 좋은 결과물을 안겨 주었다.

부동산과 시간을 보내면서 성과도 많았지만 많이 지치기도 했다. 돈을 벌면 벌수록 뭔지 모를 허전함이 내 가슴 한쪽을 짓눌렀다. 어쩌다 그런 이야기를 하며 조언을 구하면 친한 친구마저도 배가 불러서 그런다는 둥, 그냥 하던 거나 하라는 둥 했다. 나에게 긍정적으로 말해 준 사람은 단 한 사람도 없었다. 물론 걱정이 되어서 하는 이야기일 수도 있다. 하지만 그런 조언을 받아들였더라면 현재의 나는 없었을 것이다.

건강에 이상신호가 온 것도 한몫했지만 매일 반복되는 일상에서 벗어나고 싶은 마음이 간절했다. 그래서 돈은 벌면서도 조금은 내 시간을 가지기 위해 이곳저곳을 기웃거리고 세미나를 찾아다녔지만 공허한 마음이 채워지지 않았다. 그즈음 나는 앞으로 무엇을 해야 할지 심각하게 고민하기 시작했다.

계속 뭔가 2% 부족한 느낌이었다. 무언가 채워지지 않는 그것이 무엇인지를 찾기 위해 나는 여전히 여기저기 부동산강좌도 듣고 세미나도 들으러 다녔다. 가끔 나의 사무실에 부동산 전문가라며 방송에 나온 사람들이 고객을 데리고 오곤 했다. 그러나 내가 볼 때 그들은 부동산 전문가라고 하기에는 아직 미흡했다. 그들은 나중에 2배 이상 오른다고 하면서 본인들을 추종하는 사람들에게 미분양아파트를 눈 가리고 아웅 하며 팔고 있었다. 그런데 신기한 것은 7~8억 원이나 하는 아파트를 그들의 말을 듣고 고객들이 순한 양들처럼 산다는 점이었다.

물론 그들은 아파트 가격이 지금 시세보다 오를 것이라는 기대에 잔뜩 부풀어 있었다. 그 지역은 그렇게 오를 만한 곳이 절대 아닌데도 말이다. 그런 것들이 나를 더욱 혼란스럽게 했다. 내가 하면 저것보다는 더 잘할 수 있겠다는 생각이 들었다. 그 생각은 '그래 나도 저런 추종자들을 만들려면 인정받으면서 유명해져야겠네'라는 생각으로까지 이어졌다. 그러고는 생각한 게 책 쓰기였다. 이렇게 우여곡절 끝에 〈한책협〉과 인연이 되었다.

처음 책을 쓰려던 목적은 내가 을이 아닌 완전한 갑이 되려던 것이었다. 갑이라고 생각했던 내가 어느 순간 을로 바뀌는 상황을 받아들여야 되는 게 적지 않은 현실이었다. 항상 누군가를 위해서 열심히 일하는 것보다는 내가 투자자가 되어서 을이 아닌 갑의 위치에 서 있고 싶었다. 내가 그동안 쌓아 온 많은 경험과 노하우가 있는데 '왜 항상 을이 되어야 되지? 내가 언제나 영원한 갑으로 있으려면 뭘 해야 되지?'라는 물음이 머릿속에서 맴돌았다.

그렇게 시작된 책 쓰기는 나의 또라이 기질에 더욱 부채질을 했다. 이렇게 책을 쓰기 시작하면서 이미 선배 작가님들이 1인 기업가로 성공하는 것을 보았다. 그러면서 '그래, 갑과 을의 역할을 바꾸기보다는 내가 그들에게 도움을 주는 완전한 갑의 역할을 해보자'라고 생각하게 되었다.

나보다 적게 시간을 투자하고도 더 좋은 결과를 달성하는 사람도 있었다. 아무리 내가 그들보다 많이 알아도 알아주지 않으니 이번 기회에 나 자신이 인정받는 사람이 되어야겠다는 생각이 더욱 깊어졌다. 내가 어떤 일을 행할 때 머물러 있거나 부정적으로 사고하며 밀고 나가지 않았으면 얻을 수 없었을 변화다.

이렇게 시작된 책 쓰기는 나를 베스트셀러 작가로 만들어 주었다. 그리고 당당하게 인세 받는 여자가 되었다. 지금 이 글을 쓰는 순간에도 수없이 들어오는 감사메시지와 카톡에 행복한 비명을 지르고 있다. 완벽한 또라이로서 책을 쓰기보다 다른 방법을 택했다면 독자와의 행복한 인연을 맺지 못했을 것이다. 대부분의 사람들은 늘 시간에 쫓기는 타임푸어의 해결책으로 그냥 하루 쉬거나 아니면 바빠야 성공한다고 위안 삼으며 몸을 혹사한다.

나 역시도 책을 쓰지 않았더라면 그렇게 사는 게 당연하다고 생각했을 것이다. 그러면서 오늘을 위해 온몸으로 뛰고 있었을 것이다. 이런 내가 책을 쓰면서 하나씩 목표를 설정해 가고 있다. 사람들에게 "책을 써서 투자자의 위치가 되자! 그다음은 1인 기업가가 되자! 그리고 그다음에는 강연가가 되자!"라고 외치던 것을 이제는 모두 이루었다. 나는 현재 네이버에서 '30대를 위한 부동산 투자 연구소'를 운영하면서 매주 그들에게 강의도 하고 있다.

나의 강연을 듣기 위해 모인 회원들의 눈동자에 내가 빨려 들어갈 것처럼 열심인 그들을 보고 있으면 힘이 샘솟는다. 컨설팅을 받고 그들이 나에게 전해 주는 고맙다는 메시지만으로도 보람을 느끼고 더욱 잘해야겠다는 마음이 커진다.

한 번쯤은 내가 있는 위치가 맞는지, 내가 원하는 것이 있는지, 있다면 그것을 향해 달릴 자신이 있는지 생각해 보는 것도 나쁘지 않다. 용기가 없다면 결코 이룰 수 없는 것들이다. 그리고 내가 도움을 줄 수 있는 많은 사람들을 위해 더욱 열심히 일해야 된다는 생각이 깊어지고 있다. 부동산은 평생공부다. 20대들의 열정에 나도 기운을 받는다. 이렇게 내가 원하는 일을 하면서 나도 에너지를 받고 있다. 똑같은 시간을 투자하고도 더 많은 보람과 행복감을 느끼고 수입도 함께 얻는 지금이 너무 행복하다.

또라이 3대 원칙으로
성공으로 달려가기

김홍석 'Dream Realize Success(DRS) 아카데미' 대표, 'Dream Math Academy(DMA) 수학학원' 원장, 억대 연봉 수학 강사, 베스트셀러 작가, 성공 · 학습 동기부여가, 학원 강사 성공 코칭 전문가, 자기계발 작가, 제대로 공부법 코칭 전문가, 성공학 강연가

'나의 꿈을 위하여'라는 마음으로 삼성전자를 퇴사하고 수학강사가 된 지 5년 만에 억대 연봉을 달성했다. 제자들에게 꿈과 희망을 주는 동기부여가이자 강사로 성공하고 싶은 사람들을 대상으로 코칭을 진행하고 있다. 꿈을 찾아 주고 실현해 나가는 데 도움이 되는 'Dream Academy' 설립을 목표로 하고 있다. 저서로는 《나는 삼성맨에서 억대 연봉 수학 강사가 되었다》, 《보물지도7》, 《되고 싶고 하고 싶고 갖고 싶은 38가지》, 《부모님에게 꼭 해드리고 싶은 39가지》, 《되고 싶고 하고 싶고 갖고 싶은 47가지》, 《인생을 바꾸는 감사일기의 힘》 등이 있다. 동기부여 방법과 제대로 공부하는 비법을 알려 주는 두 번째 개인저서를 출간할 예정이다.

• E-mail king-dream@naver.com　　　　　• Blog blog.naver.com/king-dream
• Cafe cafe.naver.com/elysiumrp

　　언제부터인가 '또라이'라는 말을 들으면 기분이 좋다. 이 단어는 내가 제대로 살고 있음을 나타내 주는 증표다. 더불어 목표를 잃지 않고 성공으로 제대로 나아가고 있음을 느끼게 해 주는 부적이기도 하다. 이런 즐거운 기분으로 성공을 위한 또라이 3대 원칙을 과감히 공개하고자 한다.

　　1. 남들과 다르게 생각하고 생각하는 대로 행동하라.

　　2. 단순한 열정이 아닌 미친 열정으로 살아가라.

3. 자신의 꿈을 믿고 끝에서 시작하라.

나는 삼성맨이었다. 멋진 학력, 좋은 학점, 흔한 자격증과 스펙이 하나도 없는 상황에서 삼성에 입사했다. 지금 생각해도 멋진 경험이었다. 하지만 그 당시 나는 삼성에 붙을 수밖에 없음을 알고 있었다. 왜냐하면 나는 남들과 너무 달랐기 때문이다.

어린 시절부터 나는 남들과 똑같은 것을 하고 싶어 하지 않았다. 고등학교 시절 가출을 감행한 이유도 일률적인 대한민국 교육 정책에 회의를 느꼈기 때문이었다. 수많은 학생들이 자신의 개성과 능력은 무시당하면서 재미도 없고, 그 가치를 모르겠는 획일화된 암기식 공부만 했다. 물론 나이가 들고 수학을 강의하는 강사가 된 현재는 교육의 가치를 깨닫고 있다. 하지만 당시는 어리기도 했고 그 가치를 알려 주는 선생님이 없었다.

우여곡절 끝에 대학교에 입학은 했지만 수업 내용은 중·고등학교 시절 배우던 내용과 크게 다를 바가 없었다. 그래서 등록금 본전이라도 뽑겠다는 심정으로 여러 가지 동아리 활동, 학생회 활동을 했다. '시 창작 동아리', '탈춤 동아리', '로봇 제작 학회' 등에서 치열하게 활동하며 다양한 경험을 했다. 특히 부회장과 학생회장으로 활동한 2년간의 학생회 경험은 대단했다. 학교 축제나 신입생 오리엔테이션은 물론, 사회문제를 다루는 집회 참석까지 너무 바빴다. 비록 전공공부에 집중은 많이 못했지만 그보다 큰 무언가를 배우고 채워 가는 기분이었다. 그리고 그것은 나의 인생과 가치관을 채우는 데 부족함이 없었다.

삼성입사 면접과정에서 면접관은 나의 이런 다양한 분야에서의 활동에 점수를 많이 줬다. 더불어 면접관을 대하는 나의 자세에도 당당함과 자신감이 흘러넘쳤다. 내가 특별히 잘난 것은 없었지만 그렇다고 못난 것도 부족한 것도 없었다. 사실 온갖 쓸데없는 자격증과 어학연수 등은 필요 없다. 물론 스스로의 만족을 위해서라면 상관없지만 취직을 위해서라면 굳이 그런 데 시간을 소비할 필요가 없다. 차라리 그 시간에 사람을 만나고 사람과 부딪치며 다양한 체험을 하는 것이 좋다. 이런 체험을 통해 지식을 쌓는 것이 아니라 지혜를 쌓으며 자신을 완성하는 데 공을 들여야 한다.

자격증으로 자신을 포장하고 어학연수 등으로 스펙을 쌓는 것이 나쁘다는 것이 아니다. 대신 자신의 마인드와 가치관을 쌓는 데 노력을 기울여야 한다는 것이다. 그래야 자기 인생의 주인이 되고 매 순간 자신감이 넘칠 수 있다.

삼성 면접 시 당황스러운 질문은 없었다. 아니 그렇게 느낀 질문이 없었다. 왜냐하면 면접은 정답을 말하는 자리가 아니라 자신을 보여 주는 자리이기 때문이다. 그런 면에서 나는 제대로 나를 보여 주었다. 모르는 것은 모른다고 말하고 대신 내가 아는 부분에 대해서만 말했다. 영어 면접 시 미국 면접관이 영어로 질문했는데 알아듣지를 못했다. 나는 옆에 앉아 있던 동료 신입사원에게 면접관이 뭐라고 했는지 물어보았다. 그러고 나서야 질문의 뜻을 알 수 있었다. 그리고 짧은 영어실력으로 대답했다. 영어라기보다는 보디랭귀지에 가까웠다. 그럼에도 불구하고 나는 합격했다. 이런 상황이 말이 되냐고 반문할 수 있겠지만 못 알아들었으면 알아들은 사람에게 물어보는 게 당연하지 않은가? 면접은 당연한 것을 당연히 할 수 있는지를 확인하는 자리이기도 하다.

이처럼 나는 최대한 남들과 다르게 생각하고 행동해 왔다. 그래야 나의 자존감이 올라가고 나만의 인생을 차곡차곡 만들어 갈 수 있다고 믿기 때문이다. 모두 똑같은 생각을 하고 똑같이 행동하려 한다면 무슨 재미가 있을까.

나는 삼성에 입사한 후 5년 뒤 당당히 퇴사를 결정했다. 이때 주변 지인들로부터 '또라이'라는 말을 단어를 가장 많이 들었다. 그러나 나는 그 말이 충고나 비난처럼 들리지 않았다. 오히려 내가 제대로 된 결정을 하고 있음을 깨닫게 되었다. 그리고 그런 상황이 재미있었고 즐거웠다.

남들은 들어가고 싶어 안달인 대한민국 최고의 회사를 때려치우고 고생길이 훤한 학원 강사를 한다니 쉽게 이해하기 어려웠던 모양이다. 그러나 생각해 보면 내가 왜 그들을 이해시켜야 하는

가? 이건 내 인생이고, 나의 꿈을 위해 퇴사하는 것인데 왜 그들의 비난에 주목해야 하는가. 물론 대부분 걱정으로 가득한 충고와 조언이었겠지만 그들은 몰랐다. 내가 얼마나 나의 꿈을 이루고 싶어 하고 꿈을 실현하기 위해 얼마나 열정을 다할 생각인지. 그들은 짐작도 하지 못했다.

삼성을 퇴사하고 나는 단 3년 만에 억대 연봉 수학 강사가 되었다. 매일매일 새벽 늦게까지 수업 준비를 하고 자료를 만들었지만 도무지 힘들지가 않았다. 나의 노력과 정성으로 학생들의 성적이 오르고 원하는 대학에 입학하는 것을 보면서 살아가는 힘을 얻었다. 그리고 하나하나 성공의 발판이 되는 나만의 학원 강사 성공 시스템을 구축해 나갔다.

수학 수업은 재미없다는 편견을 없애기 위해 수업시간을 나만의 재미있는 스토리로 채웠다. 숙제를 내주기만 하고 끝나는 대부분의 학원 강사와는 다르게 오히려 숙제 검사를 더욱 철저히 했다. 나의 애칭과 연락처가 들어간 연습장을 제작해 무료로 학생에게 나눠 주며 숙제 검사에 목숨을 걸었다. 숙제를 해 온 연습장을 수거해 일일이 확인하고 코멘트를 달아 주었다. 소요시간이 3시간에서 4시간이나 걸렸다. 숙제 검사가 완료되면 새벽 2시가 되기 일쑤였다. 이런 노력에 힘입어 한 번도 학원 숙제를 하지 않던 학생들이 서서히 긍정적으로 변화하기 시작했다.

어느 방학 시즌에는 힘들어하는 학생들을 위해 바캉스 패션

이벤트를 했다. 하루하루 바캉스 용품을 갖추고 수업을 하는 것이었다. 하루는 튜브를 들고, 다음 날은 선글라스를 쓰고, 수영복을 입는 등 학생들이 즐겁게 수업할 수 있는 방법을 다양하게 생각했다. 어떻게 하면 학생들이 행복한 마음으로 학원에 오고 즐겁게 수학공부를 할 수 있을지 항상 고민하고 방법을 실천했다.

학원 강사가 되고 그냥저냥 열정을 가지고 살지 않았다. 미친 열정이 있어야 모든 것을 할 수 있다. 그리고 꿈을 생각하면 저절로 몸과 마음이 움직인다. 무슨 성과를 위해서가 아니라 꿈을 위해서, 꿈이 좋아서 하게 된다. 그러면 성과와 성공은 저절로 따라온다. 학원과 학부모로부터의 인정도 저절로 늘어난다.

또라이는 꿈을 위해 '끝에서' 시작할 줄 알아야 한다. 나는 벤츠를 멋지게 타고 다니고 싶었기에 벤츠를 구입했다. 그전에는 400만 원에 중고로 구입한 누비라2를 몰았다. 그리고 판교의 30평대 아파트에서 살고 싶었기에 그렇게 했다. 그전에는 10평대 낡은 투 룸에서 바퀴벌레와 함께 지냈다. 나중에 벤츠를 사고 아파트에서 살고 싶다는 마음이 있다면 지금부터 시작하면 된다. 돈을 모아서 실현하겠다는 생각은 어리석은 생각이다.

벤츠를 타고 아파트로 환경이 바뀌면서 나의 의식과 마인드는 더욱 강화되었다. 단지 주변에 뽐내고 겉멋만 내보이려는 것이 아니라 내면의 변화를 위해 끝에서 시작해야 한다. 환경이 갖춰지면 내면은 더욱 빠르게 강화되고 변화한다. 거기에 맞춰 생활하다 보면 더욱 빠르게 성공의 길로 들어설 수 있게 된다. 즉, 한 푼 두 푼 몇 십 년 동안 돈을 모아 이루는 것이 아니라, 환경과 의식을 변화시켜 단기간에 성공으로 나아가는 것이다. 이것이 끝에서 시작하는 '또라이 정신'이다.

꿈만을 생각하고 믿고 달리다 보니 어느새 나는 학원의 원장이 되어 있었다. 10여 년을 학원에 소속된 강사로 지냈는데, 이제는 나만의 학원이 생긴 것이다. 갑자기 돈이 많아지고 학생 수가 기하급수적으로 늘어 학원을 오픈하게 된 것이 아니다. 단지 내가 이루고자 하는 꿈을 믿고 달렸기에 꿈이 어느새 현실이 되었을 뿐이다. 나의 꿈과 적절한 환경의 변화가 만나 시너지를 이루었기에 더욱 빨리 꿈을 향해 나아갈 수 있었다.

학원은 빠르게 정원이 찼고 개원한 지 6개월 만에 확장 이전까지 하게 되었다. 도무지 감당하기 힘들 정도로 빠르게 성장하고 성공하고 있었기에 매일 흥분되고 행복감으로 넘쳤다. 지금 이 순간에도 학생들과 학부모님들의 연락이 쏟아지고 있다.

더욱이 나의 개인저서가 출간되고 나서 전국의 수많은 강사들로부터 컨설팅 요청이 들어오고 있다. 고등학교 등에서 강연 요청도 쇄도하고 있다. 단지 수학만 강의하는 작은 강사에서 이제는 베스트셀러 작가가 되고, 강연가가 되고, 컨설팅 전문가가 되고, 학원을 운영하는 원장의 직책까지 갖게 되었다. 그야말로 진짜 강사, 진짜 또라이가 된 것이다.

앞으로도 이런 또라이 같은 생각과 몰아치는 행동이 얼마나 큰 행운과 긍정적인 결과를 만들어 낼지 끝을 알 수 없을 정도다. 모든 것이 생각하는 대로 원하는 대로 이뤄지고 있다. 자신의 꿈을 믿고 반드시 이뤄지리라는 확신만 가지면 된다. 주변에서 '또라이' 아니냐고 비난하고 충고한다면 더욱 자신감 있게 밀고 나가야 한다. 왜! 당신이 제대로 나아가고 있다는 증거이기 때문이다.

33

선한 영향력을 행사하는
메신저 되기

이철우 '새벽독서경영연구소' 소장, 기적의 일기 쓰기 코치, 글쓰기 코치

일기 쓰기를 통해 자아성찰을 하고 꿈을 찾은 경험을 토대로 전 국민 일기 쓰기 운동을 진행 중이다. 선한 영향력을 주는 메신저라는 꿈을 가지고 있다. 현재 건설회사에 건축기사로 재직하며 일기를 주제로 개인저서를 집필 중이다.

• E-mail chulwooji89@naver.com   • Blog blog.naver.comm/chulwooji89
• Instagram diary_of_miracle

세상에는 수많은 명언들이 존재한다. 나는 그중에서도 성공에 관련된 명언을 가장 사랑한다. 왜냐하면 항상 성공을 꿈꾸고 있는 나에게 성공명언은 언제나 좋은 자극제가 되어 주기 때문이다. 누군가 남긴 말 한마디에서 용기와 위로를 받는다는 것은 정말 멋진 일이 아닐 수 없다.

"성공한 사람은 실패한 사람이 좋아하지 않는 일을 하는 습관이 있는 사람이다."

위 글은 토머스 에디슨이 남긴 명언이다. 많은 명언 중에서 내가 가장 좋아하는 말이기도 하다. 누군가 귀찮아하고 싫어하는 습관을 갖는다면 성공할 수 있다는 의미다. 나는 이 명언을 본 순간 나에게 질문하기 시작했다. 나에게도 남들이 싫어하는 습관이 있는지를 말이다.

'습관'은 여러 번 오랫동안 되풀이하면서 몸에 밴 행동을 말한다. 반복되는 행동으로 만들어지는 습관 중에는 쉽게 만들어지는 것도 있고 어렵게 만들어지는 것도 있다. 보통 사람이 가지고 있는 습관은 쉽게 만들어진 것들이 대부분일 것이다. 다리를 떤다거나 손톱을 물어뜯는 등의 습관은 별다른 노력을 필요로 하지 않는다. 이런 습관들은 우리가 성공하기 위해서 필요한 습관은 아니다. 그렇다면 성공하기 위한 습관은 어떤 것일까?

문제를 역으로 생각할 때 우리는 종종 쉽게 답을 얻곤 한다. 에디슨은 실패한 사람들이 싫어하는 습관은 성공한 사람들이 가지고 있는 습관이라고 말했다. 역으로 생각해 보면 성공한 사람들은 실패한 사람들이 좋아하는 습관을 가지고 있지 않다.

나는 실패한 사람들이 좋아하는 습관을 잘 알고 있다. 그들은 해가 중천에 뜰 때까지 늦잠 자기를 좋아하고 행동보다는 말만 내뱉는 경우가 많다. 또한 자신을 뒤돌아보는 시간을 갖는 것을 좋아하지 않는다. 나는 그들에게서 세 가지의 성공습관을 배웠다.

그것은 바로 자아성찰과 새벽 기상 그리고 실천이다. 이 세 가지 습관은 자기계발서를 봐도 이 범위를 벗어나는 것이 없을 정도로 성공의 아주 대표적인 습관이다. 그리고 이 습관들은 실패한 사람들에게서는 절대로 찾아볼 수 없는 습관이기도 하다.

우리가 알고 있는 성공한 사람들은 모두 각기 다른 성향을 가지고 있다. 크게는 외향적인 성격과 내향적인 성격으로 구분될 것이다. 그리고 그 안에서도 세부적인 성향으로 나뉜다. 그런데 성공자들은 성향에 상관없이 모두 자아성찰에 충실했다. 성향이 어떻든지 간에 자기 마음속의 이야기에 귀를 기울이기를 좋아했다. 하루를 돌아보며 반성하고 미래를 계획하는 시간을 가졌다.

그들이 자아성찰을 꾸준히 한 이유는 바로 자신이 좋아하는 일을 찾기 위해서였다. 자신이 좋아하는 일을 알기 위해서는 자기 자신을 알아야 한다. 일을 일이라고 생각하지 않고 재미있고 즐겁게 일하는 모습은 성공한 사람들의 대표적인 이미지다. 그들은 끊임없는 자아성찰을 통해 자신이 흠뻑 빠질 정도로 좋아하는 일을 하면서 성공이 뒤따라오게 만들었다. 자신의 적성과 상관없는 일을 해서 성공한 사람은 아무도 없다.

나는 자아성찰을 하기 위해 '일기'를 쓴다. 일기 쓰기는 자아성찰의 대표적인 방법이다. 하루 동안 있었던 일들을 떠올린다. 그 과정에서 느꼈던 감정과 생각들을 글로 담아낸다. 그러다 보면 자연스럽게 자신에 대해 깊이 성찰하게 된다. 때로는 스스로를 위로하기도 하고 반성하기도 한다. 그리고 스스로를 칭찬하거나 미래의 자신의 모습을 그려 보기도 한다.

내 인생은 일기를 쓰면서 완전히 달라졌다. 무엇을 좋아하는지조차 모르던 내가 이루고 싶은 꿈이 생긴 것이다. 그 순간부터 꿈을 위해 노력하기 시작했다. 한 걸음씩 꿈에 다가가는 인생은 언제나 빛이 났다. 비록 실패하는 날에도 언제나 배움을 얻었다.

내 꿈은 사람들에게 선한 영향력을 줄 수 있는 메신저가 되는 것이다. 그 시작은 나의 첫 개인저서가 될 것이다. 나는 일기를 주제로 책을 썼다. 그것을 통해 자아성찰의 중요성과 꿈의 중요함을 사람들에게 널리 알리고 싶다. 모두가 매일 일기를 쓰면서 꿈을 갖고 행복한 삶을 살아갈 수 있도록 선한 영향력을 주고 싶다.

그 꿈을 이루기 위해서는 나에게 시간이 필요했다. 매일 출근하고 퇴근하는 직장인으로서는 많은 시간을 확보하기가 쉽지 않았다. 그러던 중에 서점에서 우연히 김태광 작가의 《출근 전 2시간》이라는 책을 보게 되었다. 나는 출근 전 시간인 새벽시간을 활용하기로 마음먹었다. 그 책으로 인해 나는 인생에 덤으로 주어지는 새벽시간을 얻게 되었다.

매일 새벽 5시가 되면 휴대전화 알람이 울린다. 그것도 직장 상사들과 함께 쓰는 숙소에서 말이다. 휴대전화 알람이 울리면 나는 1초도 지나지 않아 일어난다. 직장 상사들의 단잠을 깨우지 않기 위해서 최대한 빠르고 조용하게 출근 준비를 마치고 숙소를 나온다. 캄캄한 새벽은 누구의 방해도 받지 않을 수 있는 조용한 시간이다. 그 새벽에 한적한 도로 위를 달려 회사 앞 주차장에 주차하고 보조석으로 자리를 옮긴다. 운전석은 핸들 때문에 자리가 좁기 때문이다. 보조석에 앉자마자 노트북을 꺼내어 글을 쓰다가 어둠이 사라지면 책을 읽는다.

새벽에 일어나는 것은 유지하기 어려운 습관이다. 하지만 몸에 밸 정도로 만들기 위해 하루도 빠짐없이 새벽에 일어난다. 심지어 주말에도 새벽에 일어나는 습관을 만들기 위해 노력하고 있다. 처음에는 무언가에 집중할 수 없을 정도로 졸음이 쏟아지기도 했다. 하지만 차츰 졸음을 쫓는 나만의 노하우가 생겼다. 이제는 온전히 새벽을 나만의 시간에 투자하고 있다.

새벽시간은 오전보다 두 배, 오후보다 네 배의 집중력을 발휘할 수 있는 시간이다. 오후에 4시간 동안 할 일을 새벽을 이용하면 1시간이면 끝낼 수 있는 것이다. 나는 나에게 주어진 소중한 새벽시간을 글쓰기와 독서라는 꿈을 위해 투자하고 있다.

새벽에 꾸준히 일어나기 위해서는 독한 행동력이 필요했다. 나는 새벽에 일어나지 못하는 순간 여태까지 쌓아 올린 탑이 무너진다고 생각했다. 그러곤 나와의 약속을 지키기 위해 끊임없이 노력했다. 열 가지의 생각보다 한 가지의 실천이 훨씬 중요하다는 말이 있을 정도로 행동이 없으면 모든 것은 허황된 꿈일 뿐이다.

나는 실천하는 습관을 갖기 위해 마음을 독하게 먹었다. 매일 일기를 쓰고 새벽시간을 활용하기로 나와 약속한 순간 어떤 일이 있어도 지키려 노력했다. 지갑보다 일기장을 가방 속에 먼저 챙겼다. 매일 잠들기 전에는 항상 다음 날 새벽 5시에 일어나 있는 내 모습을 상상했다. 5시에 일어난 내 모습을 뇌에 각인시키기 위해서였다. 이런 노력은 내가 항상 새벽 5시에 일어날 수 있게 도와주었다.

모든 습관 중에서 가장 지키기 힘든 것은 실천이다. 그만큼 가장 중요한 것이기도 하다. 행동이 없으면 아무것도 이룰 수 없다. 그렇기 때문에 성공한 사람들은 모두 실천하는 습관을 갖고 있다. 그리고 그들은 말만 내뱉는 사람을 가장 싫어하기도 한다.

실패한 사람들은 자아성찰과 새벽시간 그리고 실천하는 습관을 싫어한다. 왜냐하면 성공한 사람들이 가지고 있는 습관이기 때문이다. 나는 이 습관을 이용해서 성공할 예정이다. 3년 후 이 세 가지의 습관은 나만의 강력한 무기가 되어 있을 것이다. 내가 성공의 반열에 오르는 데 가장 중요한 역할을 할 것이다.

주변에서는 인생을 왜 그렇게 힘들게 사느냐고 말하기도 한다. 하지만 나는 전혀 힘들지 않다. 그들에게 오히려 나는 행복하다고 말한다. 꿈을 위해 노력하는 매 순간이 행복하고 하루하루가 소중하다. 남들처럼 평범하게 살고 싶지는 않다. 죽어서 천국에 가는 것이 아니라 지금을 천국처럼 살다가 죽어서도 천국에 갈 것이다.

습관과 비슷한 말에 '버릇'이라는 단어가 있다. 그런데 두 가지 단어에는 큰 차이가 있다. 그것은 바로 노력의 여부다. 버릇은 노력해서 만들어지는 것이 아니지만 습관은 충분히 노력해서 만들 수 있다. 습관은 만들어지는 것이기 때문에 성공도 충분히 만들 수 있다. 나는 이 세 가지의 습관으로 멋지게 성공할 것이다.

34

위기는 기회로,
아픔은 꿈으로 회복하기

박지영 한전KPS 통번역사, 통번역 메신저, 영어 강사, 동기부여 영어 멘토, 자기계발 작가

현재 공기업 인하우스에서 통번역사로 활동하고 있다. 통번역사가 되고 싶은 사람들에게 동기부여를 주고자 순수 국내파인 자신이 영어 통번역사가 되기까지의 이야기를 담은 개인저서를 출간할 예정이다. 통번역사를 꿈꾸는 사람들에게 컨설팅을 하고 있으며, 용기를 가지고 도전하면 꿈을 이룰 수 있다는 동기부여 영어 멘토와 메신저로 세계와 소통하며 살아가고 있다. 저서로는 《미래일기》, 《부모님에게 꼭 해드리고 싶은 39가지》가 있다.

• E-mail phat337@hanmail.net　　　　• Blog blog.naver.com/cutecate

"아니, 왜 이제야 왔어요? 좀 더 일찍 왔어야죠."

검진을 마친 의사 선생님이 심각한 표정으로 다그치듯 야단을 치신다.

"암일지도 모르겠어요. 바로 조직검사 받으세요. 원래 조직검사의 정확한 결과는 일주일 뒤에 나오는데 조직을 얼려서 확인하면 대략 알 수 있으니 4시간 정도 뒤에 결과 보고 다시 이야기합시다."

뒤통수를 한 대 휘갈겨 맞은 듯했다.

"네? 정말인가요? 아닐 수도 있는 거죠?"

엄마가 울기 시작했다. 그토록 참으려고 애썼는데 눈물이 뿌옇게 맺히더니 또르르 떨어지고 만다. 결국 고개를 떨어뜨리고 흐느끼기 시작했다. 엄마 얼굴을 차마 쳐다보지 못하고 진료실을 나왔다.

얼마 전 가슴과 겨드랑이 사이에 몽우리가 잡혔다. 그런데 아무래도 크기가 심상치가 않았다. 손으로 가늠해 봐도 4~5센티미터는 되는 듯했다. 사실 몇 년 전 작은 섬유종이 발견되어 매해 정기적으로 검진을 받았었다. 그런데 올해 초에 예정되었던 정기 검진을 놓쳤던 것이다.

난생처음 조직검사라는 것을 받았다. 국소마취를 하고 커다란 주삿바늘을 겨드랑이 옆으로 찔러 넣는다. 마취를 했는데도 움직임이 느껴지고 찌릿찌릿 아프다. 팔을 치켜든 채 이를 악물고 눈물을 참아 본다. 무척이나 굴욕스럽다. 이번엔 피검사를 받아야 한단다. 옷을 챙겨 입고 나와 힘겹게 발걸음을 옮겨 들고 있던 검사지를 간호사에게 건네는데 갑자기 눈물이 쏟아진다. 어깨까지 들썩여진다. 주체가 안 된다.

우는 모습을 되도록 부모님께 보이고 싶지 않았었다. 너무 죄송했다. 서른 중반을 넘긴 딸이 혼자 지내면서 부모님을 보호자로 대동해 병원에 오는 게 죄송했다. 그래서 혼자 오겠다고 했었는데 통곡을 한 것이다. 놀란 엄마가 본인도 쏟아져 나올 것 같은 눈물을 애써 참으며 말을 꺼냈다. 아빠의 눈에도 눈물이 그렁그렁했다.

"지영아, 왜 울어. 걱정하지 마. 암 아닐 거야. 엄마 지금 느낌이 그래. 기도하면서 좋은 마음으로 기다려 보자."

눈물을 겨우 멈추었다. 그럼에도 불구하고 마음은 쉬이 가라앉지 않았다. 1년에 한 번, 적어도 2년에 한 번 보던 주치의 선생님의 그런 표정과 말이 처음이었기 때문이다. 유방암 분야에서 우리나라 최고로 꼽히는 의사분이다. 나는 '암이면 어떡하지? 수술해야 하나? 그럼 가슴 없이 살아야 하나?'부터 '항암치료 많이 힘들다고 하던데 견딜 수 있을까', '살 수는 있겠지?'까지 오만 생각이 다 들었다. 부정적인 생각과 불행한 일은 이상하리만큼 느껴지는 강도가 세고 치밀하다. 결과가 나오기까지의 4시간이 마치 4일 같았다.

많은 생각들을 해서인지 마음은 무척이나 다급하고 불안한데 기도도 제대로 할 수 없었다. 내가 좋아하고 존경하는 임은미 목사님께 기도를 부탁한다고 문자를 보냈다. 걱정되셨는지 목사님이 바로 전화를 주시고 기도해 주셨다. 얼마나 감사하고 위안이 되었는지 마음이 조금은 진정이 되었다.

이번엔 나의 삶에 대한 생각들이 스쳤다. '내 삶은 얼마나 의미가 있었을까?', '하나님은 나에게 어떤 사명을 주셨을까?', '만일 내가 지금 사라진다면 사람들은 나를 어떻게 기억할까', '나의 흔적으로는 무엇이 있을까?', '나는 행복하게 살았나', '그리고… 내 꿈은?'

멈춰 버린 것 같은 시간이 지나고 전광판에 이름이 뜬다. 두근 거리는 마음으로 엄마와 함께 다시 병실에 들어갔다. 주치의 선생님을 기다리는 몇 분 동안 견디기 힘든 정적이 흘렀다. 저벅저벅 선생님의 발자국 소리가 들리고, 떨리는 마음으로 간신히 선생님의 얼굴을 살폈다.

"지영 씨, 어서 만세! 하세요. 다행히 암 아닙니다. 자세한 결과는 다음 주에 나오겠지만 동결검사 결과로 볼 때 아닌 게 확실해요. 그런데 섬유종이 커서 수술은 불가피합니다. 수술 날짜 잡고 가세요. 참, 생일 축하해요! 오늘 가서 축하파티 하세요."

그러고 보니 그날은 7월 8일 내 생일이었다. 차트에 기록된 주민등록번호를 보시고 축하인사를 해 주신 것이다. 그렇게 2017년 내 생일은 나에게 인생의 전환점이 된 크나큰 사건을 선물했다. 암인지 아닌지를 기다리는 4시간 동안 나는 극도의 불안과 고민을 거듭하며, 내 안의 깊은 나와 대화하는 시간을 가졌다. 암이 아니라는 결과는 나에게 건강한 또 다른 삶이라는 선물을 준 것과도 같았다. 나를 위해 그리고 남을 위해 행복하게 살기로 했다. 그러기 위해서는 내 꿈 안에서 살아야 했다. 나의 꿈을 실현하며 살고 싶다는 마음이 간절해졌다. 그래서 현재의 나의 상황을 바꾸기로 마음을 다잡고 다음의 세 가지를 결심했다.

1. 통번역사의 자리로 다시 돌아가기

2. 책을 쓰며 살기

3. 내가 가진 경험과 지식을 필요로 하는 이들에게 나누며 살기

어릴 적부터 내가 꿈꿔 온 직업은 통역사였다. 대학에 들어갈 때까지 해외를 한 번도 나가 보지 못했다. 유학은커녕 해외연수도 받아 보지 못했다. 그래서 나는 졸업반 때까지도 통역사로 일할 수 있을 거라고는 생각하지 못했다. 1년 정도를 공부해서 부모님이 원하는 대로 공기업에 취업했다. 하지만 남들이 부러워하는 안정적인 직장을 다니면서도 행복하지 않았다. '통역사'의 꿈이 틈만 나면 마음을 세차게 흔들어 댔다. 자기 좀 생각해 달라고 아우성을 치는 것 같았다.

내 마음이 그래서인지 퇴사를 결정하는 데 도화선이 된 일이 벌어졌다. 나는 기다렸다는 듯이 회사를 그만두었다. 서른이 넘은 나이였다. 부모님한테는 말씀도 못 드리고 친구한테서는 미친년 소리까지 들었다. 그러고는 통역사가 되기 위한 길을 걷기 시작했다. 맨땅에 헤딩하는 기분이었다. 좌절의 연속이었다.

사실 나는 국내파치고는 영어를 잘하는 편이었다. 끊임없이 영어를 습득하려 노력해 왔기 때문이었다. 그런데 통번역사가 되기 위해서는 '그냥 잘하는' 수준을 뛰어넘어야 했다. 고등학교나 대학교를 해외에서 졸업한 해외파 학생들과 경쟁하며 좌절도 많았다. 그러나 마음속 '꿈' 하나를 바라보며 포기하지 않고 공부해서 통

역사가 되었다. 대학원 때는 영어를 중얼중얼 외우며 등교했다. 학교를 다녀오면 옷 벗을 기운조차 없어 불을 켠 채로 쓰러져 자기도 했다. 쏟아지는 과제에 한 손으로는 김밥을 입에 넣고 한손으로는 자판을 두드리기도 했다.

그런데 당시 나는 그렇게 간절히 원했던 일을 하지 않고 있었다. 대신 대치동에 있는 영어회화학원에서 강사로 일하고 있었다. 나중에 영어학원을 운영해 보고 싶은 마음이 있어 영어를 가르치는 체계와 아이들이 영어를 어떻게 습득해 나가는지가 궁금해서였다.

하지만 건강검진을 계기로 나는 늘 꿈꿔 왔고 힘들게 이뤄 낸 통역사의 길로 돌아가야겠다고 마음먹었다. 그리고 비용 때문에 잠시 망설였던 책 쓰기를 해야겠다고 결심했다. 그래서 〈한책협〉의 책 쓰기 수업을 듣기로 했다. 수술 날짜가 과정 중에 잡혀 있었음에도 수업을 받기로 결심했다.

얼마 뒤 나는 수술대에 올랐다. 간단한 수술이었지만 등에 느껴지는 수술대의 차가움과 의지와 상관없이 의식이 소멸되는 느낌은 다시 경험하고 싶지 않을 만큼 싫었다. 마취가 풀리고 나니 고통이 생각보다 컸다. 누워서도 움직일 때마다 수술 부위는 존재감을 강력하게 드러냈다. 자다가 나도 모르게 뒤척일 때면 아파서 잠이 깰 정도였다.

퇴원하고 집에 와서도 큰 활동을 할 수 없었던 나는 누워서 책을 읽기 시작했다. 몸이 아프니 자신감이 바닥으로 떨어졌다. 하지만 아프다고 누워 있을 수만은 없었다. 다시 선물 받은 삶 아닌가. 그리고 생각을 달리했다. 이렇게 여유롭고 당당하게 책만 읽을 수 있는 시간이 또 언제 있을까.

'사 놓으면 언젠가는 읽겠지' 하고 쌓아 둔 책들을 읽기 시작했다. 책을 읽으니 마음이 회복되는 듯했다. 그래서 몸이 회복되기 전부터 통역 일자리를 찾기 시작했다. 1년이 넘도록 통역활동을 안 했었다. 구직이 가능할까 두렵기도 했다. 하지만 신은 간절한 마음으로 노력하는 자에게 기회를 준다고 믿었다. 누워 있다가도 기운이 좀 나면 취업사이트와 대학원 취업공고사이트를 뒤졌다. 할 수 있는 통역일은 종류를 가리지 않고 지원했다. 학생들이 아르바이트로 하는 작은 행사 통역도 마다하지 않았다.

그러다가 정말 참여하고 싶은 일이 대학원 공고에 떴다. 게시물을 올린 담당자에게 바로 연락했다. '10·4 남북정상선언 9주년 기념 국제학술심포지엄'에 초대된 미국 MIT 교수님과 북한 전문가를 수행 통역하는 일이었다. 이분은 미국 펜타곤 해군에 자문 이력도 있으신 무기 전문가다. 지금도 매일같이 뉴스에 언급되는, 고고도미사일방어체계인 사드(THAAD)에 관한 찬반론이 치열할 때 효용성에 관한 심포지엄이 개최되었다.

오랜만의 국제회의장에서의 통역은 참 짜릿했다. 통역사는 참

넓은 세상을 경험할 수 있는 직업이다. 미국에서 오신 사드전문가와 북한 전문가와 하루 종일 동행하며 그들의 이야기를 들을 수 있었다. 그리고 지금은 대통령인 당시 문재인 의원, 심상정 의원 등 많은 국회의원들과 서울시장님도 가까이에서 뵙고 인사를 나눌 수 있었다. 그러면서 더욱 확실해졌다. 나의 이야기를 책으로 써내야겠다는 마음이.

내 이야기가 담긴 책은 곧 출간될 예정이다. 순수 국내파였던 내가 국내에서만 어떻게 원어민 수준으로 영어회화 실력을 키웠는지, 어떻게 통번역사가 되었는지 구체적으로 썼다. 영어와 통번역사에 관심이 있는 이들에게 통번역사가 되는 방법을 알려 주고 동기부여를 해 주고 싶어 쓴 책이다.

그 후 1년이 지났다. 암일지도 모른다는 의사 선생님의 청천벽력 같은 이야기. 그리고 난생처음 받아 보는 조직검사 결과가 나오기까지의 그 억겁과도 같았던 몇 시간. 정신이 번쩍 나게 했던 그 하루는 나의 꿈을 다시금 일깨워 주고 나를 움직이게 했다. 수술을 받고 회복을 되찾는 시간은 우울할 수도 있는 시간이다. 위기일 수도 있던 시간은 암이 아니라는 사실에 새로운 삶을 선물 받은 기회라 생각하기로 했다.

1년 동안 나는 통번역사라는 꿈을 기반으로 새로운 꿈들을 이어 가고 있다. 국내 굴지의 공기업에서 인하우스 통번역사로서 일하며 전문성을 키워 나갔다. 그리고 밤에는 책을 읽고 책을 썼다. 통번역사가 되고 싶거나 영어를 잘하고 싶은 사람들에게 컨설팅도 해 주고 영어도 가르치면서 하루하루를 의미 있게 살아가려 노력하고 있다. 스무 살이 되도록 외국인과 대화 한마디 못 했던 내가 지금은 그들이 하는 회의를 통역하고, 해외 사업에 관련한 중요한 법률적인 서류를 번역하고, 통번역사에 대한 책까지 썼다.

이 모든 것은 내 내면의 소리에 집중하고 나를 믿고 꿈을 향해 포기하지 않고 움직였기 때문에 이루어진 일들이다. 모든 것이 참으로 기적이다. 기적은 만들어 내는 것이다. 나에게 일어난 기적과 같은 일들을 다른 이들에게 전하고, 그들에게도 기적을 만들라고 독려하며 행복하게 살아 보련다.

35

반복되는 삶을 거부하고
과감하게 결단하기

이서형 쉬운 영어공부법 코치·강사, 자기계발 작가, 강연가, 동기부여가

영어교육학 학사, 상담학 석사를 졸업하고 삼성 등의 대기업 영어 강사, 시사영어사·천재교육 영어교육 팀장, 한솔교육 원어민 강사, 미국 MATC 칼리지 영어 강사, 외국계 은행 번역사, 건강가정지원센터 심리상담사로 활동했다. 20년간의 영어교육 경험과 노하우를 바탕으로 현재 영어 강의 및 코칭을 하고 있으며, 쉬운 영어공부법 관련 개인저서를 집필 중이다.

• E-mail izienglish@naver.com
• Homepage izienglish.modoo.at
• Blog blog.naver.com/izienglish
• C·P 010·3949·2235

"교수님, 저는 한국에서 영어를 가르쳤던 사람인데요. 제가 관계대명사에 대해 보충 설명을 해도 될까요?"

온화한 미소를 띤 미국인 노교수는 그리해도 좋다고 했다. 나는 씩씩하게 앞으로 나가 공통된 하나의 명사를 매개로 어떻게 두 문장이 한 문장으로 되는지 설명했다. 몇몇 학생들은 고개를 끄덕였다. 내가 손을 들었던 동기는 강사로서의 의무감과 열정 때문이었다. '조금만 다르게 설명하면 학생들이 잘 이해할 수 있는데'라는 아쉬움이 내성적인 나의 손을 번쩍 들게 했다. 나는 같은

내용을 어떻게 표현해야 학생들을 쉽게 이해시킬 수 있는지에 매우 관심이 많았다. 그래서 도식, 스토리나 그림을 활용한 학습법을 연구해 왔다. 영어 강사로서 영어실력을 갖추는 것은 기본이다. 뿐만 아니라 교수 대상에 따른 재미있고 쉬운 교수법을 연구해 효과적으로 내용을 전달하는 것은 실력 자체보다 더 중요하다고 믿었다.

위의 에피소드는 내가 미국에서 ESL 수업을 들을 때 있었던 일이다. 지금 생각해 보면 교수가 설명한 뒤 보충 설명을 하겠다고 한 나 자신도, 그 제안을 받아들인 다이앤 교수님도 대단한 용기를 보여 줬던 것 같다. 더 놀라운 것은 이날 교수님이 나에게 초급 ESL회화반 강사직을 제안하셨다는 것이다. 보통 미국에서 일자리를 구하려면 전 직장에서의 근무이력을 확인하는 reference check 과정을 거친다. 그런데 그런 모든 절차를 생략하고 나는 대학에 일자리를 얻게 되었다. 다이앤 교수님이 학과장이었고, 그동안 강의 시간에 얻은 신뢰 덕분에 가능한 일이었던 것 같다.

그 후 나는 재경부 등 한국인 정부 관료의 유학 온 자녀나 한인 수녀님 등에게 영어 개인지도를 해 주었다. 그러면서 대학에서는 이민자들을 대상으로 영어 강의를 했다.

나는 30세가 되던 해 5월에 한국에서 근무하던 어학원을 뒤로하고 미국행 비행기를 탔다. 당시 근무하던 어학원은 분원이 2개

있을 정도로 잘 운영되던 학원이었다. 1990년대인데도 강사진이 대부분 원어민 강사들과 교포, 유학파로 이루어졌었다. 몇 안 되는 국내파 강사로서 나는 스스로 뭔가 2% 부족한 것 같은 생각이 들었다. 언어교육은 단지 언어만이 아니라 해당 언어와 관련된 문화, 일상생활의 다른 뉘앙스를 전해 줄 수 있어야 제대로 된 교육이라고 생각했다. 때문에 생생한 경험을 전할 수 없는 것이 아쉬웠다. 그래서 1년간 학원 강의와 과외수업을 병행하면서 돈을 모아 유학을 떠났다. 내가 가려고 하는 위스콘신(Wisconsin)에는 지인이 없었다. 그래서 위스콘신 대학에서 유학하고 온 선후배를 만나 철저히 사전조사를 하고 필요한 정보를 모아서 문제가 없도록 대비했다. 철저한 준비는 때로 자신을 피곤하게 하지만 실패 확률을 낮춰 준다. '불안이 주는 선물'인 것이다.

그렇게 시작한 미국생활에서 나는 대학의 강의직뿐만 아니라 한국에서라면 겪을 법하지 않은 많은 체험을 했다. 그중 하나는 서른이 훌쩍 넘은 나이에 광고모델을 한 것이다. 도예 수업을 같이 듣던 수강생 중 2명이 패션잡지 엘르(Elle), 보그(Vougue)에 등장했던 모델이었다. 그중 한 명인 엘렌이 자신의 생일파티에 나를 초대했다. 그 파티에서 놀라운 일이 벌어졌다. 모델 에이전시를 운영하는 엘렌의 오빠 부부가 나에게 모델 일을 제안한 것이다. 나는 내가 서른이 넘은 나이에다 평범한 편이라고 생각했다. 그랬기 때문에 그 제안이 들어왔을 때는 명함만 받고 연락을 하지 않았다.

몇 년이 흐르고 한국으로 귀국하기로 결심했다. 한국에서의 정착금을 마련하기 위해 스리 잡을 하고 있을 때 갑자기 그 제안과 함께 미국에 올 때 했던 결심이 생각났다. 도미의 가장 큰 목표는 '경험할 수 있는 모든 것을 체험해 성장하고 진화하겠다'였다. 바로 에이전시에 전화를 걸어 시간이 흘렀지만 모델 일을 할 수 있는지 물었다. 엘렌의 오빠는 가능하다고 했고 며칠 뒤 나를 소개하는 캄카드(composite card) 촬영을 했다. 일주일 뒤쯤 나의 캄카드는 많은 모델들의 사진과 함께 록 모델 에이전시(Rock Model Agency)에 전시되었다. 록 에이전시는(Rock Agency)는 1969년도에 설립된 제법 유명한 회사라서 자주 촬영 제안이 들어왔다. 그 결과 위스콘신 주정부의 캠페인 홍보 영상, 이베이(eBay) 카탈로그, 나이키, 아메리칸 살롱(American Salon)이라는 패션 미용잡지 등에 내 모습이 나오게 되었다.

　　가장 모델료를 많이 받은 아메리칸 살롱(American Salon) 패션 잡지 촬영은 시카고에 가서 했다. 사실 그날 얼굴이 많이 부어서 그때 사진을 보면 별로 마음에 들지 않는다. 그런데 스태프진은 촬영 내내 'beautiful!'을 연발해 주었다. 아마도 내 생애 가장 많은 칭찬을 들은 하루로 기억된다. 촬영 후 가을쯤 한국으로 귀국해서 겨울 호는 보지 못했다. 내가 나온 가을 호 잡지에는 한국 모델 변정수 씨도 있었다.

　　모델 일을 수락하는 데 시간이 걸렸지만 나는 한국에서 경험할 수 없는 독특한 체험을 할 수 있었다. 나는 평소 패션에 관심이 많아서 의상디자인을 전공하고 싶었다. 그러다 우여곡절 끝에 영어교육을 전공했었다. 디자이너의 꿈은 이루지 못했지만 모델로서 좋아하는 다양한 옷을 입고 카메라 앞에 당당히 서고, 권위 있는 잡지에 모델로 등장하게 되었다. 그 모든 것은 용기가 만들어 준 행복한 우연이었다. 그리고 그 일은 분명히 나 스스로를 '용기 있는 나', '독특한 아름다움이 있는 나'로 받아들이게 된 계기가 되었다.

또 하나, '나'를 규정짓는 잣대들이 있지만 시간과 공간, 언어의 틀을 바꾸는 순간 나의 정체성이 달라진다는 교훈을 얻게 되었다. 정해진 나는 없다. 다만 사람들이 세모, 네모 틀을 나에게 들이대며 나를 규정지으려 한다는 사실이 있을 뿐이다. 그래서 나를 전혀 색다른 틀에 놓아 보는 용기는 삶에서 필수적이라고 생각한다.

어느 봄날 도미를 결심하며 타성에 젖어 가는 나를 깨운 시간이 있었다. 또한 미국 입국 전과 출국 전에 코피를 흘리며 스리잡을 하는 고군분투의 시간도 있었다. 하지만 그때 내린 결정과 실행은 무엇과도 바꿀 수 없는 삶의 경험을 나에게 선사했다.

여전히 나는 때로 겁이 많지만 하루하루 기계처럼 반복되는 삶에 묻히기를 거부한다. 그래서 이게 아니다 싶을 때는 과감하게 결단을 내리고 일을 저지른다. 그러한 용기 있는 저지름이 내가 상상하는 것에 보태져 달콤하든 씁쓸하든 보너스 체험을 선물한다. 체험과 경험의 축적 없이 성장할 수 있을까?

그래서 오늘도 나는 어느 교수님이 나에게 말했던, "그냥 남들 하는 대로 하면 안 되나?"라는 조언을 받아들이지 않는다. 그리고 미지의 바다로 가서 기대감에 젖어 본다. 그 바다에서는 어떤 푸른 빛깔을 만날지, 어떻게 노을이 물들어 갈지.

36

식지 않는 열정으로
꿈을 이루기

류한윤 '독서변화연구소' 대표, 웰니스 플래너, 자기계발 작가, 칼럼니스트, 동기부여 강연가

낙상사고라는 큰 부상을 독서와 운동으로 극복했던 경험을 전하기 위해 《삶을 바꾸는 기술》을 출간했다.
'시련은 성장을 위한 씨앗이다'라는 모토로 꿈과 희망을 전하는 메신저로 활동하고 있으며, 독서로 변화된 삶의
가치를 전하는 독서변화 코치다. 저서로는 《삶을 바꾸는 기술》, 《보물지도8》, 《버킷리스트12》, 《인생을 바꾸는
감사일기의 힘》, 《나는 책쓰기로 당당하게 사는 법을 배웠다》 등이 있다.

• E-mail rhyforg@naver.com
• Cafe www.rcl-lab.com
• C·P 010·9027·9297

• Blog blog.naver.com/rhyforg
• Facebook yu.hanyoun

2017년 9월이 막 시작되었다. 나는 불과 1년 전만 해도 전혀
상상하지도 않았던 길을 걷고 있다. 지나간 8개월을 돌이켜 보니
정말 앞만 보고 달려온 듯하다. 나의 하루하루도 어느덧 일정한
패턴으로 자리를 잡아 가고 있다. 이럴 때가 어쩌면 위험한 시기
일지도 모른다. 일정한 패턴으로 흘러가는 시간들은 사람을 나태
하게 만들기 때문이다. 하지만 나에겐 해당되지 않는다. 나는 식
지 않는 열정으로 가득하다.

한 권의 책을 읽고 버킷리스트에 책을 쓰고 싶다고 적었다. 그

리고 매일 아침 잠재의식에 주문을 했다. 그 주문이 배달이 잘 되었던지 2017년을 시작하면서 작가가 되기로 본격적으로 마음먹었다. 새해 첫날부터 무작정 일어나서 A4용지 1장 분량의 글을 썼다. 정제되지 않은 나의 생각들을 날것 그대로 적었다. 그것이 작가가 되기 위한 첫걸음이었다.

2월부터 〈책 쓰기 과정〉을 시작하면서 열정을 불태웠다. 동기들 중에서 반드시 퍼스트 펭귄이 되겠다고 선언하지는 않았지만 마음속으로 해내겠다고 다짐했다. 마지막 수업 날, 견본꼭지에 대해서 피드백을 받던 날 이미 나보다 한참을 앞서 나가고 있는 분이 계셨다. 나는 그분을 추월하겠다고 의지를 다졌다. 결과적으로 세 번째로 초고를 완성했다. 30일 정도 만에 42꼭지에 해당하는 원고를 완성한 것이다. 원고를 쓰는 과정에 이런저런 슬럼프도 겪었다. 하지만 식지 않는 열정으로 한 꼭지 한 꼭지씩 채워 나갔다. 생각해 보면 열정의 끈을 놓지 않았기 때문에 원고를 완성할 수 있었던 것 같다.

탈고도 금세 마무리하고 투고를 했다. 투고 후에 계약까지는 꽤 시간이 소요되었다. 하지만 출판사와의 정식계약은 동기들 중에 가장 먼저 했다. 게다가 출간일을 짧게 잡아 준 덕분에 계약하고 45일 만에 나의 첫 개인저서가 세상 밖으로 나왔다. 돌이켜 보면 내 열정에 보이지 않는 힘이 응답해 준 것이 아니었을까, 라는 생각이 든다.

열정이 있다면 이루지 못할 것은 세상에 없다. 크게 성공하는 사람들은 큰 꿈을 꾼다. 꿈이 크면 꿈을 이뤄 내고야 말겠다는 열정 또한 클 것이다. 꿈이 작으면 열정 또한 작으며 금세 사그라들지도 모른다. 꿈이 작으면 성취해 봤자 큰 희열을 못 느끼기 때문에 사람들은 미루는 버릇을 들이게 된다. 미루는 버릇은 시간과 꿈을 약탈하는 최고의 시간 도둑이자 꿈 도둑이다.

고(故) 정주영 회장의 《시련은 있어도 실패는 없다》라는 저서에 이런 내용이 나온다.

"나는 게으름을 피우는 것에 선천적인 혐오감이 있다. 시간은 지나가 버리면 그만이다. 사람은 보통 적당히 게으르고 싶고, 적당히 재미있고 싶고, 적당히 편하고 싶어 한다. 그러나 그런 '적당히'의 그물 사이로 귀중한 시간을 헛되이 빠져나가게 하는 것처럼 우매한 일은 없다."

명확한 꿈과 목표가 없으면 정주영 회장이 말한 것처럼 '적당히'란 변명으로 시간을 낭비하게 될지도 모른다. 그래서 우리는 명확한 꿈을 가져야 한다. 꿈이 명확하다면 열정은 저절로 따라올 것이다. 게다가 쉽게 식지도 않는다.

하루라는 시간을 보내면서도 수많은 나태하고 게으른 생각과 싸운다. 의식을 하기도 하고 그렇지 못할 때도 있다. 많은 이들의 최대 실수는 적당히 타협해 버리는 것이다. 하지만 그 타협으로 자신이 잃게 되는 것에 대한 책임은 어느 누구도 져 주지 않는다. 온전히 자신이 책임져야 한다. 게다가 돌이키지도 못한다. 그것을 안다면 우리는 자신과의 타협 같은 것을 용인해서는 안 된다.

작가의 꿈으로 시작한 2017년이었지만 작가는 나의 최소한의 꿈이 되었다. 나는 책을 펴내고 1인 기업가의 길을 걷기로 하고 준비해 가고 있다. 개인저서와 공저를 포함해서 벌써 4권의 책이 출간되었다. 출간 예정인 책만 해도 3권이다. 이 책들은 새로운 세상으로 행군하는 나를 알리고 나에게 힘이 되어 줄 것이다.

최근엔 메이저 신문에 매주 칼럼이 2편씩 실리고 있다. 그 또한 책을 썼기에 내가 가질 수 있었던 기회였다. 나는 그 기회를 꽉 잡았다. 칼럼은 또다시 강연 요청으로 이어졌다. 나는 실천하는 독서를 알리고 사람들에게 꿈과 희망을 심어 주는 메신저로서의 행보를 해 나가고 있다. 앞으로의 큰 도약을 위해 탄탄하게 기초공사를 하며 바닥을 다져 나가고 있다.

책이 출간된 시점에 '독서변화연구소'를 설립했다. 독서변화연구소는 책으로 변할 수 있었던 나의 이야기와 책으로 얻을 수 있는 것들에 대해 알리고 있다. 그리고 사람들에게 꿈을 찾아 주고 있다. 세상에 큰 영향력을 끼치고 나로 인해 삶을 변화시켜 나가는 사람들이 따뜻한 사회를 만들어 가는 모습을 꿈꾼다. 내가 꿈꾸고 그려 보는 미래는 생각하는 순간 만들어지기 시작한다. 그리고 그 미래가 곧 현실이 될 것이라고 확신한다.

쉽게 불타오르는 열정은 금세 식기도 한다. 몇 년 전부터 활동하는 마라톤 커뮤니티가 있다. 지난겨울 갑자기 나타나 뜨거운 열정을 보이며 열성적으로 모임에 참석하던 회원이 있었다. 누가 봐도 정말 열성적이고 적극적이었다. 급기야 2017년이 시작되면서 새로 구성되는 스태프에 임명되었다. 그러고도 그녀의 활동은 대단했다. 동에 번쩍, 서에 번쩍할 정도로 말이다. 그런데 그녀가 갑자기 사라졌다. 이 커뮤니티를 만든 사람이 부천의 달리기 모임에서 뛰면서 이렇게 얘기했다.

"저는 10년이 넘게 많은 사람들을 경험해 봐서 아는데요. 갑자기 나타나서 불타오르는 사람들은 사라질 때도 저렇게 사라지곤 해요. 그래서 별로 신경도 안 쓴답니다. 오히려 조용하게 묵묵히 활동하는 사람들이 오래 같이하는 것 같아요."

나중에 들어 보니 그냥 쉬고 싶었다고 했단다. 그렇다고 탈퇴까지 할 필요가 있었을까, 하는 생각이 든다. 남들 일까지 이러쿵저러쿵하고 싶지는 않다. 하지만 뭔가 불만이 없었다면 저런 행동을 하지는 않았을 거라 생각한다. 더군다나 스태프라는 임무를 맡고 있었으니 더더욱 그런 행동을 해서는 안 되었을 것이다. 아무튼 뜨거운 열정이 식어 버린 데는 다 이유가 있으리라. 세상에 이유 없는 일은 일어나지 않으니까.

큰마음을 먹고 새로운 일을 할 때 누구나 처음에는 열정이 끓어넘친다. 하지만 그 동력이 계속 유지되기는 쉽지 않다. 처음의 그 열정이 차츰 식어 버리기 때문이다. 직장생활을 시작할 때도 그렇다. 시작할 당시에는 의욕이 넘친다. 나름대로의 포부도 있고 그 회사의 임원이나 그 이상을 목표로 한다. 그렇지만 1년도 되기 전에 그만두고 이직하기도 한다. 몇 년이 지나 그 회사에 다니고 있다 하더라도 처음의 열정을 그대로 유지하고 그 포부를 그대로 지니고 있는 경우는 드물다.

1인 기업가의 길을 걷고 있는 지금 매일 아침 감사일기를 쓴다. 그러면서 하루를 점검하고 계획하면서 열정이 식지 않도록 노력하고 있다. 나는 내가 가야 하고, 가려고 하는 길을 명확히 알고 있다. 당장 큰 변화가 생기지 않더라도 나는 그 자리에서 해야 할 일들을 묵묵히 해 나간다. 봄철에 가을의 수확을 기대하면서 씨앗을 뿌리는 농부의 심정으로 말이다. 사과 씨를 심으면서 가을에 복숭아를 기대하는 농부는 없다. 그걸 안다면 내가 있어야 할 자리, 내가 되고자 하는 그 자리에 이미 서 있는 셈이다.

명확하고 불타오르는 목표가 내 눈앞에 있다. 그곳을 향해 나아가기 위해 뿌리는 씨앗은 내게는 확고한 행복이다. 식지 않는 열정으로 이루지 못할 것은 세상에 없다.

37

행복한 욜로 라이프
메신저 되기

임현수   욜로 라이프 메신저, 1인 기업가, 청춘 멘토, 동기부여 강연가, 자기계발 작가

불확실한 미래를 걱정하기보다는 현재의 가치에 집중해서 나답게 행복을 추구하는 욜로(YOLO; You Only Live Once, 인생은 한 번뿐) 라이프 메신저다. 수년간 다양한 나라를 여행했고, 현재 20가지가 넘는 취미생활을 하고 있으며, 다양한 문화 활동과 자기계발을 하고 있다. 남과 비교하지 않고 오롯이 나에게 집중하며 성장해 온 스토리와, 적은 수입으로도 욜로 라이프를 즐길 수 있는 노하우를 담은 개인저서를 집필 중이다.

- E-mail yolomessenger@naver.com
- Facebook puhabono
- Instagram puhabono
- C·P 010·9384·2636

"오는 건 순서가 있어도 가는 건 순서가 없다."

나는 개그맨 박명수를 좋아한다. 이 말은 현실적이라 더 와 닿는 박명수 어록 중의 하나다. 그 밖에도 그의 어록 중엔 현실적이고 뼈 있는 말로 큰 공감을 사는 것들이 많다. "시작은 반이 아니다, 시작은 시작일 뿐이다.", "죽음과 결혼은 뒤로 미룰수록 좋다.", "한번 누우면 끝. 지금 많이 사랑해라.", "내일도 할 수 있는 일을 군이 오늘 할 필요 없다.", "즐길 수 없으면 피하라.", "젊어서 고생

을 사서 하면 늙어서 골병든다." 등이다.

오는 건 순서가 있어도 가는 건 순서가 없다는 그의 말처럼 우리는 당장에 일어날 일을 예측할 수 없다. 현재를 기준으로 미래를 짐작해 볼 수는 있다. 하지만 정확한 자신의 미래는 그 누구도 알지 못한다. 미래가 막연하고 불안하다고 준비와 대비만 하는 삶이 과연 정답일까? 현재를 즐기지 못하고 삶의 순간순간을 느끼고 만끽할 수 없다면 그게 과연 행복한 인생일까?

분명 꽃다운 나이에 열정을 가지고 즐겨야 하는 것들이 있다. 젊을 때 느끼고 경험해야 하는 것들이 있다. 나는 아무리 크게 성공한다고 해도 휠체어를 탄 백만장자가 되기는 싫다. 한 살이라도 젊고 건강할 때 많은 것들을 누리고 싶다.

부모님의 세대는 평생 한 직장을 다니는 것이 가능했다. 더불어 절약과 저축을 하면 잘 살 수 있었다. 하지만 우리 세대는 다르다. 열심히 절약하고 꼬박꼬박 저축해도 부자가 될 수 없다. 치열하게 살아도 물가가 오르는 속도만큼 내 월급은 오르지 않는다. 그래서 나는 단 하루를 살아도 나답게 행복하고 즐겁게 살고 싶다.

네이버 지식백과에 따르면 YOLO는 '인생은 한 번뿐이다'를 뜻하는 You Olny Live Once의 머리글자를 딴 용어다. 현재 자신의 행복을 가장 중시해 소비하는 태도를 말한다. 미래 또는 남을 위해 희생하지 않고 현재의 행복을 위해 소비하는 라이프스타일이다. 욜로족은 내 집 마련, 노후 준비보다 지금 당장 삶의 질을 높여 줄 수 있는 취미생활, 자기계발 등에 돈을 아낌없이 쓰는 사람을 말한다. 이런 의미에서 나는 영락없는 스물다섯 살 욜로족이다.

단순히 사치를 하고 남에게 보여 주기 위해 허세를 부리는 것이 욜로는 아니다. 사리사욕을 채우기 위해 행동하거나 일시적인 충동구매를 하는 태도도 아니다. 욜로 라이프는 나의 자아실현을 추구하는 과정에서 현실에 우선순위를 두는 것이다. 남의 시선을 신경 쓰지 않고, 나만의 기준과 스타일을 중시하는 나는 되고 싶고, 갖고 싶고, 하고 싶은 것이 정말 많은 '꿈 또라이'다.

지금까지 안 해 본 머리색이 없다. 빨주노초파남보 다양한 색깔의 머리를 염색해 왔다. 친구들은 그런 나를 보며 베스킨라빈스 아이스크림색 같다고들 했다. 평소 특이한 액세서리와 힙합 옷 스타일을 즐긴다. 나 자신에게 주는 선물로 별 모양 타투도 했다. 나는 남들의 시선을 신경 쓰지 않고 내가 하고 싶은 스타일로 나를 표현한다. 나에게 딱 맞는 패션 스타일로 차려입었을 때 자신감이 몇 배로 더 커진다.

스스로 돈을 벌어 수도권에서 자취생활을 하는 나에게는 숨만 쉬어도 나가는 돈이 천지다. 그래서 학교를 다니며 일을 병행했다. 졸업 후에도 일주일 중 5일은 일을 나가고 나머지 2일은 쉬었다. 그래서 항상 바빴고, 계획적으로 살아야 했다. 시간 관리와 돈 관리를 철저히 했다. 그랬기에 많지 않은 수입이지만 내가 원하는 물건을 사고 취미생활도 할 수 있었다. 학교 다닐 때 수업이 끝난 후 술을 먹으러 가거나 당구장과 PC방을 가는 것이 친구들의 일상이었다. 나는 술을 먹고 당구를 치는 게 딱히 즐겁지가 않았다. 그래서 항상 먼저 가겠다며 단호하게 선을 그었다. 호불호가 강한 나는 가기 싫은 장소에 억지로 가지 않고, 하기 싫은 게 있으면 절대 하지 않는다. 내가 좋아하는 취미나 특기, 자기계발을 하기에도 시간과 돈이 부족하기 때문이다.

고등학교 3학년 때 나는 요리로 진로를 결정했다. 국가 기술자격증인 한식, 양식, 중식, 일식, 제과, 제빵, 조주기능사를 따기 위해서 열심히 학원을 다녔다. 7개 자격증 시험에서 총 스무 번가량 불합격을 받아 절망도 많이 했다. '이 정도만 하고 포기할까?'라는 생각을 수백 번도 넘게 했었다. 하지만 끈기를 가지고 계속 도전했고, 3년 만에 모두 합격하게 되었다.

다른 누군가가 시켜서 수동적으로 한 것이 아니다. 내가 능동적으로 목표를 세웠고, 하고 싶었던 자기계발에 시간과 돈을 투자했기 때문에 가능한 일이었다. 목표를 하나씩 이루어 갈 때마다 성취감을 느꼈다. 지속적으로 성장하고 있다는 생각에 뿌듯했다.

내 성격은 외향적이기도 하고, 내향적이기도 하다. 나의 외향적인 취미로는 EDM 페스티벌을 가거나 클럽에서 음악과 춤을 즐기는 것, 해외여행을 가거나 사진 찍기, 쇼핑하기, 수영이나 테니스 같은 운동을 하는 것이 있다. 내향적인 취미로는 소소하게 집의 인테리어 꾸미기, 실내 식물 키우기, 가성비 좋은 인터넷 쇼핑, SNS나 블로그로 일상 공유하기, 자취생활 요리나 독서 등이 있다.

EDM(일렉트로닉) 음악을 사랑하는 또라이인 나는 국내 클럽만 300번 넘게 다녀 봤다. 다양한 국내 EDM 페스티벌에 참여했다. 8개 나라의 외국에 갔을 때도 그 나라만의 특색이 느껴지는 클럽에서 놀았다. 체질상 술은 못 하지만 남의 시선 신경 쓰지 않고 잘 노는 특이한 케이스의 '클러버'다. 술을 먹지 않고도 또라이같이 노는 내 모습에 친구들은 항상 놀란다. 진정으로 내가 좋아하면 술을 먹지 않아도 술을 먹은 사람보다 더 즐겁게 놀 수 있다.

보통의 사람들은 스트레스를 풀러 클럽에 오는 경우가 대부분이다. 물론 나도 거기에 해당된다. 일과 학교에 지쳐 힘들면 신나는 음악에 몸을 맡기고 미친 듯이 춤을 춘다. 그러면 스트레스가 해소되고, 에너지가 충전되는 느낌이 든다. 경기가 침체되고 주머니 사정이 힘들다고는 하지만 EDM 페스티벌의 종류는 늘어만 간다. 입장권 값이 10만 원이 훌쩍 넘는데도 매진되어 구하기가 힘들다. 그 이유가 무엇일까? 간단하다. 현재의 행복을 중시하는 경향이 강해졌기 때문이다.

욜로 라이프의 큰 축을 차지하는 해외여행 역시 내가 즐기는 취미 중 하나다. 해외여행은 시간이나 일정이 맞아야 하고, 같이 갈 사람을 구하기 힘든 비싼 취미생활이다. 그럼에도 불구하고 매번 인천공항에 갈 때마다 사람들이 북적거리는 것을 볼 수 있다.

내향적인 성향을 가지고 있는 사람들도 즐길 수 있는 취미가 많다. 밖에 나가지 않고 혼자서도 여유 시간을 잘 보낼 수 있다. 나는 집에만 있어도 항상 할 게 많고 바쁘다. 나는 인테리어에 관심이 많다. 그러다 보니 자연스럽게 인테리어와 연관되는 전자제품과 가구에 관심을 가지고 되었다. 인테리어에 도움이 되는 식물을 키우는 취미도 가지게 되었다. 인터넷 서핑으로 열심히 품을 팔아 가성비 좋은 물건을 검색하고 구매하면 정말 기분이 좋다. 좋은 물건을 구매한 후 조립하고 꾸미고 세팅을 한다. 그리고 사용 후기와 만족감을 SNS나 블로그에 올려서 공유한다. 집에서 자취생활에 도움이 되는 요리를 직접 만들어서 사진을 찍어 공유하기도 한다. 음악을 듣거나 책을 읽기도 한다.

사람들은 돈이 많고 여유가 있어야 여행을 하고 취미를 즐기고 좋아하는 것을 누릴 수 있다고 여긴다. 하지만 전략을 잘 짜고 부지런하면 적은 금액으로도 욜로 라이프는 충분히 가능하다. 건강하고 생산적인 욜로 라이프를 누리기 위한 비법 세 가지를 기억하자.

첫째, 자신에 대해 잘 아는 것이 중요하다. 내가 무엇을 좋아하고 몰입할 수 있는지, 나의 가치관과 우선순위는 무엇인지를 성찰해 보자.

둘째, 현실에 맞게 꼼꼼한 계획을 세워야 한다. 항상 부지런히 찾은 정보를 통해 잘 알아보고 선택하는 것이 중요하다. 사전 전략을 잘 세워야 똑똑하고 현명하게 욜로 라이프를 즐길 수 있다.

셋째, 미래에 대한 막연한 불안감에 흔들리지 말고 나답게 결심하고 행동해야 한다. 나중에 돈이 더 모이면 가야지, 조금 더 여유 있어지면 해야지, 라고 생각들 한다. 하지만 절대 시작하기에 딱 맞고 좋은 때는 없다. 무리를 해서라도 도전하고, 조금 부족하더라도 작은 실천을 해야 다양한 경험을 하며 성장할 수 있다.

나는 지금까지 내 힘으로 노력해서 많은 것들을 이루었다. 배우고 싶은 것을 찾아서 열심히 배웠고, 갖고 싶은 것을 현실에 맞게 욕망하고 가졌다. 부모님의 도움 없이 스스로 독립했고, 많지 않은 수입이지만 열심히 내 힘으로 돈을 벌었다. 내가 가치를 두는 것에 즐겁게 소비하고 행동하는 것, 그러면서 성장하고 이상을 이루는 것. 나는 이것이 진정한 욜로 라이프라고 생각한다.

앞으로도 현재의 행복을 추구하며 나답게 살아갈 수 있는 멋진 선택을 할 것이다. 또한 불안하고 막연한 미래를 대비하기 위해 현재의 행복을 저당 잡힌 사람들의 관점을 바꿔 주는 '욜로 라이프 메신저'로 살아갈 것이다. 나는 지금의 나를 있는 그대로 받아들이고 사랑한다. 보다 많은 이들이 자신의 인생을 소중히 여기며 순간순간 행복한 삶을 살 수 있기를 바란다.

38

타인의 장점을 내 것으로 흡수하기

강남호 대학생 취업 멘토, 캐나다 초·중·고·대 유학 멘토, 미래 CEO, 동기 부여가

• E-mail wqe1323@hotmail.com　　　• C·P 010·8372·0371

　　모든 것을 처음부터 잘하는 사람은 없다. 한 분야에 천재성을 가지고 특출함을 보여 주는 인재들이 있지만 그들도 모두 처음부터 잘하진 않았을 것이다. 김연아도 처음부터 트리플 악셀을 뛰지 못했을 것이고, 박지성도 처음부터 2개의 심장이라는 별명을 가지고 축구를 시작하지 않았을 것이다. 모든 것을 처음부터 잘할 필요는 없다. 필요한 것은 잘하고 싶다는 생각과 그 생각을 현실로 만들어 줄 노력이다. 아무리 노력해도 최고가 되지 못해도 괜찮다. 당신은 이미 많은 사람들보다 그 분야에서 앞서 나가고 있

을 테니까.

나는 어려서부터 많은 사람들과 친구가 되길 원했다. 더욱 많은 사람들을 알고 싶었고 그들의 가장 소중한 사람이 되고 싶었다. 학교에 갔을 때 선후배 가리지 않고 모두 나와 반갑게 인사하길 바랐다. 선생님들이 내게 웃으며 인사를 건네길 바랐다. 하지만 내 바람은 그저 소망일뿐이었다.

같이 어울리는 친구들이 없지는 않았다. 그러나 학교에 가면 대부분은 친하지 않은 동급생, 이름만 아는 형, 이름도 모르는 누나, 그리고 처음 보는 것 같은 동생들이었다. 선생님들께 인사를 해도 내가 누군지도 모르는 선생님들이 많았다. 내가 누구인지 궁금해하지도 않았다. 그러다 느낀 것이 반장을 하고 있는 아이들은 대부분의 학생들이 좋아하고, 선생님들과도 친하게 지내고 있다는 것이었다. 그러다 초등학교 6학년이 되었고, 친했던 친구들과 반이 떨어지게 되었다. 그리고 나는 최초로 선거에 출마했다.

나를 제외하고 2명의 반장 후보가 더 있었다. 그들과 나의 다른 점은 나는 스스로 반장을 하고 싶어 했고, 그 친구들은 다른 친구들의 추천을 받았다는 것이다. 나는 반장이 되고 싶다는 내 마음을 계속해서 표출해 왔기 때문에 내가 더 표를 많이 받을 것이라고 생각했다. '적어도 한 명은 이기겠지'라고 생각했다. 두 번째로 표를 많이 받으면 부반장이 되기 때문에 그것도 괜찮다는 생각까지 하고 있었다.

투표가 끝났고, 결과는 처참했다. 약 40명이 한 반이었고, 내가 아닌 두 친구들의 표는 한 표 차이였다. 그날 나는 고개를 들수 없었다. 집에서 결과를 물어보시는 어머니께 아쉽게 반장이 되지 못했다는 거짓말을 하고 방에 들어가 깊은 생각에 빠졌다. 다른 친구들이 나를 뽑지 않았다는 사실보다 내 이름 옆에 있던 한일(一) 자가 나를 더 부끄럽게 만들었다. 반장이 되면 인기가 많아지는 것이 아니라 인기가 많아야 반장이 될 수 있다는 것을 한참후에 깨달았다.

선거 다음 날, 나는 반에서 놀림감이 될 것 같다는 생각에 학교를 가기 싫었다. 하지만 이번에도 생각과 달랐던 것이, 그 아무도 나를 놀리지 않았다. 아니, 나를 놀릴 만큼 신경 쓰지 않았다. 얼떨떨한 마음으로 나도 일상으로 돌아가기 시작했다. 조금 달라진 것이 있다면, 인기 많은 친구들의 행동거지 하나하나를 신경쓰고, 나와 다른 점이 무엇인지 생각하기 시작했다는 것이다.

'나만 잘하면 되지'라는 생각으로 하던 공부를 주위 친구들을 도와가며 하는 반장을 보았다. '무조건 이기기만 하면 돼'라는 생각을 가졌던 계주에서는 넘어진 친구를 부축해 들어오는 부반장을 보았다. 그리고 천천히, 그들의 행동을 따라서 연습했다. 친해져야 친구가 된다는 생각을 버리고 친구이기 때문에 친해져야 된다고 생각하기 시작했다. 그리고 어느 순간 주위를 둘러보니 다행스럽게 내 주위에도 많은 친구들이 모여 있었다.

시간이 지나고 대학교에 입학한 후 새로운 문화에 적응해 나갈 무렵, 학년 대표를 뽑는 날이 왔다. 초등학교 때의 반장 선거 이후로 나는 반장, 회장 등의 선거에 나가 본 적이 없었다. 많은 친구들이 생긴 후에도 내 이름 옆에 적혀 있던 한 일(一) 자의 트라우마는 꽤나 오랫동안 날 괴롭히고 있었다.

학년 대표를 하고 싶은 학생이 있는지 물어보는 질문에 한 친구가 손을 들고 내 이름을 외쳤다. 추천을 하라는 말이 아니었는데도 많은 친구들이 나를 추천하고 있었다. 혼자 후보로 나간 것은 아니었다. 그런데도 과반수가 넘는 친구들이 나의 손을 들어 주었다. 몇 년이 지나고, 군대를 제대하고 3학년이 되었을 때 나는 학생회장 선거에 출마했다. 10여 년 전, 40여 명의 아이들 중 한 명도 적어 내지 않았던 내 이름을 40명을 훌쩍 넘는 학생들이 선택해 주었다.

친구들의 행동 이외에도 나는 많은 것을 따라 하기 시작했다. 나에게 부족한 것이 무엇인지 찾아내기 시작했다. 나는 다른 친구들에 비해 옷을 잘 입지 못했다. 옷을 멋있게 입어야 한다는 생각이 없었다. 어머니가 옷을 사 주셔도 입기 편한 옷들만 입었다. 초등학교 때의 사진을 보면 나는 항상 비슷한 옷을 입고 있었다. 무릎 밑으로 내려오는 멜빵바지를 입고, 발목 위로 올라오는 하얀 양말과 샌들을 신었다. 상의로는 운동회, 기념회 등이 적혀 있는 티셔츠, 혹은 이상한 그림이 그려져 있는 노란색의 티셔츠 등을 입고 있었다. 물론 그 티셔츠들의 목은 후줄근하게 늘어져 있었다. 초등학교 때부터 이미 '아재패션'에 대한 감각만큼은 뛰어났던 것이다.

어느 날은 그 패션 위에 멋을 부려 보겠다고 나비넥타이를 하고 간 적이 있었다. 티셔츠 위에 나비넥타이를 한 내 모습을 보고 선생님께서는 "너무 멋지지만 학교에는 어울리지 않는다."라고 말씀하셨다. 지금 생각하면 너무 부끄럽지만 나는 '그럴 수 있다'라고 여기고 타이를 풀었다. 물론 하굣길에 다시 매는 것을 잊지 않았다.

중학생 때, 어느 날부턴가 나도 옷에 관심을 가지기 시작했다. 하지만 어렸을 때부터 쭉 나빴던 패션센스가 갑자기 좋아질 리 없었다. 쇼핑을 하다가 멋진 청재킷과 청바지를 구매했다. 그러곤 그 멋진 옷들을 같이 입어 '청청패션'을 완성했다. 멋진 상의와 멋진 하의를 같이 입으면 멋진 패션이 완성되는 줄 알았던 것이다. 하지만 웃음을 참는 친구들의 모습을 보면서 그게 아님을 알았다.

패션에 관심을 가지고 나서의 가장 큰 문제는 친구들이 내가 옷을 대충 입는 것이 아니라 못 입는 것임을 알아챘다는 것이었다. 한창 친구들의 시선이 중요하게 느껴질 때였다. 그런데 다른 친구들보다 어떤 부분에서 뒤처진다는 것을 용납할 수 없었다. 그래서 나는 그들을 따라 하기 시작했다. 재미도 없는 패션 잡지를 읽어 가며 옷을 잘 입는 사람들은 어떤 상의에 어떤 하의를 입는지 찾아보았다. 인터넷에서 옷을 살 때는 꼭 그 옷을 입어 본 사람들이 어떤 식으로 상·하의를 입었는지 확인하고 비슷한 옷들을 추가로 구매했다. 옷을 잘 입는 사람들을 따라 하면, 개성이 있다는 소리는 듣지 못할지언정 옷을 못 입는다는 소리도 듣지 않게 된다.

나는 고등학교를 캐나다에서 다녔다. 처음 캐나다에 갔을 때 모든 것이 낯설었다. 낯선 거리에서 낯선 사람들이 낯선 언어로 이야기하고 있었다. 가장 익숙하지 않았던 것은, 외국인들이 나에게 "What's up?"이라고 인사하는 것이었다. 처음에는 위에 뭐가 있냐는 뜻으로 알아듣고 위를 열심히 쳐다보았지만 학교 천장밖에 보이지 않았다. 이후에 인사할 때 쓰는 말임을 알았지만 답을 어떻게 할지 몰라서 그냥 웃었다. 자신들의 인사에 웃기만 하는 나를 보고 외국인들은 이해할 수 없다는 표정을 지으며 지나쳤다. 그래서 이번에도 따라 해 보았다. 외국인 친구들이 지나갈 때 내가 먼저 "What's up?"이라고 인사를 건넸다. 그러자 각자 여러 가지 방법으로 답을 해 왔다. 나는 그렇게 가장 기본적인 인사법에 대해서 배울 수 있었다. 그리고 내게 인사하는 친구들에게 그 답변들을 따라 같이 인사했다.

처음부터 잘할 수는 없지만, 마지막까지 못할 수는 있다. 노력이 부족해서일 수도 있고, 재능이 부족해서일 수도 있다. 나는 옷을 잘 입어 보려고 계속 노력한다. 하지만 내가 스스로 차려입은 옷은 언제나 다른 사람들이 이해할 수 없는 새로운 패션이 된다. 하지만 나는 계속해서 노력한다. 언젠가 따라 하지 않아도 스스로 옷을 멋지게 입을 수 있을 것이라 생각한다.

모방은 창조의 어머니라는 말이 있다. 처음에 잘하지 못했다고, 마지막까지 못할 이유는 없다. 자신이 뒤처지는 부분이 있다면, 그 부분에서 앞서 나가는 사람을 따라 하면 된다. 나 자신이 그 사람이 되면 안 되지만, 그 사람의 뛰어난 부분을 나에게 흡수시키면 된다. 따라 하는 것은 부끄러운 일이 아니다. 못한다면, 부족하다면, 뒤처진다면 따라 해라.

39

또라이 기질로 내 인생 바꾸기

어성호 '힐링글쓰기연구소' 소장, 글쓰기 코치, 의식성장 메신저, 자기계발 작가, 강연가, 동기부여가

수차례의 논문현상공모, 전국영어웅변대회, 문학상 수상 경력이 있다. '꿈'과 '희망'을 불어넣는 동기부여가
이자 의식성장 메신저로 '가슴 뛰는 삶'을 전파하고 있다. 저서로는 《보물지도7》, 《부모님에게 꼭 해드리고
싶은 39가지》, 《되고 싶고 하고 싶고 갖고 싶은 47가지》, 《되고 싶고 하고 싶고 갖고 싶은 40가지》가 있다.
현재 그간의 경험을 토대로 인생 2막을 준비하며 '글쓰기'에 관한 개인저서를 집필 중이다.

• E-mail uhsh@naver.com   • Kakaotalk jumpstarter21
• C·P 010·9003·1957

"어성호 너 인자 보이 인간 아이네!"

"아니기는 뭐가? 그럼 로보캅이가?"

점심을 먹고 돌아온 과 동기들이 팥죽땀을 흘리는 내게 너도
나도 한마디씩 거들었다. 6월 민주항쟁이 뭔지도 모르고 첫 학기
가 끝나갈 무렵. 서울로 대학을 못 간 걸로만 쳐도 화가 뻗치는
판에 장학금을 놓치기는 내심 무척 싫었다. 수업은 제대로 진행
되는 둥 마는 둥 허다한 과목이 리포트로 대체되었다. 이제 마지
막 남은 교양체육 시험이 아마도 장학금 수령 갈림길이 될 듯했

다. 대학 체육이라면 폼 나게 테니스나 수영을 할 줄 알았다. 그런데 매 시간 곤봉 돌리고 물구나무서고, 생전 처음 해 보는 묘기 같은 줄넘기를 하는 게 다였다. '뭐 이런 걸 하나!' 겉보기에는 좀 한심해 보여도 여간 만만치가 않았다.

학사 일정이 뒤죽박죽되고 시험도 치는 듯 마는 듯했다. 그러자 교수가 배운 종목 중 하나만 잘하면 A를 준다고 못을 박고 수업을 시작했다. 그런데 시험 당일 아침 느닷없이 "적어도 3종목을 통과해야 A를 준다."는 교수의 지침이 과대표를 통해 전달되었다. 2종목은 해 봐야 어차피 학점 따는 데 의미가 없으니 동기 중 3분의 2는 일찌감치 포기한 분위기였다. 초여름치고 날은 무덥고 오후 시험이라 배는 고프고. 다들 "먹어야 살지." 한마디씩 내뱉으며 점심을 먹으러 갔다.

구시렁거려 봐야 득 될 건더기는 하나도 없다. 하루 세 번 꼬박꼬박 먹는 밥. 한 끼 안 먹는다고 어떻게 되지는 않는다. 선택이고 뭐고 없다. 할 거냐 말 거냐. 고민도 잠시. 한번 해 보자 싶었다. 이왕 할 거라면 남은 두어 시간 죽기 살기로 해 보는 수밖에. 해도 안 되는 제자리 공중회전, 뜀틀 등은 아예 빼 버렸다. 곤봉은 할 줄 아니 됐고. 이마 대고 물구나무서기는 조금만 더 하면 될 듯했다. 문제는 줄넘기. 교차 넘고 뒤로 넘고 엑스 자 넘고. 묘기 같은 동작을 단련해야만 했다.

무조건 했다. 30분이 지나도 안 되었다. 또 했다. 한 시간이 지나도 바뀐 건 없었다. 땀은 흐르고 배는 고팠지만 아랑곳하지 않고 뛰었다. 오뉴월 개 혓바닥 물 듯 숨이 차오르고 한여름 날 서리가 낀 듯 안경이 뿌옇게 변했다. 2시간 가까이 펄쩍대고 있자니 여태 한 게 아까워서 이제는 포기할 수도 없었다. 친구들이 뭐라 하든 귓등으로 듣고 흘렸다. 시험 시간이 다 되어 '진짜 마지막 한 번만 더 하자' 하며 줄을 넘었다. 할까 말까 연신 갈등이 생기는 통에 짜증이 일다가도 잠잠해지길 반복했다. 그러던 찰나 무심결에 1차 성공을 했다. 놀랐다. 그러곤 친구들 걸어가는 발걸음 틈에 한 번 더 뛰어 보았다. 역시 성공이었다. 소스라쳤다. 신기했다.

"인간 어성호 참말로 오지다!"

오지고 옴팡진 걸로 치자면 그 정도는 아무것도 아니다. 살다 보니 그리 되었다. 처한 상황이 여지없이 나를 몰아붙여 악다구니 한번 쓰고 버텨 왔다. 타고난 성격이 하루아침에 바뀔 리는 만무하지만 그렇다고 별나다 생각한 적은 없다. 그저 평범함 딱 그 정도다. 필요했으니 했을 뿐이고 이왕 할 거니 다부지게 달라붙었을 따름이다. 소갈머리 없는 기질을 지녔다고도 느껴 보지 않았다. 그런데 직장생활을 하면서 한번 기질이 제대로 불거진 적이 있었다.

"부사장님. 얼마 안 되는 잔금 결제를 계속 미루시면 어쩝니까?"

"어, 이사님. 30년 회사생활에 30만 원 결제로 이런 전화 처음 받아 봅니다!"

회사 일 하다 보면 별의별 일이 다 생긴다. 그만큼 희한한 사람들도 많다. 다른 건 다 이해할 수 있어도 결제 기일을 지키지 않는 일만큼은 못 참는다. 결제는 일종의 약속이다. 필요할 때 썼으면 지불해야 한다. 요런조런 핑계를 대며 미루다 부도나서 폐업하거나 법정 소송까지 가기도 하다 보니 나도 그 행태를 읽는다. '지체된다'는 얘기는 곤란한 사정이 있거나 한마디로 '주기 싫다'는 이야기로 알아듣는다.

그날의 일도 마찬가지였다. 내용 증명 한두 번 보내는 건 요식 행위다. 영업부에 "내사해 상태 파악하라!"라고 통지하고 곧바로 윗선에 대고 요청했다. 처음에는 전화조차 받지 않다가 집요하게 밀어붙이니 질렸는지 결국 백기를 들고 말았다. 나 또한 조직에 매인 몸. 불가피한 건 서로 마찬가지다. 상대가 어떤 사람인지는 관심 없다. 우리 조직이 살아야 하니까. 상대가 뭐라 하던 신경 안 쓴다. 그냥 두면 자꾸 우습게 보니까. 30만 원을 시답잖게 여기는 사람이 30억 원이라고 귀하게 여길까. 그런 사고방식이 영 탐탁지 않았다. 주면 끝나는 일. 물고 늘어졌다. 기어이 다음 날에 종결지었다.

그 일이 있고 내가 잘못되었나 돌아보았다. 아무리 되짚어 봐도 나는 잘못한 게 없다. 그런데 느닷없이 고민 하나가 찾아들었다. '모나지 않은 인생이라고만 만족하며 내 인생을 이대로 끝낼 것인가?' 일은 상식선에서 끝날지 모르지만 인생은 평범하게 마무리 짓고 싶지 않았으니. 내세울 것 하나 없다 하여 그저 먹고 자다 인생을 끝내고 싶지는 않았다.

20년. 오래 다니던 직장을 잃고 남은 인생을 무엇을 위해 살 건지 스스로에게 진지하게 물어보았다. 지내 온 삶만이 전부인 양 죽어라 반복하지 말고 한 번이라도 좋으니 '제대로' 내 삶을 일구다 가자. 멋있게 태어났으니 그건 내 인생의 권리다. 멋있게 살자는 생각 그건 내 인생의 의무다. 세상은 단박에 바뀌지 않는다. 그러나 내 삶은 마음먹기에 따라 금세라도 바꿀 수 있다. 간절하게 원하기만 한다면.

"직장 잃은 사람들에게 인생의 길을 터 줄 테다."

"무슨 수로, 어떻게 그런 일을 감당하려고?"

나를 잘 아는 친구에게 인생 2막 포부를 밝히자 걱정부터 앞세웠다. 고민하고 걱정한다고 인생은 달라지지 않는다. 결단하고 실행하는 순간 꿈을 향해 가는 자동차는 이미 시동이 걸린 셈이다. 시동의 키는 내가 가진 '또라이' 기질 정도면 충분하다. 무엇이 문제인가. 문제라면 아무 일도 하지 않으면서 뭔가 되기를 바라는 심보다. 그런 몹쓸 심보를 아예 키우지 않을 요량으로 글을 썼다. 그리고 당당하게 내 이름으로 된 책을 내게 되었다.

한다면 한다. 그게 또라이 기질이다. 달걀로 바위 치기라며 누군가는 말릴지도 모른다. 그럴 수 있음을 일러 주지 않아도 나 또한 안다. 그럼에도 불구하고 세상에는 달걀로 바위 치기를 하는 사람이 있다는 데 삶의 묘미가 있다. 바뀌지 않을 듯한데 어리석은 사람의 행동이 알게 모르게 바뀌는 데서 삶의 변화를 감지한다. 세상을 바꾸겠다는 의지를 가진 사람이 있는 한 조금씩 조금씩 세상은 바뀌어 나간다. 나 같은 또라이가 있으니 가능한 일이다.

눈으로 보일 만하게 가진 건 없다. 그러나 살아오는 동안 배운 느낌과 경험, 지식 그리고 글을 쓰고 책을 쓰면서 알게 된 방법과 깨달음, 노하우. 이 모두를 알려 주려 한다. 필요로 하는 사람이 있다면. 그들 또한 나처럼 또라이 기질로 한 인생 살아가려 할 테니.

40

한 번뿐인 인생,
남들과는 다르게 살기

박하람 연애 코치, 자기계발 작가, 동기부여가, 희망 메신저

현재 생산직에 근무 중이며 '회사가 나를 끝까지 책임지지 않는다'라는 깨달음을 바탕으로 단 한 번뿐인 인생, 하고 싶은 일을 하기로 결심했다. 책 쓰기로 꿈을 찾아 이루고자 하는 가치 있는 삶을 살고 있다. 현재 연애에 관한 개인저서를 집필 중이다.

• E-mail qkrgkfka1234@naver.com

내가 근무한 회사는 남들이 일하고 싶어 할 정도로 알아주는 기업이었다. 연봉과 복지가 우수하고 특근 수당도 많이 주는 그곳에서 나는 계약직으로 일하고 있었다. 나는 돈을 많이 모으고 싶어 토요일이면 항상 특근을 했다. 일한 만큼 돈을 많이 버는 즐거움에 열심히 일했다. 그렇게 월 200만 원씩 적금도 넣으면서 생활하다 5개월이 되자 계약이 종료되었다. 나는 백수가 되었다. 뭘 해야 하지 생각하며 한 달을 놀고 있는데 다시 출근할 수 있겠냐고 전화가 왔다. 나는 당장 출근했고 한 달 만에 다시 계약이 종료되

었다.

좀 어이가 없었다. 하지만 몇 주 뒤 다시 연락이 와 일할 수 있느냐고 물어보길래 알겠다고 하곤 다시 출근했다. 그런데 한 달 뒤 다시 자르는 것이었다. 진짜 뭐 하자는 건가 싶었다. '일을 시킬 거면 쭉 시키든가. 자를 거면 아예 다시 부르지를 말든가'라는 생각이 들었다. 한 달 뒤 다시 전화가 왔다

"박하람 씨 되시죠? 다시 일하러 오실 수 있나요?"

나는 정말 황당하고 어이가 없었다.

"한 달만 일하고 또 잘리는 거 아니에요? 이번에는 몇 달 근무하는 건데요?"

"그거는 저희가 확답을 드릴 수 없고 아마 오래 하실 거예요."

나는 이 말을 믿고 출근하겠다고 했다. 그런데 가 보니 한 달만 일하고 퇴사해야 된다는 거였다. 이왕 온 김에 돈도 모을 겸 그냥 일하고 나가기로 했다. 출근한 지 3일이 되던 날 15시 30분에 퇴근했다. 그런데 사람들이 퇴근하지 않고 회사 입구에 다 모여 있었다. 무슨 일인가 싶어 다가가 보았다. 그랬더니 입구에서 확성기를 들고 파업한다고 한 시간 늦게 퇴근하라는 것이었다.

나는 가만히 서서 고민했다. '저 파업은 정규직들한테 좋자고 하는 것인데. 우리를 정규직으로 전환해 줄 것도 아니고 얼마 안 가 자를 거면서 계약직들은 왜 집에 못 가게 붙잡고 있지'라고 생각했다. 나는 회사 정문을 지나 퇴근하려고 했다. 그런데 노조(노

동조합) 사람들이 못 나가게 막아섰다.

"지금 파업 중이라 퇴근 못 하십니다. 퇴근할 거면 사무실 가서 종이에 사유 적고 사인 받아 오세요."

저 말은 너희들은 아무 사유가 없으니 그냥 남아 있으라는 말로밖에 안 들려 무시하고 퇴근하려고 했다. 다시 그들이 막아섰다.

"지금 나가시면 안 된다니까요. 어디 부서에서 일하세요?"

"출근한 지 며칠 안 된 계약직이라 부서가 어딘지 모르겠고 나는 퇴근할 건데요."

그러자 노조 사람은 얘 뭐지라는 표정으로 나를 쳐다보며 화내듯이 말했다.

"지금 퇴근할 거면 사원증 반납하고 내일부터 출근하지 마."

"네."

나는 사원증을 반납하고 당당히 걸어 나왔고 뒤에서 웅성웅성거리는 소리가 들렸다. 가다가 뒤를 한번 돌아보니 100명쯤 되는 사람들이 나를 쳐다보고 있었다. 왠지 모르게 기분이 좋았고 짜릿했다. 그날 저녁 내가 일한 부서에서 전화를 해 와 나에게 왜 그랬냐고 물어보길래 내가 생각했던 대로 그대로 말했다. 그러니까 부서 사람은 내 마음 충분히 이해한다며 다시 출근해도 된다고 했다. 좀 의외의 대답이었다. 하지만 나는 다음 날 출근하지 않았다.

나는 별다른 스펙도 없었고 고졸 검정고시 출신이라 공장에서 일하는 게 아니면 답이 나오지 않았다. 하지만 여기에서 일하면서 나는 '회사는 나를 끝까지 책임져 주지 않는다'라는 것을 똑똑히 알았다. 그리고 내가 누구 밑에서 일하기 싫어하고 일정한 월급을 받으며 하루하루 똑같은 패턴으로 사는 것을 싫어한다는 것 또한 알았다. 직장생활이 나쁘다는 것은 아니다. 나처럼 계약직이 아닌 정규직으로 들어가 일정한 월급을 받으며 안정적으로 평범하게 사는 것도 나쁘지는 않다. 그러나 나는 그것을 거부했다.

이후에 나는 하고 싶을 것을 찾고 꿈을 가지기 위해 흥미를 가질 만한 것을 다 해 보았다. 태권도, 수영, 스쿠버다이빙, 자격증 공부, 외국어 공부를 해 보았지만 얼마 가지 않아 금방 포기했다. 수영과 스쿠버다이빙은 취미로만 하기로 하고 창업을 해 보려고 생각하고 있었다. 창업을 하기 위해서는 돈이 필요해 자동차 배터리를 만드는 공장에 취직했다. 주간 근무만 했는데 주말 출근과 잔업도 안 하고 월급 200만 원을 받았으니 그리 나쁘지 않은 대우였다.

조금씩 적금을 부어 가며 아무 생각 없이 생활했다. 그러다 11개월 정도 근무했을 때 도저히 이대로는 더 나은 삶을 살 수 없을 것 같았다. 당시 자동차를 사고 남은 돈이 1,600만 원이었다. 이 돈을 불리거나 창업을 해 보기 위해 인터넷에서 정보를 찾아보았다.

인터넷을 보던 중 1인 사업이라는 글이 눈에 들어왔다. 클릭해 보니 최정훈 작가의 《1인 지식 창업의 정석》이라는 책 소개 글이 있었다. 나는 이것을 보자마자 외쳤다.

"와. 이거다!"

나는 책을 구매한 후 바로 읽어 보았다. '왜 하루에 10만 원만 벌어야 하는가?'라는 제목이 있었는데 정말 눈길을 끌었다. 이 책에서 "1인 지식 창업은 네이버 카페를 통해 진행되기 때문에 자본금이 거의 한 푼도 들지 않았다."라는 글을 보고 나는 '오' 하며 감탄했다. 책을 읽으며 〈한책협〉에서 1인 지식 창업에 대한 모든 것을 알려 준다는 정보를 얻었다. 바로 휴대전화를 켠 후 카페에 들어가 가입했다. 카페 목록을 보니 그야말로 신세계였다.

나는 〈1일 특강〉을 바로 신청했다. 특강을 들으러 경기도까지 가야 한다길래 조금 걱정이 되었다. '네트워크 마케팅이라면서 다단계면 어떡하지', '나 가서 장기 적출 당하는 것 아닌가'라는 생각까지 들어 친구에게 이렇게 말했다.

"나 이번 주에 경기도에 강의 들으러 가는데 주소 보내 놓을 테니 연락 없으면 경찰에 신고해 줘."

친구는 이 말을 듣더니 그냥 웃어넘겼다.

나는 주말에 설렘 반 걱정 반으로 경기도로 올라갔고 가 보니 내 걱정과는 달랐다. 〈한책협〉김태광 대표가 내가 본 책에 적혀 있는 제목 그대로 왜 하루에 10만 원만 벌어야 하는가, 라는 말로 강의를 시작했다. 그런데 이 말이 책을 읽었을 때처럼 내 마음에 불을 지폈다. 대표의 강의가 끝나고 쉬는 시간에 상담을 한 후 〈책 쓰기 과정〉에 등록했다. 나는 집에 가는 길에 드디어 꿈을 찾은 것 같아 무척 설레었다. 살면서 이런 설렘을 느낀 것은 처음이었다.

〈책 쓰기 과정〉 한 주 교육을 듣고 내 삶에 많은 변화가 있었다. 주말만 되면 술 마시러 나가던 내가 주말에도 집이나 카페에서 〈책 쓰기 과정〉에 대한 것을 공부했다. 친구들과의 만남도 자제했다. 하루하루 의미 없이 반복되는 삶을 살았는데 책 쓰기로 인해 매일매일이 행복했다. 회사생활에도 변화가 찾아왔다. 나는 A라인이고 바로 옆이 B라인인데 내가 일하는 라인에 생산이 없었다. 그래서 B라인이 실수한 것을 뒤처리해 주곤 했다. 이전 같으면 참을 만한 일인데도 불만이 터져 버렸다.

나는 상사에게 "왜 자꾸 우리가 그걸 해요? 우리 일도 있는데 B라인 사람들 부르세요. 언제까지 우리가 B라인 똥만 치워요."라고 말해 버렸다. 이런 식으로 B라인 일을 도와줄 때마다 계속 불만을 표출했고 상사와 말다툼도 했다. 일에 불만도 조금 있긴 했지만 참을 만했다. 그런데 〈한책협〉을 만난 이후 일하기가 더 싫어지면서 하루 온종일 책 쓰기에 몰두하게 되었다. 그러면서 상사와의 말다툼이 더 잦아졌다.

나처럼 하고 싶은 말은 다 하며 살아야 한다. 속에만 담아 두

다가는 화병만 날 뿐이다. 내가 하고 싶은 말을 다 했다고 상대가 싫어하면 어떡하지?, 라고 걱정하지 않는 것이 좋다. 상대가 당신을 싫어하면 똑같이 싫어하는 것도 하나의 방법이다. 그저 미움을 받으면 받는 거고, 욕을 먹어도 무시하거나 칭찬해 줘서 고맙다고 생각하라. 실제로 저런 생각으로 살아가다 보니 나는 남들이 나를 싫어하는 것을 두려워하지 않게 되었다. 똑같이 하라는 것은 아니다. 다만 나의 방법이 그렇다는 것일 뿐이다.

내 인생은 내가 사는 것이다. 한 번뿐인 인생, 평범함보다는 남과 다르게 살며 하고 싶은 것에 도전해 보는 삶이 낫지 않겠는가. 나는 이 책을 시작으로 성공하기 위한 작은 발걸음을 내딛었다. 그리고 나를 믿고 최선을 다해 남들 보란 듯이 1인 기업가로 성공할 것이다.

41

잠을 잊은
열정적인 작가 되기

이주연 '한국진로코칭연구소' 운영, 글쓰기 코치, 상담가, 강연가, 자기계발 작가

자녀들을 특목고와 자사고를 졸업시켜 명문대에 입학시킨 엄마이자 20년 경력의 교육학 박사로, 아이들과 부모, 더 넓게는 우리 모두의 삶에 대한 문제를 화두로 삼고 있다. 그 실천적인 방법을 찾다 어린 시절에 공부 습관을 어떻게 들이느냐가 성인의 생활 습관으로 이어진다는 생각으로 《10분 몰입 공부법》을 썼다. 그 외 저서로는 《꼭 이루고 싶은 나의 꿈 나의 인생》, 《보물지도8》, 《인생을 바꾸는 감사일기의 힘》, 《나는 책쓰기로 당당하게 사는 법을 배웠다》가 있다.

• E-mail jydreamcatcher@naver.com
• Cafe k-careeraptitude.com
• Blog blog.naver.com/anggela
• C·P 010·5637·1918

"호호호, 고3 수험생 엄마라서요."

이렇게 이야기하면 어디를 가나 특별대우를 받는다. 우리나라에서 고3 엄마라고 하면 학생 못지않게 특별한 존재임을 인정받게 된다. 나는 작년에 고3 엄마로서 요리사와 운전기사, 학교와 학원 매니저, 자기소개서 코치로 열심히 일했다. 게다가 일까지 하는 엄마이니 거의 슈퍼우먼 노릇을 단단히 했다. 어떤 때는 고3인 딸아이보다 더 적게 자면서 말이다. 더 일찍 일어나고 더 늦게 자야 하는 경우도 많으니 자연히 그렇게 될 수밖에 없었다.

그런데 고3 엄마를 졸업한 올해에도 여전히 고3 엄마처럼 살고 있다. 작년에 고3이었던 딸은 하루에 4~5시간밖에 자지 않는 엄마를 보고 건강 걱정이 이만저만이 아니다. 어떨 때는 여자들이 제일 싫어하는 "그렇게 운동 안 하고 계속 앉아만 있으면 너무 뚱뚱해질 거야."라고 말한다. 그리고 어느 날은 갑자기 깜짝 놀라면서 "왜 이렇게 뚱뚱해졌어?"라고 말하며 나를 자극하기도 한다. 양재천 산책을 나가야 한다고 화까지 낸다.

그런데 이상하게도 그 어떤 말에도 신경 쓰지 않고 집중하고 있는 나를 발견한다. 나는 요즘도 새벽 2시 정도에 자고 새벽 6시쯤 일어나는 생활을 하고 있다. 무엇에 그렇게 집중하고 있느냐고? 나는 글을 쓰고 있다.

둘째 지윤이는 고대 국제인재전형에 최종 합격했다는 통지를 작년 10월 31일에 받았다. 수학능력시험을 보기도 전에 합격 통지를 받았으니 얼마나 감사한 일인지 모른다. 그 말인즉슨 내가 고3 엄마를 그래도 빨리 졸업할 수 있다는 이야기였다. 정시체제인 수학능력시험을 보고 추가 합격까지 지켜보려면 올 2월까지 기한을 끌 수도 있는 문제였다. 그러니 자신이 들어가고 싶어 했던 학과에 미리 합격 도장을 받아 놓은 지윤이가 엄마에게 효도를 단단히 한 셈이다.

그렇게 10월의 마지막 날을 고3 엄마답게 합격자 발표와 함께 보냈다. 그 후 가을이 한창인 11월에는 이제까지 미뤄 두었던 일상을 정리하며 보냈다. 책상을 정리하다가 아이가 생활기록부의 독서활동을 하려고 빌려 온 책이 책상 구석에 얌전히 놓여 있는 것을 봤다. 그 책을 도서관에서 빌려 올 때 나도 함께 갔었다. 그 때 대출을 초과하면서까지 부득부득 우겨 빌려 왔는데 연체된 상태로 책상 구석에 놓여 있었던 것이다.

책 제목은 《하루 10분 독서의 힘》이었다. 참 이상하다. 큰 시립도서관에 그렇게 많이 꽂혀 있는 책 중에서 이 책이 눈에 들어온 것이. 급히 펼쳐 본 책 안쪽 날개의 저자 소개란에는 새침하게 보이는 저자가 팔짱을 끼고 있었다. 직업은 간호사라고 한다. 간호사가 독서에 대한 책도 쓰는구나 하면서 빌려 왔던 책이다. '어! 그런데 3교대를 하는 간호사도 책을 쓰는구나'라는 생각과 동시에 내 마음에 이상한 울림이 있었다. 그렇게 아이 입시로 바빠서 빌려 놓기만 하고 미처 읽지 못했던 책을 단숨에 읽어 내려갔다. 내 마음은 작가의 꿈을 실현하려는 구체적인 발걸음을 내딛고 있었다. 그 책의 저자는 바로 지금 〈한책협〉의 코치로 활동 중인 임원화 작가다.

20년 동안 근무했던 학교를 퇴직하기 5년 전 그 언저리에서 나는 과학 교사로서 어쩌면 전공과는 상관없는 꿈을 꾸고 있었다. 교사로서의 교집합은 성립되지만 과학을 가르치는 것이 아닌,

청소년을 대상으로 좋은 말을 해 주고 싶었다. 그 말들을 책으로 출간해 세상 사람들과 소통하겠다는 꿈으로 나의 가슴은 설레었다. 세상의 모든 일에는 절묘한 타이밍이 있다. 그 누가 치밀하게 계획한 것처럼 말이다. 둘째 아이의 대학 합격이 확정된 시기에 난 절묘하게 책을 쓰기 시작했다. 그것도 아이 입시에 필요한 책을 빌리러 갔다가 가져온 책을 보고 시작한 것이다.

그렇게 작년 12월부터 책 쓰기를 시작해 3월 초에 원고를 완성하고 7월 초에 책을 출간했다. 바로 《10분 몰입 공부법》이다. 이 책의 핵심은 '그날 배운 것, 그날 복습하기'다. 너무나 당연한 이야기 아니냐고? 맞다. 어찌 보면 너무 당연하고 새로울 것 없는 이야기로 들린다. 그런데 바로 핵심은 여기에 있다. 일상에서 벌어지는 일이면서 크게 새로울 것 없고 어렵지 않아야 실천이 가능하기 때문이다.

우리는 새로운 공부법이나 교육이론을 많이 접한다. 그런데 내용을 보면서 "맞아, 맞아, 그렇게 하면 참 좋지."라고 하다가도 돌아서면 잊어버리고 마는 경우가 많다. 그에 대한 해결책으로 《10분 몰입 공부법》에서는 일상에서 스몰스텝으로 나누어서 공부하는 방법을 제시한다. 누구나 그대로 따라 하는 것이 가능하도록 하고 있는 것이다.

《10분 몰입 공부법》에는 중요한 교육이론이 포함되어 있다.

최근 수년 동안 서울대학교 황농문 교수의 《몰입》에 많은 사람들이 관심을 보였다. 몰입이란 '무엇인가에 흠뻑 빠져서 심취해 있는 무아지경의 상태'라고 정의된다. 황 교수는 그런 몰입의 상태로 되기 위한 다섯 가지 단계를 제시한다. 황 교수가 말하는 시작 단계인 1단계가 하루 다섯 번 풀리지 않는 문제를 20분간 풀어 보는 것이다.

그러곤 단계를 높여 가면서 점점 더 시간을 늘려 앉아 있어 보도록 권유한다. 물론 황 교수가 말하는 몰입상태에 들어가면 얼마나 좋겠는가. 만약 고등학교에 다니는 자녀가 10시간 앉아 있어도 한 시간 앉아 있은 것처럼 느끼고 밥을 먹을 때나 길을 걸을 때 온통 공부 생각만 할 수 있다면 얼마나 좋겠는가. 그런 상태라면 당연히 성적도 급상승할 것이다. 그런데 문제는 그런 상태까지 들어가기가 어렵다는 것이다.

자신이 모르는 문제를 하루 다섯 번 이상 한 번에 20분씩 앉아서 풀어 보는 일을 얼마나 많은 학생들이 해낼 수 있을까? 나의 25년의 교육경험으로는 그런 행동이 가능한 학생은 한 학급에 3명에서 5명이 넘지 않을 것으로 보인다. 그래서 나는 황 교수가 말하는 몰입단계에 들어가기 전 단계, 또는 보다 많은 학생들에게 적용할 수 있는 단계인 10분 몰입단계를 책에서 이야기했다.

또한 '10분 몰입 공부법'은 어떤 일을 성취할 때 가장 끈기 있게 높은 단계까지 갈 수 있도록 유지시키는 '내적 동기'를 고취시킬 수 있다. 아이들에게 "이것 하고 밥 먹으면 되겠다.", "이 부분을 보강하려면 이 학원을 가는 것이 좋겠어.", "엄마가 학원을 알아보고 있으니 이쪽으로 가렴." 이와 같은 말을 하고 있지는 않은지 한번 되돌아보자. 이 말들 속에는 아이의 자율적인 의지는 없고 부모님의 결정만 있다. 자신의 의자가 아닌, 이런 외적인 결정을 듣고 따라오는 아이는 그 일이나 공부를 추진할 때 진정한 즐거움을 느끼기 힘들다.

한편, 하루의 가장 많은 시간을 보내는 학교에서 공부하는 내용을 일단은 알아보자, 하는 마음으로 공부가 쌓이지 않게 복습한다고 해 보자. 그러면 누가 뭐라고 하지 않아도 공부하는 즐거움을 느낄 수 있다. 바로 다음 수업의 진도를 나가면 그전에 수업했던 것을 알고 있으니 재미가 있다. 뿐만 아니라 선생님과 상호작용을 하니 더 재미있어진다. 이렇게 하다 보면 다른 사람의 지시가 아닌, 본인 스스로 결정하고 성취해 나가게 된다. 그러니 마음속 깊은 곳에서 자신이 대견하다고 느껴진다. 그리고 그 느낌을 계속 이어 가고 싶은 강렬하고 지속적인 마음이 생겨난다. 이것이 바로 성공경험을 쌓으면서 자신감을 가지도록 하고 그런 것들이 내적 동기를 고취시키도록 하는 방법이다.

이렇게 공부법에 대한 책이 출간되자 엄마가 아이들의 손을 잡고 저자강연회에 참석해 아이의 장래에 대해서 진지하게 이야기를 한다. 그동안 자녀교육에 고민이 많았던 부모들 또한 문의를 해 오고 있다. 또한 인터넷에 책 제목을 치면 책을 읽은 독자들의 리뷰와 '이주연'이란 이름 석 자가 꼬리를 물고 올라온다.

무엇보다 나 자신이 대견한 것은 《10분 몰입 공부법》 원고를 출판사에 투고한 후 곧바로 2탄 격인 진로에 대한 원고를 쓰기 시작했다는 것이다. 나는 첫 개인저서가 출간되기도 전에 이미 초고를 완성했다. 그러니까 개인저서 원고를 올해 3월에 한 권 완성하고 6월에 또 한 권 완성한 셈이다. 중간에 공저를 쓴 것까지 합하면 개인저서 2권, 공저 4권으로 총 6권의 책을 썼다.

이렇게 말하면 대충 쓴 것이 아닌지 의심할 수도 있다. 하지만 공저 4권은 다른 작가분들과 함께 쓴 책이다. 그리고 개인저서 《10분 몰입 공부법》은 원고를 투고하고 열 군데 넘는 출판사들로부터 출간 제의를 받은 원고다. 원고를 투고한 날 저녁 때 전화를 걸어 온 출판사 대표님도 있었다. 그분은 작가님의 글에는 단순한 공부법 이상의 그 무엇인가가 있다고 말씀하시기도 했다. 그러니 당당하게 말할 수 있다. 대충 쓴 것이 아니라 많은 출판사에서 제의를 받고 정식 출간된 책이라고. 한 군데 몰입해서 또라이 기질을 발휘하면 가능한 일이다.

나는 또라이 작가다. 글을 쓸 때 가장 행복하다. 내 안의 간질간질한 그 무엇이 내가 있는 공간에 떠돌아다니는 에너지와 만나면 어느새 글과 말이 되어 줄줄 흘러나온다. 그런 과정에 나의 생각이 정리되고 내 몸 안의 깊은 곳에 숨겨지고 흩어져 있던 생각들이 드러난다. 그리고 그것들이 멋진 글이 되어 모니터 화면을 향해 달려갈 때의 쾌감은 정말 짜릿하다.

나는 또라이 작가다. 그래서 감히 말할 수 있다. 글쓰기가 가장 쉽다고 말이다. 이 세상의 모든 일상이 글쓰기의 소재다. 예를 들어, 길을 걷다 아기가 걸어가는 모습을 보곤 아기와 엄마의 사랑에 대해서 쓸 수도 있다. 또는 그 장면을 보고 떠오르는 내 어린 시절의 이야기를 쓸 수도 있다. 또한 아기의 성격 유형을 묘사하고 이런 아이는 이렇게 교육시키면 어떨까 하는 내용으로 글을 쓸 수도 있다. 이런 과정에 교육이론이나 심리학 이론을 함께 소개하면 더욱 좋다.

이렇게 글 쓰는 것에 집중하고 하루 4~5시간의 취침만으로도 행복한 또라이 작가, 3개월에 한 권씩 원고를 쓰는 것에 집중하는 작가라서 행복하다. 이렇게 자신에게 숨어 있는 열정을 찾고 그것에 집중할 때 그 사람에게서는 그 누구도 알 수 없는 에너지가 폭발적으로 나온다.

또라이라서 행복하다. 또라이들의 전성시대다.

42

실패를 두려워하지 말고
무조건 도전하기

김주연 '한국프로강사코칭협회', '올댓스피치' 대표, 스피치 코치, 프로강사 코치, 동기부여 강연가, 자기계발 작가

방송인이 되고 싶다는 꿈을 포기하지 않고 노력한 결과 30대의 늦은 나이에 방송활동을 시작하게 되었다. 현재는 한국프로강사코칭협회 대표로 아나운서, 쇼호스트, 승무원, 프로강사 등 수많은 제자들을 배출하고 있다. 삼성, 포스코, 신한은행, 대한항공, 카이스트 등 기업과 대학, 단체에서 1,000회 이상 스피치 강의를 진행했다. 또한 취업준비생, 직장인, 세일즈맨, 교수 등 스피치를 잘하고 싶은 사람들에게 스피치 코칭을 진행하고 있다. 저서로는《꼭 이루고 싶은 나의 꿈 나의 인생》,《버킷리스트11》,《나는 책쓰기로 당당하게 사는 법을 배웠다》등이 있다.

- E-mail voicecoach@naver.com
- Cafe cafe.naver.com/atspeech
- C·P 010·9415·8434
- Blog blog.naver.com/atspeech_kim
- Facebook juyeon.kim.10004

나는 어려서부터 일을 벌이는 것을 좋아했다. 하고 싶은 일이 있으면 앞뒤 따지지 않고 덜컥 일을 벌였다. 덕분에 수많은 경험을 했다. 지금 생각해 보면 어떻게 그런 일을 했을까 싶기도 하다.

나의 첫 번째 직업은 하숙집 운영이었다. 대학교 2학년이었던 나는 공주대학교 후문 앞에 위치한 현대아파트에서 엄마와 단둘이 살게 되었다. 원래는 오빠가 함께 살았는데 군대를 가면서 방이 하나 남았다. 빈방을 아무 생각 없이 바라보다가 문득 하숙을 생각하게 되었다. 엄마의 허락도 없이 일단 전단지를 만들어 공주

대학교 주변 전봇대에 10여 장을 붙였다. 하숙집의 '하'자도 모르면서 일단 일을 벌인 것이다. 그런데 신기하게도 다음 날 한 신입생이 친구와 함께 하숙을 하고 싶다고 전화를 걸어왔다. 나는 그 즉시 내 방의 짐을 엄마 방으로 옮기고 2개의 빈방을 만들었다. 그리고 엄마에게 뒤늦게 상의했다. 엄마는 당황하셨지만 화는 내지 않으셨다.

"내가 허락은 하는데 대신 네가 알아서 밥도 해 주고 청소도 해. 엄마는 관여하지 않을 거야. 하숙생들은 100% 네가 책임지는 거야."

약속대로 나는 식사도 직접 준비했고 청소와 빨래도 했다. 대학생이었던 나는 하숙생들의 아침식사를 챙기느라 잘 꾸미지도 못하고 등교했다. 그리고 수업이 끝나면 친구들과 어울리지 못하고 집으로 와서 저녁식사를 준비했다. 빠질 수 없는 모임이 있으면 친구들을 모두 우리 집으로 데려왔다. 엄마가 해 주신 음식만 먹다가 하숙생들을 위해서 처음 음식을 준비할 때는 후회가 막심했다. 하지만 시간이 지나면서 요리 솜씨는 점점 좋아졌고 하숙생들은 내 음식을 좋아했다.

그때의 경험은 그 후 실내포장마차를 운영하는 데 큰 도움이 되었다. 나는 MBC에서 FD로 일하면서 친한 선후배 2명과 방송국 근처에서 실내포장마차를 운영했다. 우리는 낮에는 방송국에서 일하고 밤에는 포장마차에서 일했다. 방송국 식구들이 자주 찾아 준 덕분에 무모한 도전으로 끝날 수 있었던 포장마차는 지금까지도 즐거운 추억으로 남아 있다.

나는 호기심도 하고 싶은 것도 많았다. 일을 벌이는 것을 두려워하지 않았다. 실패하고 시련이 닥쳐도 그것이 시련인지 몰랐다. 또다시 하고 싶은 무언가가 생겼기 때문이다. 이런 나를 가족들은 무척 걱정했다. 언젠가 나와는 정반대 성향인 친오빠가 내게 이런 말을 했다.

"너는 못하는 게 없어. 그런데 특별히 잘하는 것도 없는 것 같다."

오빠의 충고는 내게 큰 자극이 되었다. 그때부터 나는 '김주연 사용법'을 연구하기 시작했다. 먼저 내가 해 보았던 일들을 종이에 적었다. 바텐더, 커피전문점과 식당 서빙, 하숙집 운영, 지하상가 옷가게 점원, 호텔 식음료 담당 직원, 프로덕션 기자, 경기방송 리포터, 코리아타운 114 안내, PC방 아르바이트, 꽃 농사, 방송 FD, 포장마차 운영, DMB 방송 MC, 교통방송 MC, TJB 대전방송 리포터, 이벤트 TV 리포터, 보험 판매, 19대 국회의원 선거 연설, 모델에이전시 팀장, 임신육아교육박람회 기획까지 기억나지 않는 일들을 빼고도 20개는 족히 넘었다. 그리고 다음과 같은 질문들을 만들었다.

1. 내가 잘하는 것은 무엇인가?
2. 그중 뛰어나게 잘하는 것은 무엇인가?

3. 내가 가장 좋아하는 것은 무엇인가?

4. 내가 못하는 것은 무엇인가?

5. 내가 못하지만 노력하면 잘하는 것은 무엇인가?

6. 내게 스트레스를 주는 것은 무엇인가?

7. 내게 행복감을 가져다주는 것은 무엇인가?

거침없이 답을 써 내려갔다. 많은 일을 하면서 성공과 실패, 슬픔과 기쁨, 좌절과 용기를 경험해 봤기 때문에 정확한 답을 쉽게 구할 수 있었다. 그리고 마지막 질문을 던졌다.

'그렇다면 무슨 일을 하며 살아야 지금 당장 죽어도 후회하지 않을까? 그래, 사람들에게 동기부여를 해 줄 수 있는 강사가 되자!'

답을 찾은 나는 모든 일에 1년을 넘기지 못했던 과거와는 다르게 8년째 기업과 대학 그리고 '한국프로강사코칭협회'에서 코칭과 강의를 하고 있다. 그동안의 많은 경험들이 강의와 코칭을 하는 데 큰 도움이 되었다. 다양한 상황에 놓인 사람들에게 진심으로 공감해 줄 수 있기 때문이다. 내가 나의 천직을 찾을 수 있었던 것은 하고 싶은 일이 있을 때 그 즉시 들이대는 실행력이 있었기 때문이다. 나는 결코 방황하며 시간을 낭비하지 않았다. 사실 나는 끈기가 부족한 편이었다. 일을 벌여 놓고 마무리를 잘 하지 못한 채 하고 싶은 다른 일을 찾아 나서기 일쑤였다. 이런 내가 못마땅하고 싫었던 적도 있다. 하지만 이제는 당당하게 말할 수 있다. 들이대는 행동력이 끈기와 성실함보다 더 중요하다고 말이다.

요즘 코칭과 컨설팅을 하다 보면 망설이고 방황하는 사람들을 많이 만나게 된다. 아무리 조언을 해 줘도 결국에는 아무 결정을 못 내리고 현재 상태 그대로 머무는 경우가 많다. 4년 전에 내게 컨설팅을 받았던 사람이 다시 나를 찾아왔다. 그 사람은 4년 전과 똑같은 고민을 가지고 내게 컨설팅을 요청한 것이다. 나는 더욱 강력하게 사업을 시작하라고 조언했다. 지금 시작하지 않으면 4년 후에 똑같은 고민을 하고 있을 것이라고 말해 주었다.

20년 전 내가 경기방송에서 리포터로 근무하던 시절, 참 부러워했던 MC 선배님들의 대부분이 아직도 그곳에서 같은 일을 하고 있다. 나는 40년 사이 많은 경험을 맛보며 연봉 1억 원이 넘는 사업가로 성장했는데 말이다. 8년 전에 MC로 근무했던 한국교통방송의 동기나 피디들도 대부분 별다른 변화 없이 살고 있다.

이제 그들은 나를 동경의 시선으로 바라보고 있다. 내가 그들보다 잘난 것이 결코 아니다. 다만 그들에게는 없고 내게는 있는 것이 하나 있다. 그것은 들이대는 또라이 정신이다. 나는 지금도 '할까?', '말까?' 고민되는 일이 있을 때 '한다'를 선택한다. 해 보지 않으면 '결과'란 만들어지지 않기 때문이다. 실패할 수도 있다. 하지만 실패를 통해 오는 시련과 고난은 나를 강하게 만들었다.

내 영혼을 성장시켰다.

　실패를 해 보지 않았다는 것은 도전하지 않았다는 것이다. 고난이 없었다는 것이다. 그렇게 온실 속에서 자란 사람은 나이 들어서 외롭다. 혼자 할 수 있는 것이 아무것도 없다. 속 썩을 일이 없었다는 것은 자신의 인생에서 아무것도 벌어지지 않았다는 것이다. 그 인생은 참 불쌍하다. 지금 당장 일을 벌이자. 들이대자. 들이대는 것만으로도 인생이 풍요로워지는 것을 깨달을 것이다. 인생은 참으로 신나는 것이다.

또라이들의 전성시대 2

초판 1쇄 인쇄 2017년 11월 6일
초판 1쇄 발행 2017년 11월 13일

지 은 이 **권동희·포민정 외 40인**
펴 낸 이 **권동희**
펴 낸 곳 **시너지북**
기   획 **김태광**
책임편집 **채지혜**
디 자 인 **이혜원**
교정교열 **우정민**
마 케 팅 **허동욱**

출판등록 **제312-2012-000040호**
주   소 **경기도 성남시 분당구 수내동 16-5 오너스타워 407호**
전   화 **070-4024-7286**
이 메 일 **no1_winningbooks@naver.com**
홈페이지 **www.wbooks.co.kr**

ⓒ시너지북(저자와 맺은 특약에 따라 검인을 생략합니다)
ISBN 979-11-88610-11-2 (03190)

이 도서의 국립중앙도서관 출판도서목록(CIP)은 서지정보유통지원시스템
홈페이지(http://seoji.nl.go.kr)와 국가자료공동목록시스템(http://www.nl.go.
kr/kolisnet)에서 이용하실 수 있습니다.(CIP제어번호: CIP2017027905)

시너지북은 독자 여러분의 책에 관한 아이디어와 원고 투고를 설레는
마음으로 기다리고 있습니다. 책으로 엮기를 원하는 아이디어가 있으신 분은
이메일 no1_winningbooks@naver.com으로 간단한 개요와 취지, 연락
처 등을 보내주세요. 망설이지 말고 문을 두드리세요. 꿈이 이루어집니다.

시너지북은 위닝북스의 브랜드입니다

※ 책값은 뒤표지에 있습니다.
※ 잘못 만들어진 책은 구입하신 서점에서 교환해 드립니다.